福音書總論與
馬可福音導論

▼

聖經導論叢書

福音書總論與馬可福音導論

An Introduction to Gospel Studies and the Gospel of Mark

編著
黃錫木 Wong, Simon S. M.

合撰
張略、褚永華、孫寶玲

系列主編
黃錫木、黃浩儀

執行編輯
徐道勵

編輯
邢飴、黃鳳賢、許寶瑩

裝幀設計
郭曉勤

■

出版／發行
基道出版社
香港沙田火炭坳背灣街 26 號富騰工業中心 1011 室
LOGOS PUBLISHERS
Unit 1011, Fo Tan Ind. Centre, 26 Au Pui Wan St., Shatin, Hong Kong
電話：(852) 2687-0331 傳真：(852) 2687-0281
網址：https://www.logos.com.hk

承印
海洋印務有限公司

●

10/2000 初版 5/2003 二版 7/2014 三版
Cat. No. LP133-3A
ISBN-10: 962-457-181-3
ISBN-13: 978-962-457-181-3

Printed in Hong Kong

刷次	10	9	8	7	6	5	4	3	2	
年份	2028	2027	2026	2025	2024	2023	2022	2021	2020	2019

聖經導論叢書序言

回顧過去二、三十年神學教育的發展，港台兩岸華人的神學教育工作者可算是人才濟濟，但高學術價值和可讀性兼備、又能適切華人處境的教材依然相當缺乏；今天的華人教會仍然不能逃避「不懂英語就不能念神學」這咒詛。要徹底解決這問題，必須動員整體華人教會的關注和支持，而非一人之力所能承擔。今天的神學生，就是明天教會的牧者和領袖，今日栽培不力，他朝恐難有成。

「聖經導論叢書」之出版既見證著華人機構應有的合作精神，亦反映教會對神學教育質素的關注。這一套十多冊的叢書，原先的計劃是由崇真會救恩堂發起和資助，由香港基道出版社出版，後來得到漢語聖經協會的加入，聯合出版。能有教會主動支持這跨宗派的學術出版計劃，可說是史無前例的創舉；在上帝的保守和帶領下，期望這套書的面世，能為華人神學教育奠定一鞏固的基礎。

出版「聖經導論叢書」的主要目的，是要填補聖經研究課本之不足，特別在導論方面等基本教材，為華人教會提供一套質素高、中文原著的聖經研究導論叢書；主要的對象是資深的信徒和第一次念神學的神學生。本系列的編委、審稿的學者和各位作者均是來自不同宗派和學派的港台華人聖經學者。我們本著廣義福音派的精神，篤信聖經是上帝給世人至高的權威，各盡所學之專長，合著適切於華人神學院和資深信徒的教材，為華語世界的聖經研究作點貢獻。

黄錫木、黄浩儀

陳序

基督教信仰一個獨特之處，就是相信耶穌基督是一位活生生的歷史人物，但同時又是三位一體真神的一位。新約約翰福音表達這信念時，說「道成了肉身，住在我們中間」（約一 14）；而基督教共同接受的使徒信經則說：「我信耶穌基督，上帝的獨生子，我們的主；因著聖靈成孕，從童女馬利亞所生……。」這個信仰使它與猶太教不一樣，也與其他宗教不一樣。新約聖經的一個特點，更是有四本「福音書」記載著耶穌的事蹟。因此，一個極重要的問題是：到底歷史上有沒有耶穌這個人？若是有這個人的話，他是否與聖經，特別是福音書所說的一樣？自十八世紀理性主義興起，西方基督徒用了許多時間與人力討論的，就是這麼一個基本信仰。而討論的一個焦點，自然是四本福音書歷史的可靠性。

由於四福音問題涉及的是基督信仰的核心，它引起了一大堆有關的問題，所以有關的著作也就極多。筆者第一次到美國讀神學時，上了一堂福音書課程，整個學期討論的便是與四福音的歷史可靠性有關的問題。那時對西方神學可說是門外漢，不甚了解為什麼福音書課程讀的不是福音書的內容，而是與福音書有關的歷史問題。另一個感想，是發現這個問題涉及相當仔細的細節比較和研究，而自己缺乏西方精細的科學治學精神和訓練，讀起這一類的書籍時往往覺得繁瑣無味。但在厭煩的同時，筆者卻也發現，若是對這個問題完全沒有了解，讀學術性的福音書註釋時也就往往看不懂，所以又不得不加以注意。但更重要的是，這一個課題有它的重要性，它引起西方廣泛的注意和討論，主要的原因不是因為一些受理性主義影響的人喜歡無中生有，而是因為基督教的聖經本身宣稱耶穌是一個歷史人物，而且四本音書對耶穌生平的記載，在仔細閱讀和比較之下表面上確實是有差異之處，需要加以研究。

感謝神的是，「真金不怕火」；西方的學術研究經過許多年的討論之後，漸漸對福音書的特質和研讀方法有更深入的了解。雖然有些學者仍過分受理性主義的影響，他們對福音書的理解和銓釋仍值得嚴重的質疑，但一般而言，目前在神學院中讀福音書，已經不必像筆者當年那樣以純歷史性的研究為主，當今研究的主流是福音書的信息。以黃錫木博士為主筆的這本「福音書總論與馬可福音導論」，所介紹的便是整個研究的過程和成果。它的可貴之處，一方面是為讀者介紹了西方近二百年的重要著作，幫助讀者們分析處理了關鍵問題，另一方面又是簡明、可讀性高的作品。

陳濟民　於

台北　中華福音神學院

二千年十月十一日

作者序

經過多年的籌劃和等候，本叢書的第一冊終於能面世，感謝主。這實在見證著上帝的話的真實：「若不是耶和華建造房屋，建造的人就枉然勞力；……」（詩一二七 1）。

本書名為《福音書總論與馬可福音導論》，實際上，是綜合了兩本頗為獨立的著作，亦有多位學者參與。把這兩部頗為獨立的研究結合在一起，也是頗有意思的。

作為基督信仰的核心，耶穌基督的福音就是本書的主題。福音只有一個，但見證這福音的，在我們的聖經中就有四本福音書。本書首三章主要集中討論這四本福音書的總論性問題，是由筆者撰寫的。第一章是福音書的導論，簡單介紹福音書的共通問題。第二章則較深入處理符類福音（即馬太、馬可、路加福音）之間的異同問題；在聖經研究裏，這是一個非常重要的問題，直接影響我們對聖經權威的看法。第三章詳細探討所謂「歷史耶穌」的課題；在過去二、三十年間，這課題在西方（主要還是以英美為主）學術界所掀起的熱烈討論似乎還未能在華人教會中「軟著陸」，本章就嘗試在這方面作出評論。雖然這部分的內容早於 1998 年定稿，但筆者亦盡量涉獵較近期的著作。

至於馬可福音導論的部分則由多位學者參與撰寫：「結構和文體」由褚永華院長和筆者執筆、「信息和神學」則由孫寶玲博士和張略博士合作撰寫，而筆者則負責其餘部分，並由張略博士統合整個部分加以修訂。

一般學者認為，馬可福音是第一本面世的福音書，亦因此成為其他福音書（至少是馬太福音和路加福音）作者的重要參考資源。作為這福音書（以及其他聖經書卷）的導論，本書的第二部分固然會交代馬可福音的背景資料，但重點卻放在書卷本身的內容、信息和神學上；因此，有別於其他一般的導論書籍，本叢書都會先對每一聖經書卷的內容、信息和神學作重點討論，至於作者、寫作日期和地點等問題，則置於末後才作一扼要的交代。此外，本書更特別在書後加插經文索引、主題及詞彙索引，方便讀者查閱所需內容。

本著整套叢書的精神，本書主要是為第一次念神學的學生、以及熱心追求認識聖經的信徒而寫的，故當中亦涉及不少相當學術性的討論；為幫助較高年級同學和資深讀者進深研究，較學術性的討論則保留在註腳裏。我相信、亦深切的盼望，華人教會那種反智的屬靈觀會慢慢地過去，取而代之的，是學術探討和教會生活並重的出路，切切實實地把學術融入我們的信仰生活裏。

回想 1998 年，當籌劃這套「聖經導論叢書」之初，筆者雖已有心理準備，知道這是一件並不簡單的事，但現在回顧起來，仍歎自己當時入世未深，實在低估了當中的難處。不時有人對我說：「不如找一、兩位有心的學者，快快把整套書弄好就算罷！」這當然是一個最快捷、又最簡單的解決方法，但卻失去「群體參與」的意義；為了這群體參與而來的「代表性」，某種程度的忍耐和等候是值得的。事實上，我可以見證本系列中的每位作者都是實實在在地堅持著這個心願和異象；這原非是我個人的夢想，而是我們每一個人由衷的心願。

在感慨之餘，有更多感激的話想說。多謝崇真會救恩堂對這系列的支持，教會的承擔並非是要給人面子，而是確實看到這類書籍的需要。十分感謝本系列兩位顧問，鮑會園牧師和陳濟民牧師，對我們一群年青學者的信任和支持；特別多謝陳濟民牧師在百忙中仍為本書題序。多謝曾經參與構思和策劃的編委：周健文博士、潘仕楷先生和黃根春博士。

多謝孫寶玲博士、許宏度博士、黃浩儀博士和黃根春博士閱讀筆者的「福音書總論」這部分，他們的意見都是不可多得的；此外，黃浩儀博士亦是本叢書的副編，他很仔細地閱讀本書全文。我要鄭重多謝褚永華院長、孫寶玲博士和張略博士協助撰寫馬可福音這章的部分內容，沒有他們伸出援手，這書就不能面世，內容亦不能如此充實；特別是張略博士，他很仔細地把全章閱讀一遍，又在多處加上很多補充資料——一個人如此聞多識廣實在令我吃驚！

就是這樣的群體參與成為本叢書的特色。願榮耀歸於我們的上帝，阿們！

黃錫木

二千年九月十六日

目　錄

第四章：馬可福音導論

參考書目

索引

第一章

福音書簡介

本章是福音書的簡介，討論有關四卷福音書的一些共通問題，旨在為以後詳細討論各卷福音書作準備。首先，我們要知道「福音書」的誕生本身並不是偶然的，而是有其文學和實用性背景的；而且，福音書雖有四卷，但其中的內容卻指向同一個重點。因此，在討論各福音書之先，本章先就「福音」一詞的用法（1.1）、福音書的體裁（1.2）、源起（1.3），以及其內容重點（1.4）幾方面略作介紹。

1.1.「福音」的用法

「福音」一詞是源自希臘字 εὐαγγέλιον「好消息」，其用法並不限於宗教性的文獻。在基督教文獻中，最早用來形容基督信仰的很可能是馬可福音一章 1 節的 Ἀρχὴ τοῦ εὐαγγελίου Ἰησοῦ Χριστοῦ「耶穌基督福音的起頭」《和》，《現代中文譯本修訂版》的翻譯「耶穌基督的福音是這樣開始的」意思較為清楚，即這「福音」是有關耶穌基督的[1]。這裏的「福音」可指這個好消息的內容（如所宣講的信息，耶穌的言行或整體信仰），但亦可指作者當時所寫的福音書——意指那記錄下來的文獻。不過，這字（及有關的動詞 εὐαγγελίζομαι）在其他新約聖經的經文（如羅一 1；林前十五 1；徒二十一 8 等）裏，一般是指好消息的內容。

一般學者認為，以 εὐαγγέλιον 來指載錄有關耶穌基督言行的文獻這用法，最早可見於公元二世紀的文獻，例如《十

---

1 在《七十士譯本》裏，εὐαγγέλιον 或有關的字詞一般譯自希伯來文的 *bissar*（動詞，意即「報告好消息」），特別指在戰爭中以色列人或上帝的勝利；參 Brown, *An Introduction to the New Testament*, pp.99-100。

二使徒遺訓》（8.2; 11.3; 15.3-4）；此外，《蒲草紙卷 66》[2] 的標題（εὐαγγέλιον κατὰ 'Ιωάννην[3]「按約翰（所錄／理解）的福音」）更清楚地用這字來指新約聖經的福音書。有關「福音」與「正典」這兩個詞語之間的關係，可參筆者《基督教典外文獻概論》之 1.4。

福音只有一個，但在聖經正典裏，載錄這福音的文獻卻有四份，因此，一般希臘文聖經（如 *NA* 第 27 版和 *UBSGNT* 第 4 修訂版）的編者亦依據一般抄本的福音書標題，以大楷體的介詞短語來指稱各福音書所出自的手筆。介詞短語均以 **KATA**「按、根據」和個別福音書作者的名字（按傳統上的理解）組成，意即「按……（所錄／理解）的福音」，故四卷福音書的標題分別為 **KATA MAΘΘAION**、**KATA MAPKON**、**KATA ΛOYKAN** 和 **KATA IΩANNHN**；按亨格爾[4] 的意見，這些加之於四福音書的標題可追溯至公元一世紀末。四卷福音書的排列次序在早期教會的文獻裏也有出入。有些古拉丁譯本和五世紀的《翻頁書伯撒抄本》（代號「D」或「05」）將被認為是使徒寫的福音書排列在前面，即馬太福音、約翰福音在先，路加福音和馬可福音在後。至於我們現有聖經書卷的排列次序，最早可見於二世紀的《穆拉多利經目》，亦可見於兩份最早的大楷體抄本，即《翻頁書西乃抄本》（代號「א」或「01」）和《翻頁書梵蒂岡

2　這是「伯默蒲草紙集」中最重要的抄本，其年期可追溯至公元 200 年，內中包括約翰福音大部分的經文。

3　Kümmel, *Introduction to the New Testament*, p.36，提及愛任紐在《反駁異端》3.11.10 也曾如此引用，以及《穆拉多利經目》也用 *tertium evangelii librum*（即「福音書中的第三本」）來指「路加福音」。

4　Hengel, *Studies in the Gospel of Mark*, pp.65-70。

抄本》（代號「 B 」或「 02 」）[5]，這個排列次序可能反映出早期教父[6] 對四卷福音書寫作年份的理解。

由於馬太福音、馬可福音與路加福音的體裁和內容均有很多相似的地方，而與約翰福音大不相同，學者便稱這三卷福音書為「符類福音」或「對觀福音」，英文為「 Synoptic Gospels 」。這名稱譯自希臘字 σύνοψις，其意思是「一起觀察」，意即從讀者的角度，可以一起觀察和研讀三卷福音書[7]。這方法源自格利斯巴赫（ 1745-1812 年)於 1776 年出版的第一本福音書合參[8]；在這合參裏，格利斯巴赫把三卷福音書的平行經文以對欄的方式排列出來，以方便比較。

1.2.「福音書」的體裁

「福音書」在新約聖經中自成一類，顯然有其獨特之處，因此，我們先對這四卷福音書所屬的「體裁」略作交代。所謂文學的「體裁」，是指一文本的表達方式。新約聖經的體裁主要是戲劇性的歷史記錄、書信和天啟文學（ apocalyptic literature ；參第三章註 20 ）體[9]，而福音書可以說是主要集

---

5 參筆者《新約經文鑑別學概論》，頁 26-30 。

6 「教父」一詞是指在公元一至八世紀裏的教會領袖或神學家。

7 參 Kümmel, *Introduction to the New Testament*, p.36.

8 拉丁文原著： J.J. Griesbach, *Synopsis evangeliorum Matthaei Marci et Lucae una cum iis Joannis pericopis quae omnino cum caeterorum evangelistarum narrationibus conferendae sunt. Textum recesuit et selectam lectionis varietatem adjecit de Io. Iac. Griesbachii*, 3d rev. ed. (Halle: L. Curtian, 1776)；參 Kümmel, *The New Testament: The History of the Investigation of Its Problems*, n.88 。

9 又稱為「末世揭示式文學」或「啟示性文學」。

中第一和第三種體裁於一身的混合體；其中超過百分之七十五的篇幅是有關基督生平的敘述性記錄，內容包括祂的出生、早年逸事、傳道行程、神蹟奇事、受死埋葬、以及復活升天等事蹟，而第二大部分（大約有 250 節經文）是有關耶穌言訓的論述性載錄；還有一小部分則是有關天啟性的資料（主要出現於太二十四；可十三；路十七 20-37，二十一），由此可見，福音書的體裁是混雜而獨特的。

由於在希羅時期（公元前 250 至公元 100 年）有很多傳記體的歷史文獻問世，這些古希臘傳記記述了許多著名的歷史人物的生活言行，例如蘇格拉底（約公元前五世紀）和伊比德圖（約公元 60-138 年）[10] 等，因此，有人便試圖從中尋找福音書的文體源頭。不過，這些傳記大多缺乏「歷史性」的背景，且一味吹噓奇能異士的神化力量，呈現出與福音書的樸實文風頗為不同的面貌。因此，無論在體裁和風格上，福音書都顯得相當獨特，實可謂是當時一項嶄新的創作[11]。誠如菲以所言：「福音書是一種獨特的文學體裁，因而在詮釋上構成不少獨特的問題。」[12]

福音書之所以寫成，目的不僅是為收錄耶穌的言行，或

---

10 伊比德圖是希臘斯多亞派哲學家，強調高道德生活乃人應有之生活模式，並主張人性乃上帝之反照。

11 參 Votaw, ed., *The Gospels and Contemporary Biographies in the Graeco-Roman World*。欲對這方面有概括的認識，可參 Combrink, de Villieers, Du Plessis, du Toit, and Vorster, *The Synoptic Gospels and Acts: Introduction and Theology*, pp.13-17 。

12 Fee, "The Genre of New Testament Literature and Biblical Hermeneutics," in *Interpreting the Word of God*, p.105。然而， Miller, ed. *The Complete Gospels: Annotated Scholars Version* 正是要證明，在第一世紀、甚至在正典福音書寫成之前，已經有其他福音書存在；參本書在 2.5 的討論。

表揚祂所施行的神蹟奇事，更重要的，是要挑旺信徒的信心，堅固信仰。因此，福音書所載有關耶穌的言行，均取材於祂在巴勒斯坦生活時的真實事蹟，而選取的目的是要為早期的教會奠下信仰的基石。雖然四位福音書的作者在撰寫各自的福音書時抱有一些共同的目的，例如崇拜、宣教、護教等；但事實上，每卷福音書對耶穌這人物都有不同的演繹，反映出不同作者的神學立場和旨趣[13]。

1.3.「福音書」的成因

既然福音書並非因應當時希羅文學的氣候、或以當時文獻為模範藍本而編寫的，那麼，它們的寫成便可能是純粹基於當時信徒群體的需要；或者我們可以說，福音書是早期教會所催生的一種文學作品。

一般歷史書的成書年代往往與所載事件發生的年代相距甚遠，而福音書所載的史實年代與其成書年代也相差約一個世代之久；所以，福音書作者執筆時的處境與所載內容的處境已不盡相同。這方面福音書明顯有別於新約其他書信體書卷，就以哥林多前書為例，按一章 11 節所記，由於哥林

---

13 從每卷福音書起首的意象可歸納出四個代表各福音書作者的象徵物（見筆者《四福音合參》的封面）：「人」代表馬太（因為馬太福音是以家譜開首），「獅子」代表馬可（因為馬可福音的第一句說話是施洗約翰嚴峻的呼喊聲），「牛」代表路加（因為路加福音的開首是聖殿的獻祭），「鷹」代表約翰（因為約翰福音的開首已經展示一套很深濬的神學）。這四個圖像可能取自以西結書一章 1 節（或啟四 7）中基路伯的形象。愛任紐可能是最早引用這些象徵來描述四卷福音書的教父（《反駁異端》 3.11.8）；有關之譯文可參筆者《四福音與經外平行經文合參》第二部分 § 38。

多教會革來氏家裏的人來探訪保羅，與他分享教會內的一些問題，所以才導致保羅寫成這卷書信，就哥林多教會的諸多問題作出回應。由教會出現問題到保羅作出回應，時間上的差距充其量不過是幾個月而已；但福音書的完成時間，卻是在事件發生了幾十年之後。自主耶穌升天後，初期教會的第一代信徒並沒有馬上編寫福音書，若馬可福音真是第一本面世的福音書，則自主耶穌基督升天至首本福音書出現，至少相距三十年。這段日子十分重要，因為初期教會很多重要的教義（如保羅對救恩的理解）都是在這段日子裏醞釀而成的。要從聖經中捕捉這三十年來教會的狀況、以至教義的發展，我們必須從保羅的書信入手，這些書信大部分寫於福音書之前，而其中幾卷（如大約寫於公元五十年左右的帖撒羅尼迦前後書）更可能是新約最早的書卷。

帖撒羅尼迦前後書能幫助我們更多地瞭解初期信徒的心態。當時的信徒很單純地以為主耶穌基督再來的日子不遠了，因為耶穌在世時所說的一些話，諸如「等不多時，你們就不得見我；再等不多時，你們還要見我。」（約十六 16）或「耶穌對他（彼得）說：『我若要他（約翰）等到我來的時候，與你何干？』」（約二十一 22）的確會給信徒一個錯覺，以為耶穌很快便會回來。從帖撒羅尼迦前後書，我們可得知當時的信徒甚至因此產生了一些偏差的觀念，比如以為人信主後便不需要作工（帖前四 11；帖後三 7-12），或因親屬去世，為他們不能等及主來、與主相遇，而感到傷心失望（帖前四 13-18）。另外有些人則利用「主再來」的教訓誘惑信徒，揚言主不會再來或已經回來了（帖前五 1-11；帖後二 1-12）。可見主再來的應許確實成為當時信徒群體關心的重點。他們既以為主耶穌快要回來（可能只需等幾年或十幾年），自然沒有想到要把耶穌的言行完整地記錄下來，流傳後世；直至他們察覺到那一代的見證人已一一離開世界，才漸漸看到筆錄傳世的必須。

在這段所謂「福音書前」的日子裏（包括耶穌仍在世的日子），儘管見證人還在世，但為方便傳遞和禮儀上的需要，也有不少人把耶穌的一些事蹟和教訓記錄下來，例如有關主耶穌設立聖餐的言論，便是一個好例子。聖餐是主耶穌吩咐信徒遵守的，以記念祂的捨命代贖，因此教會在施行聖餐時往往也會重溫並誦讀耶穌說的話[14]，故此有必要將這些話記錄下來。這些獨立的「單元選段」（pericope），可能為數不少，其中亦包括一些神蹟、比喻等等。這些單元選段起初可能只是以「口傳」為主（耶穌仍在世時已有），及至耶穌升天後不久，為流傳的準確性，我們有理由相信，已有不少關於耶穌的口傳資料被書寫下來，而當中可能有不少是以亞蘭文（當時猶太人的母語）寫成的。這些選段可能已經是一些具有特定體裁的資料，而不單是零碎的片斷。這些原來各自獨立、具有不同體裁的散篇資料，便成為日後福音書作者取材的「來源」（source）。路加福音一章1節至4節這段經文或許可以幫助我們管窺福音書的形成過程，當中提到「有好些人從事寫作，報導在我們當中所發生的事」（《現》）；這些「寫作」並不一定指詳盡完整的著作（雖然《和》的「書」一詞帶有這含意），亦可以指那些主題性

14 有趣的是，今天很大多數教會在施行聖餐時誦讀的多數是哥林多前書十一章23節至26節，而不是福音書（例如路二十二17-20），這或許為要避免四福音書在記載上有出入的問題。

的散篇選段。因為福音書乃由這些出自不同手筆的散篇集合而成，故在學術討論上，我們有時會以「編寫」一詞來描述正典福音書最後階段的形成過程。

為了更有效地傳遞信仰，「口傳」的資料漸漸被筆錄下來，而福音書也應運而生。我們可歸納出促使福音書成書的三方面原因：

1. 護教和宣教的需要。誦讀上帝的話語是初期教會聚會中一個非常重要的環節，因此，福音書的面世明顯帶來不少方便；前面提及誦讀主耶穌設立聖餐的言論，便是一個好例子。至於在護教方面，由於新約的信仰乃源自猶太人舊約的傳統，所以使徒時代的教會護教的首要對象是猶太人，故此，福音書的首要任務，便是要證明新約的信仰乃建基並延伸自舊約；馬太福音中常見的應驗式經文（即以「這是應驗經上所記的……」方式表達的經文），正反映護教的需要確實是福音書寫成的原因之一。而約翰福音的筆調更有如福音單張：「叫你們信耶穌是基督，是上帝的兒子，並且叫你們信了他，就可以因他的名得生命。」（約二十 30-31），可見福音書的寫成，亦是基於宣教的需要。

2. 教會擴展的需要。教會不斷擴展，外邦信徒的數目越來越多（特別是透過保羅的努力），很多人卻根本從未聽聞主耶穌的生平和言行，雖然這些外邦信徒可能有機會接觸一些選段的記錄，但由於大多數選段是以亞蘭文寫成的，且以猶太人為主要對象，所以這些選段對外邦信徒而言，並不適用。因此，教會實在逼切需要一些以希臘文寫成、且特別為外邦人而寫的福音書；而馬可福音和路加福音就在這背景下產生。

3. 作者獨特的領受。倘若福音書純粹是回應教會一些實務性的需要，則一本已經足夠，根本不需要四本福音書；四本福音書的出現其實反映出不同作者對同一個福音的不同宣講方式，對同一位主的不同記述焦點，對同一個信仰的不同詮釋。四本福音書可謂代表了早期聖賢四種獨特的神學見解，四位作者，馬太、馬可、路加和約翰，並不是單單順應外在客觀的需要，就隨便著手寫福音書，他們其實是為了闡述自己的信仰、經歷、神學見解而寫。他們是先在其信仰生命裏對基督福音有獨到的見解，才寫下「福音書」，將上帝在其個人宗教經驗中向他們啟示的信息表達出來，如此就留下珍貴的見證，讓我們可以認識基督福音在第一世紀被人理解、傳播的面貌。

1.4. 福音書的內容和重點

福音書既是以耶穌為中心，就讓我們先來探討福音書是怎樣介紹耶穌的。四卷福音書的內容均可按耶穌的生平劃分為幾個重要階段：

A. 從出生（不包括施洗約翰的出生）到大約兩歲為止：太一 18 至二 23；路一 26-56，二 1-39（共 102 節）；
B. 從兩歲到十二歲：路二 40 和二 41-51（共 12 節）；
C. 從十二歲到三十歲：路二 52（只有一節）；
D. 從耶穌開始傳道（即三十歲）到耶穌被釘前一週進入耶路撒冷：這顯然佔各福音書絕大部分的篇幅，太三 1 至二十 34；可一 1 至十 52；路三 1 至十九 27；約一 19 至十二 11；
E. 從進入耶路撒冷後到升天這段日子可再分為三個段落：

a. 從進入耶路撒冷後到最後晚餐的前夕：太二十一 1 至二十六 16；可十一 1 至十四 16；路十九 28 至二十二 13 ；約十二 12-50 ；

b. 從最後晚餐到十字架上的死：太二十六 17 至二十七 56；可十四 17 至十五 41；路二十二 14 至二十三 49 ；約十三 1 至十九 37 ；

c. 從埋葬到升天：太二十七 57 至二十八 20 ；可十五 42 至十六 20 ；路二十三 50 至二十四 53 ；約十九 38 至二十一 23 。

從這概括的分段中我們發現，除馬可和約翰福音對耶穌三十歲前的事蹟（即 A-C ）全無記錄外，四卷福音書內容編排的次序大致相同（參 D-E ），均先指出施洗約翰對主耶穌的見證，然後才開始記述耶穌的傳道生活，最後是耶穌進入耶路撒冷後一週的詳記，包括最後晚餐、受死、埋葬和復活等情節。不過，若我們仔細對照四卷福音書，就會發現在 D 階段，約翰福音的記載與另外三卷福音書明顯有別。馬太、馬可和路加福音（或稱「符類福音」）特別著墨於耶穌在加利利省的工作，只簡略記述祂在猶大省和比利亞省的工作，且記載耶穌進入耶路撒冷過逾越節只有一次（亦即最後一次）；但約翰福音所記述的，卻是耶穌馬不停蹄地來往於猶大省、撒馬利亞省和加利利省，且清楚指出耶穌在這三年半當中曾四度前往耶路撒冷，度過每年一次的重大節期（例如逾越節[15]）。一般人通常以為路加福音的記載是較按時序的，

15 參二 23 ；五 1 ；六 4 ；十二 1 ；留意五 1 只記下「猶太人的一個節期」（ ἑορτὴ τῶν Ἰουδαίων ），雖不能說一定是逾越節，但大概也

但單就耶穌進出耶路撒冷過節的記載來看，我們發現似乎只有約翰福音最能呈現這三年半歷史的時序。

雖然符類福音的內容有不少類似之處，但在內容編排上卻各有特色。馬太福音把耶穌的事蹟和教訓各分為五大段落，交替呈現；馬可福音則較少記載耶穌的講論，集中記述耶穌的傳道旅程，帶出一種「連續敘述」的緊湊氣氛；而路加福音則把耶穌的主要言論集中在九章 51 節至十九章 27 節這十章的經文裏。此外，在敘述耶穌的事蹟時，各人所強調的重點也有所不同。加利利省在馬太和馬可福音裏明顯頗受重視，馬太福音在耶穌傳道生涯的開始，特別指出耶穌在加利利傳道正是要應驗舊約先知的話（太四 14-17）：「……外邦人的加利利地——那坐在黑暗裏的百姓看見了大光；坐在死蔭之地的人，有光發現照著他們。從那時候，耶穌就傳起道來，說：『天國近了，你們應當悔改！』」至於路加福音，則特別強調耶路撒冷既是救贖歷史的終點（路九 31, 51，十九 37-48），又是教會把福音傳到地極的起點（路二十四 52；徒一 4, 8）。

總括來說，縱使我們把四福音書的內容並觀對照，我們仍會發現有許多耶穌生平事蹟的資料（尤其是 B-C 階段）付諸闕如，若以一般傳記文學的角度來衡量，四福音可謂是相當失敗的傳記，因為它們對耶穌生平的各階段，並沒有均衡完整的交代。然而不要以為，這情況是因為作者們缺乏這方面的史料；我們很難想像，當時完全沒有人追溯並記錄耶穌成長過程的事蹟，諸如家庭生活或學習生活等，因此，我們的結論是：

是一個重要的節日。

福音書作者並非對耶穌生平中的每一件事都感興趣。即或對耶穌作為一個「普通人」的基本資料，諸如他的年齡（只有路加福音才有較為明確的記載，如三 23 ）、身材（當比撒該高！）、相貌、喜好（或許可參路二 49 ），甚至性情（耶穌大概不太喜歡人家吵醒祂的好夢，參太八 23-27 及平行經文）等等資料，四福音的作者均顯得異常沉默。這種有別於一般傳記的取材原則，正反映作者並非旨在寫一本傳記式的「耶穌生平史」，故此，他們略去許多生平逸事，只記載那些與當時教會生活、信仰內容直接相關的言行和教訓，這可謂是四卷福音書作者共通的獨特取材原則[16]。

我們若仔細比較各卷福音書對主耶穌生平每一階段記載的篇幅，就會更清楚地看到這獨特的取材原則。主耶穌在世上度過了三十三個年頭，但四卷福音書的作者合共只花了百多節經文來記載那前面三十年的事蹟（即 A-C ），卻十分詳盡地記述了主耶穌在世上最後一星期的經歷（即 E ，馬太福音有八章經文、馬可福音有逾三分之一的篇幅、路加福音有四分之一篇幅、約翰福音有一半篇幅）。特別是從最後晚餐到死在十字架上這不到十二小時的實錄（即 E 的 b 部分），更是遠遠超過其他任何時段，可見這明顯是四卷福音書共同的焦點和高潮。事實上，從信仰和神學的角度來看，主耶穌被釘十字架是祂來世的目的，亦是基督信仰的核心。因此，四福音書的作者，除了記載有關主耶穌的事蹟和言論外，更

---

16 大多數次經福音書則與正典福音書（特別是記述耶穌嬰童時期的福音書）相反，它們著重記載很多耶穌的生平逸事，偏向從人物傳記的角度來記載一些事蹟）。參筆者《基督教典外文獻概論》之 4.3.1 ，以及黃錫木編著，《典外福音書之一》第十七章，「聖經典外文獻系列」，黃根春主編（香港：基督教文藝出版社，即將出版）。

透過這些言行的摘錄，表達出他們對這位主耶穌的詮釋，而詮釋的重點是基督的救贖工作。在這方面，我們發現福音書與保羅書信有著相同的寫作目的，就是要突出耶穌基督的十字架和復活。有一位華人新約學者曾這樣寫道：

> 「（保羅）談及耶穌時，目的不是要描寫祂作了甚麼事或說過甚麼話。在保羅書信中，保羅所關心的最核心的事件，是耶穌的十字架和祂的復活。至於有關耶穌施行的神蹟或是所講的比喻，並沒有在保羅書信中被提及。甚至，在一些經文中保羅所講的與耶穌一樣，但他也沒有訴諸權威。」[17]

總括來說，福音書作者對主耶穌的詮釋（也就是福音的信息），大致包括「過去」、「現在」和「未來」三個範疇。有很多人對福音書的研究出現偏差，往往是因為未能在這三個範疇上取得平衡。

首先，福音書所宣告的耶穌是一位歷史人物，他在某一段時間進入人類歷史，叫一切相信祂的人都得蒙救贖。福音所宣講的，並不是一個抽象的、沒有時間性的基督概念，亦

---

17 盧龍光，「耶穌基督——歷史、保羅、我們」（《耶穌，你是誰？》，頁 139；另參史懷識，「耶穌——被釘、復活的基督」，頁 61-78。較詳細的討論，參 Wenham, “The Story of Jesus known to Paul,” in *Jesus of Nazareth Lord and Christ: Essays on the Historical Jesus and New Testament Christology*, pp.297-311，以及 Wright, *What Saint Paul Really Said: Was Paul of Tarsus the Real Founder of Christianity?* pp.167-183（第十章）。 Wright 在這章特別強調保羅是耶穌基督忠心的見證人和使者，作者特別針對英國著名傳記作家 Wilson, *Paul: The Mind of the Apostle* 而寫的，後者認為保羅才是基督教的創始人，因為他扭曲原來的「耶穌」，創造自己的「基督教」。

不是關乎「基督智慧」或「道德」的，而是實實在在以拿撒勒人耶穌歷史性的存在為本。我們相信，福音書的作者均認為上帝的作為是眼可見、耳可聽、手可觸的，藉著耶穌在歷史上的作為，上帝已將救恩的計劃具體地表明和實現出來。這就是福音信息的「過去」範疇，也是福音的基本內容。

其次，福音書所宣告的耶穌也是一位至今仍活著的主。因為祂是一位永活的主，且仍不斷以憐憫和能力向今日的教會和世界說話，祂願意那些曾在歷史上與祂相遇的人的經驗，亦重現於我們今日的生命裏。例如在「登山寶訓」（太五至七）中，耶穌呼召門徒過一種聖潔的生活；馬太福音記載這事，並非單為表明耶穌當年向跟隨祂的人所作的要求；事實上，耶穌昔日怎樣帶著權柄向當時的信眾說話，今日也要同樣向我們說話。再者，耶穌本著自己的信念，以拿撒勒拉比的身分，宣稱那屬於彌賽亞的「妥拉」（即律法）的權柄尤勝摩西，這亦正是主耶穌要向今日的教會說的話。這就是福音信息的「現在」範疇，福音的信息，無論在任何時代都同樣適切。

第三，福音書所宣告的耶穌，也是那位將要在未來光榮地降臨的君王，屆時祂將會實現祂的國度，審判世界（太七22-23，二十五 31-46；可十三 24-27 等等）。主耶穌基督不只是那位曾向世人傳道，曾被釘在十字架上的歷史的耶穌，祂更是那位要再來的君王，信靠祂的人，將得到救贖和永恆的快樂；而拒絕祂的人，則有審判留給他們。這就是福音信息的「末世」範疇，它為信徒帶來希望，讓信徒確知上帝的救贖計劃至終必然成就（參羅八 22-23）。

總括來說，福音書的作者憑著主耶穌在歷史上「過去」

的作為，向現代人宣講與他們「現在」的生命息息相關的福音，且更指引他們帶著盼望迎向「未來」。所以，福音可說是被演繹的「歷史」，為今世和後世的人帶來生命的「信息」。如此，福音的信息和其歷史性是不能分割的，若缺後者，福音就變得跟神話和寓言沒有分別；若缺前者，福音則只是一部歷史傳記，跟一些記錄古人奇聞異趣的故事沒多大分別。因此，福音乃是透過歷史的敘述，向歷世歷代的人宣告上帝救贖人類的信息：人的現在，人的未來，均取決於他對主耶穌基督的認信。

第二章

符類福音問題

一般人開始閱讀聖經，多半從四福音（特別是馬可福音或約翰福音）入手，以為四福音的內容較容易理解。倘若我們單從內文信息的複雜程度來比較馬可福音與羅馬書，這直覺可說是對的；然而，倘若把四卷福音書並列對照，我們便不難發現當中亦存在一些難解的問題，這些問題甚至在過往的二千年來一直困擾著教會和不少聖經學者。這些問題往往牽涉：一、四福音書之間的關係。二、四福音書在內容上的異同。

首先，約翰福音明顯有別於其他三卷福音書。在內容取材上，約翰福音對醫治的神蹟記載甚少，且完全沒有提及趕鬼的事蹟和比喻式的講論。其次，它記載的講論則特別長，而且集中於耶穌在最後晚餐後的講論，共佔四章 117 節之多。此外，其他三卷福音書均較多著墨於耶穌在加利利省的工作，且只記載耶穌進入耶路撒冷過逾越節一次，但約翰福音卻清楚記述耶穌在三年半的傳道生涯中曾度過四次大節期。至於編排方面，約翰福音亦與其他三卷福音書明顯有所不同；其他三卷福音書在編排上卻相當類似：例如均先記載施洗約翰和耶穌接受試探，再開始記述耶穌的傳道生活。

總的來說，約翰福音是獨特的，跟其他三卷福音書在編排、風格上截然不同。這固然是因為約翰福音有其獨特的神學和寫作特色，但亦可能因為作者在編寫福音書時已經知道有其他三卷福音書存在，甚至可能閱讀過，所以在編寫時，便特意避免重覆。無論如何，約翰福音與其他三卷福音書的相異，就更顯出其他三卷福音書彼此間的參照類同。

馬太、馬可、路加三卷福音書彼此間的類同，顯示出其資料來源必然有一定關連。本章的目的就是探討這三卷福音書在編寫時所採用的來源（ source ）和彼此的關連。雖然瞭解這編寫的歷史和來源的關連，不一定對我們掌握福音書的信息有直接幫助，不過，要深入的瞭解這三卷福音書，便不可缺少這方面的知識。

這些問題是每卷福音書（特別是首三卷福音書）所共有的，故先在這裏作一總論，一方面預備讀者能更有效地理解不同學者就各卷福音書的討論，另一方面亦為要在討論每卷書時省卻處理這些共同問題的重覆贅述。我們將先介紹解決這些問題的幾個重要方案，並交代歷史上在處理這些問題過程中的演變情況，繼而討論這些問題在近年的發展。

除個別專文和書籍外，本章的討論主要參考 Stein, *The Synoptic Problem: An Introduction*, pp.29-44; Kümmel, *Introduction to the New Testament*, pp.35-80; *The New Testament*, pp.74-88, 144-161; Neill and Wright, *The Interpretation of the New Testament, 1861-1986*, pp.112-136; Combrink, *et al.*, *The Synoptic Gospels and Acts: Introduction and Theology*, pp.28-56; Brown, *An Introduction to the New Testament*, pp.99-125 ，以及 Dungan, *A History of the Synoptic Problem: the Canon, the Text, the Composition, and the Interpretation of the Gospels* 。庫梅爾的兩冊巨著是本章對十九世紀前面世的書籍名稱（主要是拉丁文）的主要參考來源。此外，有關符類福音問題的網頁，讀者亦可參：Smith, <http://religion.rutgers.edu/nt/primer>和 Carlson, <http://www.mindspring.com/~scarlson/synopt/index.html>。

2.1. 符類福音的問題

我們可從以下幾點來觀察馬太、馬可和路加福音在內容和寫作架構上的異同：

1. **字眼和字串上的相似：**先比較三卷福音書的篇幅（根據原文）：馬太福音有 1,068 節，共 18,293 字，馬可福音有 661 節，共 11,025 字，路加福音有 1,149 節，共 19,376 字。在字眼上，馬可福音有 97% 與馬太福音相同， 88% 與路加福音相同[1]。字眼的相同也許是巧合，而且由於彼此都記載同一類的內容，字眼相同也很自然，不過，在語句和字串上，符類福音也同樣呈現類似的情況。在聖經研究上最先採用統計學方法的摩根塞勒[2] 就曾指出，在短語和字串上，馬可福音與馬太、路加福音相同之處分別有 50% 和 40% 之多。此外，我們還有兩方面的理據，清楚展示三卷福音書的資料來源有密切關係：一、福音書作者在不同的時間和地點寫作，卻引用同一段舊約經文，而所引用的經文既是非常相似的，但亦同時有別於當時最流行的舊約譯本《七十士譯本》，例如馬太福音三章 3 節，馬可福音一章 2 節和路加福音三章 4 節[3]。二、一些為當時讀者額外附加的、輔助式的注解詞句，

---

1 此統計原自 Tyson and Longstaff, *Synoptic Abstract*, pp.169-171 ，亦見於 Stein, *Synoptic Problem*, p.48 。但不同學者的統計略有出入： Neirynck（"Synoptic Problem," *The New Jerome Bible Commentary*, pp.587-595, 588 ）在這兩個數目上分別是 80% 和 65%。

2 Morgenthaler, *Statische Synopse*, p.250 。

3 經文是引自《七十士譯本》瑪拉基書三章 1 節，原來的經文（參 Rahlfs, *Septuaginta* ）是： ἰδοὺ **ἐγὼ ἐξαποστέλλω** τὸν ἄγγελόν μου, **καὶ ἐπιβλέψεται**（「顧念」或「小心照料」） ὁδὸν πρὸ προσώπου μου ，馬可的引語是： ἰδοὺ ἀποστέλλω τὸν ἄγγελόν μου πρὸ προσώπου σου 。不同之處有：原來的 ἐξαποστέλλω 改為較常用的近義字 ἀποστέλλω （但「差去」的意思較弱）， ἐγώ 和 καὶ ἐπιβλέψεται 均被刪去，後者且把原來的兩句變成一句。路加與馬可所引用的完全相同，而馬太則只比他們在 ἰδού 後多 ἐγώ 一字。

在符類福音書中也都一致，最明顯的例子是馬可福音十三章 14 節和馬太福音二十四章 15 節的「讀這經的人須要會意」[4]。

段	標題	馬太	馬可	路加
34	耶穌呼召眾門徒	4.18-22	1.16-20	5.1-11
84	耶穌潔淨長大痲瘋的人	8.1-4	1.40-45	5.12-16
92	耶穌治愈癱子	9.1-8	2.1-12	5.17-26
68	關於論斷人	7.1-5	4.24-25	6.37-42
269	耶穌騎驢進耶路撒冷	21.1-9	11.1-10	19.28-40
276	耶穌的權柄受質疑	21.23-27	11.27-33	20.1-8
14	約翰傳悔改的道	3.7-10	---	3.7-9
285	耶穌為耶路撒冷嘆息	23.37-39	---	13.34-35
286	寡婦的兩個小錢	---	12.41-44	21.1-4
342	耶穌受兵丁戲弄	27.27-31 上	15.16-20 上	---

從以上兩點，可見三卷福音書的資料來源確有相當密切的關連。以上列出的選段可展示三卷（或兩卷）福音書在內容上相似之處，每選段均列出筆者《四福音與經外平行經文合參》中的段號，以方便查考：

2. 次序的相似：基本上，三卷福音書的內容編排均頗一致[5]，而由馬可福音六章 7 節起，馬太福音和路加福音相應

4 這裏有兩點要留意的：一、內文明顯是有關末世的預言，讀者固然是要「會意」，不用提醒；二、原文的 ὁ ἀναγινώσκων「閱讀的人」似乎暗示這節經文的來源是「文獻」而不是「口傳」。其他的插入詞語有：太九 21 和可五 28；可五 8 和路八 29；太二十七 18 和可十五 10；太二十六 5，可十四 2 和路二十二 2；太二十六 14，可十四 10 和路二十二 3；太二十六 47，可十四 43 和路二十二 47。

5 另一方面，我們也要注意，各卷福音書在編寫時也會按編寫的結構調

經文的編排次序更幾乎與馬可福音完全相同[6]。參以下選自馬可福音四章 1 節至六章 56 節與其他兩卷福音書對照的經文便可觀察到這點，其中只有粗體的經節，才顯示該福音書（馬太福音或路加福音）的內容次序有別於馬可福音。

段	標題	馬太	馬可	路加
122	撒種的比喻	13.1-9	4.1-9	8.4-8
123	用比喻的緣由	13.10-17	4.10-12	8.9-10
124	解明撒種的比喻	13.18-23	4.13-20	8.11-15
125	「有耳可聽的，就應當聽」	---	4.21-25	8.16-18
126	種子生長的比喻	---	4.26-29	---
127	稗子的比喻	13.24-30	---	---
128	芥菜種的比喻	13.31-32	4.30-32	13.18-19
129	麵酵的比喻	13.33	---	13.20-21
130	耶穌用比喻	13.34-35	4.33-34	---

動事件的次序。例如馬可福音四章 33 節至 34 節「耶穌用許多這樣的比喻，照他們所能聽的，對他們講道。若不用比喻，就不對他們講；沒有人的時候，就把一切的道講給門徒聽。」從這段經文，可見作者只把耶穌所行的神蹟以撮要的方式摘錄出來，當中所包括的事件可能是橫跨不同時段的。此外，馬太福音的結構明顯地將耶穌的事蹟和言訓分開記述，這與馬可和路加福音將二者穿插起來的表達次序並不相同。參各書卷的討論。

6 馬太福音只在以下幾個選段裏有與馬可福音不同的編排：八 14-17、32-34，九 18-26，十 1-4，而路加福音則只有三 19-20，四 16-30，五 1-11，六 12-16、17-19，八 19-21 這幾段的編排與之不同。

131-134 段（太 13.36-52）只見於馬太福音

136	耶穌平靜風浪	8.23-27	4.35-41	8.22-25
137	格拉森的惡鬼	8.28-34	5.1-20	8.26-39
138	睚魯的女兒	9.18-26	5.21-43	8.40-56
139	拿撒勒人厭棄耶穌	13.53-58	6.1-6 上	**4.16-30**
142	耶穌差遣十二使徒	**9.35, 10.1,7-11, 14**	6.6 下-13	9.1-6
143	希律對耶穌的看法	14.1-2	6.14-16	9.7-9
144	施洗約翰之死	14.3-12	6.17-29	**3.19-20**
145	使徒回來	---	6.30-31	9.10 上
146	五千人得飽	14.13-21	6.32-44	9.10 下-17
147	耶穌履海	14.22-33	6.45-52	---
148	耶穌在革尼撒勒醫病	14.34-36	6.53-56	---

3. **馬可福音的「既少量又詳盡」**：在數量上，馬可福音記載的事件較馬太福音和路加福音都少，猶如一卷福音書的撮錄本，因此，諸如耶穌和約翰的出生、登山寶訓、主禱文和所有主復活後等事蹟均未見載錄。但另一方面，若仔細比較「三卷福音書的共有經文」，則又會發現馬可福音的記錄往往較其他兩卷福音書更為詳盡[7]，例如馬可福音四章 38 節

7 Tyson and Longstaff（*Synoptic Abstract*, pp.109-119）指出，在三卷福音書所共有的 51 段選段裏，其中 21 段最長的記錄是出自馬可福音的（11 段出自馬太福音，10 段出自路加福音）。Sanders, *The Tendencies of the Synoptic Tradition*, pp.85-86，則指出三卷福音書共有 83 段共同選段，其中馬太福音的記載較馬可福音長的有 37 段，而馬可福音較

記述「平靜風浪」這事件時，門徒叫醒耶穌，對祂說：「夫子！我們喪命，你不顧嗎？」其他兩卷福音書卻沒有最後一句話（太八 25 和路八 24）。再如馬可福音一章 41 節的「耶穌動了慈心」（比較太八 3 和路五 13），三章 5 節的「耶穌怒目……憂愁他們的心剛硬」（比較太十二 13 和路六 10），以及十章 14 節的「耶穌看見就惱怒」和十章 16 節的「於是抱著小孩子，給他們按手，為他們祝福」（比較太十九 13-15 和路十八 15-17），都是在馬太和路加福音的記載中未見的情節。

綜合以上幾點的觀察，我們很難單從巧合的角度來解釋這種種現象；三卷福音書在內容取材和次序編排上的相近，顯然暗示三位作者所採用的來源資料有互通之處，甚或曾彼此交換意見和資料、互相參照等。不過，符類福音更大的問題在於其彼此間互有出入，甚至矛盾、衝突的記載。例如耶穌受試探的記載，主要包括耶穌與魔鬼的三段對話：「石頭變食物」、「從殿頂跳下」和「俯伏敬拜魔鬼」；這是按馬太福音的次序，但路加福音卻顛倒了其中第二和第三段對話的次序。再如耶穌醫治睚魯女兒一事，睚魯遇見耶穌時，到底他的女兒是「快要死了」（可五 23；路八 42），還是「剛才死了」（太九 18）呢？此外，不同福音書對同一件事件的記載，無論是編排次序還是內容取材，有時都會有頗大距離，如「拿撒人厭棄耶穌」一事就是明顯的例子。按馬可福

馬太福音長的則有 44 段。讀者需留意，選段的數目在不同學者計算上經常有出入，這一方面可能由於衡量的準則不同，另一方面亦可能基於分段的方式各異所致。

音六章 1 節至 6 節和馬太福音十三章 53 節至 58 節所載，這事大概發生於主耶穌三年傳道生活的中期，但按路加福音四章 16 節至 30 節，這事則發生於祂傳道生活的早期。至於有關耶穌出生這事件，馬太福音和路加福音兩個記錄的取材更是完全不同。面對這三卷福音書的分歧之處，惟一的解釋是三卷福音書均另有其獨特的資料來源[8]。

由於馬太福音、馬可福音和路加福音的內容有這些獨特的相似之處，學者便稱它們為「符類福音」或「共觀福音」，而因三者的歧異所產生的問題便稱為「符類福音問題」。符類福音問題並不是一個單一的問題，而是一綜合性的歷史研究課題，其中涉及的問題包括：作者採用了甚麼資料來源？這些資料來源是如何形成的？作者的神學背景又如何影響他的編寫工作？這三方面可說是福音書歷史研究中的三大範疇，即「來源鑑別學」、「形式鑑別學」和「編修鑑別學」；這三大範疇可歸納在「傳統鑑別學」或「歷史鑑別學」裏[9]。

福音書在今日教會中的應用率是頗高的，單就教會的福音事工而言，福音書的內容就常被用來編寫福音性研經班或初信造就班的教材；正因此，福音書彼此間出現的歧異常會引起信徒的困惑，且更可能成為傳福音時未信之人接受福音

---

8 馬太福音獨有的記載是：五 17-20，十一 28-30，十三 24-30、 36-43，二十 1-16，二十五 1-13，二十七 3-10；路加福音獨有的記載是：五 1-11，七 11-17，十 25-37, 38-42，十五 8-10, 11-32，十六 19-31，十八 9-14；而馬可福音獨有的記載則只有：四 26-29 和八 22-26。

9 也有稱為「文學鑑別學」，這可能是最初用的術語；但現今的學者均以「文學鑑別學」來專指那些直接與經文有關的研究方法。「歷史鑑別學」應視為整個「歷史文法釋經法」（grammatico-historical exegesis）的一部分，有關這個釋經法的興起和發展，參筆者〈歷史文法釋經法之再思〉，頁 81-107。

的障礙。我們不能低估符類福音問題的影響，其中涉及的不單是馬太福音、馬可福音和路加福音的資料來源及編修等問題，更影響我們視福音書為史料的看法，甚至會動搖我們對主耶穌基督認識的根基，直接削弱福音書的可靠性。探討這課題亦可作為第三章有關「歷史耶穌探索」的預備。

2.2. 二十世紀前的解決方案

多個世紀以來，符類福音並沒有被認為有甚麼「難題」。其中相似的地方，可以理解為聖靈的功勞，是祂憑己意決定如何帶領符類福音書的作者，又或是因為作者們如實地報導同一件事情，所以內容自然相同。然而，這種單憑信心去接受而忽略事實的態度，終不能滿足人類理性和認真的研究者的要求。在教會歷史中，曾有不少聖賢在福音書研究這方面作出過努力，自十九世紀至今，涉入的學者更多不勝數。本節（ 2.2 ）和下一節（ 2.3 ）將就不同時期，介紹一些有代表性的學者和其研究結果。

2.2.1. 十六世紀前的討論

在處理符類福音的問題時，一般最直接的方式便是採用「協調法」，即綜合處理三本（或四本）福音書中有衝突和矛盾的內容，然後編成「第五本」福音書。在教會歷史上，首先記錄下處理符類福音問題的人可數第二世紀的教父他提安（公元 110-172 年），他所編著的 *Diatessaron*[10]，即「四

10 這字組自兩個希臘字，分別是介詞 διά「藉著」和數詞 τέσσαρες (-α)「四」，意節「『藉著四卷』福音書的內容編成的福音書」。

福音協調本」（約公元 150 年），正是採用「協調法」的成果。身為著名辯士殉道士游斯丁（公元 100-160 年）的門生，他當然承接老師的護教精神，把福音書的衝突和矛盾拿走，結果，差不多刪去了一千多節經文[11]。他提安沒有清楚交代他處理的方法或合併的原則，卻只把其研究和編纂的結果寫下來。正如書名所指，這「協調本」的目的不是把四本福音書並列出來，而是藉著協調四本福音書的內容，將其融合成一本。他提安的《四福音協調本》可能只是眾多協調本中較為詳盡和知名的一本，他甚至有可能是參考過前人的著作或按某些口傳的解釋或傳統而作出協調的[12]。

與他提安的《四福音協調本》相對的，是四世紀著名的教父和史學家，凱撒利亞的優西比烏（公元 265-340 年）的「優西比烏表列」（Eusebius' Canon）。這個表列的原文可見於 *NA* 第 27 版（*Greek-English New Testament*）的 41*-46* 頁（或 *Novum Testament Graece* 的 84*-89*頁）；其中文譯本可見於筆者《四福音與經外平行經文合參》的附錄三。這表列原來是根據亞歷山太的安蒙尼厄斯（公元 175-242 年）於 220 年寫成的 *Harmonia*（即「合參本」）而編成的。優西比烏首先把每卷福音書分段，再將福音書所載錄類同的內容，分為十個表列：

---

11 參 Metzger, *The Early Versions of the New Testament*, pp.11-12 。 Dungan, *A History of the Synoptic Problem*, pp.28-43 認為他提安的《四福音協調本》是深受游斯丁的護教精神所影響的。

12 雖然優西比烏在其《教會歷史》中亦提及這書，但字裏行間似乎暗示該書於當時已經散失；今天，我們只可以從一些古卷的譯本（如一些敘利亞文譯本，約 462 年）略知《協調本》的內容。參筆者《新約經文鑑別學概論》，頁 88-89 。

a. 表一列出四福音書均有的經文；
b. 表二至表四列出任何三卷本福音書的平行經文（但缺少「馬可—路加—約翰」這組合）；
c. 表五至表九列出任何兩卷福音書的平行經文（但缺少「馬可—約翰」這組合）；
d. 表十分四個表格，列出每卷福音書特有的經文[13]。

雖然優西比烏沒有正面處理符類福音問題，但從其表列卻明顯見到這位教父嘗試以「對觀」或「合參」的方式來分析四福音書的異同，並非以「協調」的方式加以綜合[14]。

雖然在早期教會裏，也有不同教父留意到符類福音的問題，如殉道士游斯丁，萊昂主教愛任紐（活躍於公元 175-195 年）和亞歷山太的俄利根（公元 185-254 年）等，但卻要到五世紀時，希普主教奧古斯丁（公元 354-430 年）才首次嘗試對符類福音的問題提出一個解釋：

> 馬太應該是根據皇族所得的資料來撰寫道成肉身的事蹟，並就這些事蹟與當時人的關係和影響，來描寫他大多數的行為和言論。馬可卻在多方面跟隨馬太，就好像是馬太的僕人（或：受制於馬太），為他寫撮要。這主要是因為，在馬可的記載裏，除一些微不足道的地方外，從未顯示出與約翰福音相

---

13 詳細介紹可參《新約經文鑑別學概論》，「附錄一：*Nestle–Aland* 第 27 版」之「2. 內邊界」。

14 因此，*Harmonia* 才是歷史上第一本合參本；其書名 *Harmonia*（英文 *harmony*「協調」是源自這字）可能會另人誤以為是一本協調本，但它實際上是一合參本。

> 同的地方，且其本身又沒有甚麼只此一家的記錄，與路加福音亦只有很少相同之處，惟有與馬太比較，有很多近似的段落。此外，他記述事情的遣詞用字，無論在數量或詞語上，都幾乎與馬太福音一模一樣。他的記載，不是與那位福音書作者一樣，便是與其他的人同聲一氣……（ *Harmony of the Gospels* 1.2[15]）。

奧古斯丁雖然沒有進一步解釋符類福音的問題，但以今天研究這問題的術語來說，奧古斯丁所代表的學派是「馬太為先」的學派（參 2.3.1 的討論）。早在三世紀亞歷山太的革利免（公元 155-220 年）已提出過這看法，據優西比烏（《教會歷史》 6.14.5-7 ）所記，革利免認為兩本記錄了耶穌家譜的福音（即馬太福音和路加福音）是最先寫成的，而馬可福音則是參考這兩本福音書而寫成的。教父們的意見固然很寶貴，但他們可能往往只反映某個傳統的看法；特別當幾位教父都屬同一個學派或區域時，他們的意見通常是互相支持的。

2.2.2. 十六世紀後的討論

隨著十六世紀馬丁·路德掀起了教制上的革命，聖經研究也在文藝復興和人文主義的浪潮下，展開嶄新的局面。因為這時，對人類思想的箝制已被摧毀，人得以從極權的制度

---

15 拉丁文原著名為 *De consensu evangelistarum* 。奧古斯丁寫這書的原因主是為護教用，參 Dungan, *A History of the Synoptic Problem*, pp.112-141 詳細的討論。

下被釋放，人的理性得到尊重。從前一些承襲傳統的，被視為理所當然的現象，如今都可以進行深入研究了。對與聖經有關的問題尋根究底，我們常稱之為「聖經鑑別學」，又鑑於研究所用的方法以歷史方法為主導，因此也被稱為「歷史鑑別法」。雖然在現代英文中，*criticism* 及有關字詞的用法確實含有較負面的意思，但若把這字譯成「批判學」（如周天和《新約研究指南》一書中所用）只會使這名稱蒙上不必要的陰影。因在專業性文學研究中，這字是一專有名詞，特指嚴謹地研究文本（無論是藝術或文學作品）的意義和規範。其實英文 *criticism* 與德文 *Wissenschaft*（意即「科學」，指一種可以展示研究步驟的學問）的意思相近，因此，*critical method* 是指一些非常仔細、嚴謹，講求自省，重視客觀性和科學性的研究方法；並沒有拆毀性、反傳統、反建制的意味，更不是經院式和象牙塔式研究的別稱。

繼承馬丁・路德的改革精神，十九世紀前的「聖經鑑別學」差不多可以說是德國學者的天下，我們在此介紹其中幾位對符類福音問題有特別洞見的人士；他們的見解，對這門學問日後的發展有深遠影響。他們的專文均以德文或拉丁文發表，以下列出的標題主要是取自英文譯本的標題；若作品未被譯成英文，標題則以中文表示。

1. 原本福音書論： 1776 年，德國學者萊辛（1729-1781 年）發表了一篇文章，名為 "A New Hypothesis Concerning the Evangelists Regarded as Merely Human Historians"[16]；他認為

---

16 德文原著：Gotthold E. Lessing, "Neue Hypothese über die Evangelisten als blos menschichliche Geschichtschreiber betrachtet," in *Lessing's Theological Writings: Selections in Translation with an Introductory Essay*, pp.65-81。

在第一世紀，應該還存有一本更早期的、用希伯來文或亞蘭文寫成的福音書，他稱之為「原本福音書」（ proto-Gospel 或德文： *Ur-Gospel* ），這「原本福音書」當是由使徒們和一些與主耶穌基督曾有接觸的見證人（參路一 1-4 ）以「口授傳流」（ oral transmission ）[17] 的方式編寫而成的。這「原本福音書」便是所有符類福音的藍本，各福音書的作者對其加以增刪，而編寫成各自的福音書。

由於這理論強調原來有一本福音書，為符類福音書作者所共參，因此一般人稱這理論為「一源論說」。當時著名的舊約學者艾科恩（ 1752-1827 年）對這理論極為重視[18]，他仔細研究符類福音書的異同後，強調符類福音書的寫作從沒有採用過彼此任何一方的資料，三者的類同之處（即「三卷福音書的共有經文」[19]）主要出自一本「原本福音書」，而從這原本福音書又演變出兩個版本：一個反映在任何兩卷福音書的共有經文裏[20]，另一個則反映在每卷福音書的獨有經文裏。在近代，著名的法國聖經學者（亦是很出色的經文鑑

---

17 顧名思義，「口授傳統」的流傳方式主要靠「口傳」，並以「一傳二、二傳四」的方式；運用這種流傳方式的時期常稱為「口傳時期」，計自主耶穌復活至第一本福音書寫成（或第一次把這口傳內容寫下來，亦即第一份來源）為止，大概是公元 30-60 年間。

18 艾科恩在這方面的討論，可見於 Johann G. Eichhorn, *Einleitung in das Neue Testament* 。

19 英文 *tradition* 在這裏的用法實指「經文」和「內容」； *tradition* 在此是指經文在成文之先已有一定的流傳歷史，且已得到某群體確認的地位。

20 嚴格來説，這不等同 2.3.2 所提及的「 double tradition 」，因為這名稱是專指那些馬太福音和路加福音共有而不見於馬可福音的經文，而艾科恩在其理論裏所指的是任何兩卷福音書共有的經文。

別學者）利昂·杜福[21] 亦再次提出這方案。他進一步指出，符類福音彼此間在寫作上的關係是完全獨立的，換言之，現在的馬太福音和馬可福音的相似之處並不意味任何一方抄錄另一方，而是因為它們均採用了原本以亞蘭文寫的「原本福音書」。

2. 口授傳流論：較為年輕的約翰·赫德（1744-1803 年）則強調要從聖經當時的文化背景來理解聖經：對於舊約，要借用古近東的語言和文化背景來理解，而對於新約，就要借用猶太人拉比的文化背景來理解。在 1797 年，赫德發表了一篇名為「根據我們福音書的來源和次序論彼此相同的原則」的文章[22]，其中強調要用猶太人在拉比時代[23] 的「口授傳流」的模式來解釋符類福音相似的地方。赫德認為，符類福音的內容之所以一樣，全因每位作者皆採用了同一個口授的資料來源；耶穌的言行應該是以一傳一的方式被傳揚開的，先是用亞蘭文，然後才是用希臘文。雖然赫德也同意三卷福音書是獨立寫成的（就如以上兩位學者的意見），但卻認為寫成的次序應是：馬可福音，馬太福音和路加福音。赫

21 參其著作：Léon-Dufour, "The Synoptic Gospels," in Robert and Feuillet, eds., *Introduction to the New Testament*, pp.252-286 。

22 德文原著：Johann G. Herder, "Regel der Zusammenstimung unser Evangelien, aus ihrer Enstehung und Ordnung," in *Sämmtliche Werke* 。

23 「拉比時代」主要指耶路撒冷的聖殿被毀後（即公元 70 年後），以拉比（即猶太人的教師和聖賢）為主導的猶太教傳承時期。狹義來說，這當指公元前 50 年至公元 200 年（亦稱為「坦拿時期」），但一般用法則較廣，可延伸至第六世紀馬所拉學者的傳統的出現。無論是廣義或狹義的定義，拉比時代的一大特徵是，所傳承的準確性極高。參筆者《新約研究透視》，頁 190-193 。

德之後，有北歐學者吉斯勒（1792-1854 年）[24] 和著名的韋斯科特（1825-1901 年）[25] 積極支持和闡述這方案。在近代，賴奇[26] 可能是這方案最積極的支持者，他更指出，符類福音的相同之處，除基於三者採用相同的「口授傳流」之外，還因為三位作者均彼此認識，且在寫作期間經常有接觸。

3. 選段論：著名的神學家施萊馬赫（1768-1834 年）於 1832 年把其對新約的講論結集出版，名為「新約導論」[27]。施萊馬赫反對萊辛和艾科恩的「原本福音書」論說，而認同赫德對「口授傳流」的看法，但卻進一步指出這些「口授傳流」在很早時已被轉錄成文字散篇，稱之為「耶穌言行的記錄」。這些散篇資料（有些可能是專載神蹟，有些是語錄等）的出現可能正是基於不同群體的需要，而由此就逐漸演變成我們現在的福音書。由於這理論強調選段的記錄，故有時稱為「選段論」[28]。施萊馬赫的方案在當時沒有太多的支持者，但卻為日後的「形式鑑別學」鋪了路；也是他第一次指出，小亞細亞的希拉波立主教帕皮厄斯（公元 60-130 年）所提到

---

24 Johann K.L. Gieseler, *Historisch-kritischer Versuch über die Entstehung und die frühesten Schicksale der schriftlichen Evangelien* (1818); 中文譯名「論福音書的來源和早期流傳的歷史鑑別文章」。

25 Westcott, *Introduction to the Study of the Gospels*, pp.165-212.

26 Reicke, *The Roots of the Synoptic Gospels* ；然而，一般學者對這書的評價都較負面。另可參 Rist, *On the Independence of Matthew and Mark* 。

27 德文原著： Friedrich D.E. Schleiermarcher, *Einleitung ins neue Testament*, ed. G. Wolde, in *Friedrich Schleiermachers sämmtliche Werke* 。

28 又稱為 *Diêgêsis Hypothesis* ； *diêgêsis* 源自 διήγησις「敘事」。由於施萊馬赫（常被稱為「形式鑑別學」的先驅）對 “fragment” 的觀念與後來發展出的「形式鑑別學」的 “pericope” 很接近，為簡化起見，筆者把 “fragment” 和 “pericope” 同譯成「選段」。

的“Logia”（τὰ λόγια；引自優西比烏的《教會歷史》3.39.16，見下面的討論），實指耶穌的言論集，它亦是一份重要的選段。

小結：萊辛和艾科恩的「原本福音論」提案固然有其吸引人的地方，但卻有相當多的弱點：首先，由於新約正典的經卷已是我們僅有最早的一世紀文獻，而所謂的「原本福音書」已不復存在，根本無從稽考。但這還不是最大的問題，更重要的問題是，學者認為這方案始終未能解釋各卷福音書如此相近的現象，因為不同人的翻譯通常會有出入；同樣，就算憑口授傳流論，亦很難解釋個別作者根據口授資料而寫下的文字何以會如此相近，甚至用字都相同。此外，福音書作者對事件的記述明顯保留了相近的次序，雖然馬太福音或路加福音之間在編排上略有差異，但大致上都以馬可福音的敘事次序為主要骨幹，這一點亦是口授傳流論所不能解釋的現象。雖然施萊馬赫的提案影響深遠，但若以為符類福音的相同程度全基於一些原為閃語（希伯來文或亞蘭文）的選段，是不可思議的，因為任何從事過翻譯工作的人都可以證明，不同人對同一份原稿的翻譯，絕不可能如符類福音那樣，在字眼以至字串上都如此一致。

2.3. 二十世紀的解決方案

今天大多數學者皆相信，在編寫過程中，符類福音之間應存有某種互賴關係，才能合理地解釋 2.1 裏所指出的四點特徵。綜合種種可能性，三卷福音書之間的互賴關係共有十八種可能[29]。不過，既然不是每一種可能性都得到學者的支持，我們的焦點亦只專注在近代學者討論過的組合上，本部分只集中討論其中四個可能性，這亦代表四個解決符類福音問題的主要方案；四個方案的關鍵分別在於界定馬可福音在這互賴關係中所扮演的角色：

1. 馬太福音先寫，後用於馬可福音，然後路加福音使用馬可福音；
2. 馬太福音先寫，後用於路加福音，最後馬可福音使用二者；
3. 馬可福音先寫，然後馬太福音和路加福音分別使用前者；
4. 馬可福音先寫，然後馬太福音和路加福音既分別使用前者，又互相參照（見下列圖例 1-4）。

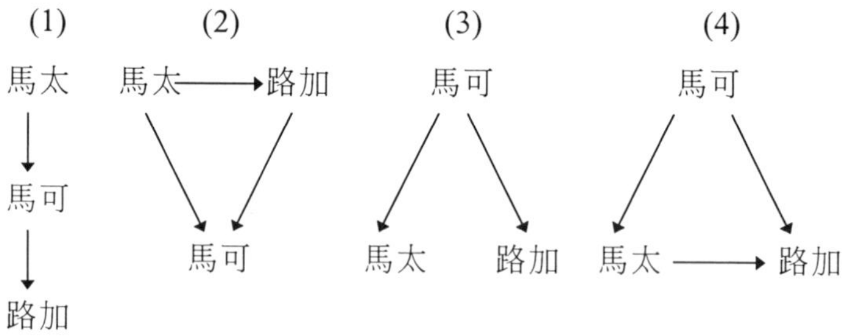

由於（ 1)和（ 2)均是以馬太福音為先的方案，而（ 3 ）和（ 4 ）則是以馬可福音為先的方案，因此，我們可以把這四個方案歸納為「馬太為先」和「馬可為先」兩大類[30]。有一

29 參 Farmer, *The Synoptic Problem: A Critical Analysis*, pp.208-209。

30 至於「路加為先」的論說，筆者未察覺有學者提出，主要原因可能是路加對福音書的資料都是較為間接（儘管他從保羅口中得知很多資料，但保羅的資料也是來自使徒的）；此外，路加福音一章 1-4 節明顯指出，作者在編寫其福音書時，有些福音書的資料（甚至是早期的福音書）已經面世，因此，路加福音是較後期的作品。參 Dungan, *A*

點要特別留意的，是上述四個方案既假設三位作者在寫作時都曾採用其他兩位或一位作者的作品，但卻沒有清楚說明；這就涉及現代人所謂「抄襲」的問題，這種行為在現代講求「智識產權」的社會裏是絕不見容的。但我們要明白，今天我們要求學術專文必須附上註腳、參考書目或標明出處等，這樣的寫作方式在古代文獻裏是鮮有出現的，可見古人在這方面的意識並不如今人的強，這是古今寫作風尚之別，原沒有對錯之分；況且，古人對所謂「抄襲」的行為有另一種理解，他們以為倘若有人願意採用某人的作品，其實正表示對其尊崇，毫無不敬或竊取之意。因此，符類福音問題所牽涉的不是一個道德問題，那只是古代寫作風尚的問題，而我們討論時對此也應持一個較客觀的態度。

2.3.1.「馬太為先」論說

這論說又稱為「格里斯巴赫論說」，因為這是十八世紀一位非常出色的聖經學者和經文鑑別家格里斯巴赫（1745 - 1812 年）所提出的。格里斯巴赫亦是第一位出版福音書合參的現代學者[31]，在該合參裏，他率先使用 *synopsis* 一字來形

History of the Synoptic Problem, pp.13-17 。

31 參第一章註 8 。其他近代的合參有： Barr, *A Diagram of Synoptic Relationships in Four Colours* 更採用不同顏色來標示其中的差異；相似的編著還有 Farmer, *Synopticon. The Verbal Agreement between the Greek Texts of Matthew, Mark and Luke contextually exhibited* ； Throckmorton, Jr., *Gospel Parallels* 和最為通用的 Aland, *Synopsis Quattor Evangeliorum* (15th edition)。這最新的第十五版的正文與之前的版本完全相同，但加添了《多馬福音》的科普替文的版本。筆者編著的《四福音與經外平行經合參》把 Aland, *Synopsis* 中所有經外（包括典外和教父文獻）平行經文翻譯成中文。

容馬太福音、馬可福音和路加福音。合參的出版使格里斯巴赫更專注研究符類福音問題，且發表了不少專文，但最重要的是發表於 1789 年的專文，英譯名為 “Treatise by which it is demonstrated that the entire Gospel of Mark was extracted from the records of Matthew and Luke”[32]。格里斯巴赫非常重視早期教會對福音書的意見：他接受每卷福音書的標題正好反映各書卷作者的看法。他又指出，馬太福音是最先寫成的福音書，路加在編寫福音書時曾使用馬太的材料，而馬可福音則採用之前兩卷書的材料（見 2.3 圖例之 2 ）。格里斯巴赫甚至指出，馬可在寫作時，確實持有馬太福音和路加福音兩書作為參考，但在次序上，馬可主要跟隨馬太福音。由於馬可福音有其獨特的寫作對象，所以在編寫上，作者便刪去很多耶穌的事蹟言訓，而在某些段落裏則補上一些額外的資料（參 2.1 的結尾部分）。

我們在前面討論奧古斯丁和革利免時，已提及他們同樣贊成這「馬太為先」的論說。另一位與格里斯巴赫同期的英國著名教士歐文（ 1716-1795 年）於 1764 年也曾著書[33] 提

---

32 拉丁文原著： J.J. Griesbach, *Ioannes Iacob Griebachii Theologica Doctor et Prof Primar in academia Jenensi commentatio qua Marci Evangelium totum e Matthaei et Lucae commentariis decerptum esse monstratur, scripta nomine Academiae Jenensis, (1789. 1790) jam recognita multis que augmentis locupletata*。載錄於 Orchard and Longstaff, eds. *J. J. Griesbach: Synoptic and Text-Critical Studies, 1777-1976*, pp.74-102 。

33 原著名為： Henry Owen, *Observations on the Four Gospels: tending chiefly, To ascertain the Times of their Publication; and To illustrate the Form and Manner of their Composition* ；參 Tuckett, *The Revival of the Griesbach Hypothesis*, p.3，和 Dungan, “The Purpose and Provenance of the Gospel of Mark According to the Two-Gospel (Owen-Griesbach) Hypothesis,” in *New Synoptic Studies: The Cambridge Gospel Conference*

出這論說。他指出，由於早期教會的信徒多是猶太人，所以可推論出馬太福音是最先寫成的（早於公元 38 年！）。又由於陸續有很多外邦人信主，加入教會，路加福音便應運而生，是根據馬太福音編寫而成。最後，因為猶太信徒和外邦信徒間的爭論加劇，所以馬可亦應這方面的需要而編寫了一本較短的福音書，主要是為羅馬的信徒而寫的（參下面第 3 點中的包爾理論）。雖然格里斯巴赫和歐文的理論不盡相同，但卻在主要的原則上站在同一線，故「馬太為先」的論說有時又稱為「格里斯巴赫—歐文」論說。

在十九世紀前，「馬太為先」或「格里斯巴赫—歐文」論說是為最多人接納的論調，且亦是後期羅馬天主教的立場。有幾個因素導致這學說成為當時的主流思想：

1. 按福音書在新約正典裏的次序，馬太福音列為四福音書之首；這以正典的次序來推論寫作時期的觀點，可追溯至俄利根（按優西比烏《教會歷史》6.25.3）[34]。

2. 對於「馬可為先」的論說，很多人感到困難的是要接受這一點：使徒馬太竟然徵用一位非使徒的馬可所寫的福音書為藍本。

3. 從學術背景來說，格里斯巴赫—歐文論說頗能配合當

---

and Beyond, pp.411-440。

34 要留意一點，俄利根之前時期的聖經古卷乃以書卷（roll）為多，書卷（無論是獸皮或蒲草紙）的長度有限，一卷通常只可載錄一篇幅較長的福音書，如馬太福音或路加福音；因此，除非在卷首特別標明該經卷所排列的位置，否則根本無法得知各卷書的次序。但到俄利根時，「翻頁書」（codex）開始盛行，由於翻頁書所能包括的篇幅較多，故可載入多卷書，於是，各卷書的次序也就有跡可尋了。因此，俄利根的看法也許只適用於那些曾載錄於同一本翻頁書的書卷。參 Zahn, *Introduction to the New Testament*, 2.392-396.

時的學術氣候，當時德國著名哲學家黑格爾（ 1770-1831 年）提出了「正反合」（ thesis-antithesis-synthesis ）理論，倡導以這模式來解釋人類歷史演變的現象[35]。在聖經研究裏，最全面引用這「正反合模式」的是「杜平根學派」的創辦人包爾（ 1792-1860 年）。包爾指出，早期教會的發展也展示這「正反合」的模式：先有以使徒彼得為首的「猶太式基督教」，及後發展出以保羅為首、與前者敵對的「外邦式基督教」，最後，這二者結合成為一「大公式基督教」[36]。同樣，格里斯巴赫—歐文論說也反映這「正反合」的模式：馬太福音是為猶太人而寫的；路加福音是為外邦人而寫的；而馬可福音則企圖調和二者，不明顯界分寫作對象，可謂是為一般人而寫的福音書。

4. 除配合當時的學術氣候外，格里斯巴赫論說最大的說服力乃在於：當對照「三卷福音書的共有經文」時，往往發現馬太福音和路加福音所採用的記錄方式和文筆都非常相似，但卻明顯有別於馬可福音。一般稱這為「次要的一致」（ minor agreements ）。格里斯巴赫指出，對此現象惟一可

---

35 黑格爾的理論簡單說來即是：人類的歷史是一循環不息的「因果」演變：任何一件事情的發生必有其原因，而任何一件事情的結果也可以導致另一件事情的發生。由「因」演變成「果」之間往往帶有一種「正」、「反」的張力，甚至要經過敵對的過程，最後，這「正反」得以結合，演變成「果」；這「果」亦繼而成為另一件事情的「因」，再次經歷「正」、「反」的敵對狀態而結合成「果」，如此循環。將此應用在神學上，黑格爾指出，傳統神學所謂的「上帝默示」其實只不過是在人類歷史上的一個「正反合」的自然現象而已，根本沒有甚麼上帝的介入。

36 英文稱為 “Catholic Christianity”，其中 “Catholic” 一字為「共通的、大公的」的意思，讀者不應誤解為與「羅馬天主教」有關。

作的解釋是，馬太福音和路加福音必定有較為密切的關係。比較馬可福音九章 2 節至 4 節與馬太福音十七章 1 節至 3 節、路加福音九章 28 節至 30 節。若馬太福音及路加福音兩者完全獨立，為何它們那樣巧合地把馬可福音內一句有關耶穌當時所穿衣服的描述：「地上漂布的，沒有一個能漂得那樣白」刪去呢？既然證明馬太福音和路加福音的關係比較密切，格里斯巴赫又進一步指出，馬可福音的語句有合併馬太福音和路加福音的痕跡，比較馬可福音一章 32 節與馬太福音八章 16 節、路加福音四章 40 節，馬可福音一章 32 節的記述「天晚日落的時候，有人帶著一切害病的，和被鬼附的，來到耶穌跟前」，其中「天晚」和「日落」的意思重覆了，很可能是從合併馬太福音八章 16 節「到了晚上」和路加福音四章 40 節「日落的時候」而來。綜合格里斯巴赫的理解，馬太福音和路加福音先存在著參照的關係（馬太福音先寫，後用於路加福音），而馬可福音則參照二者而成，是符類福音中較後成書的。

這「馬太為先」的論說，的確可以為符類福音的問題帶來一條出路，但很多學者卻認為，對格里斯巴赫論說的反證，遠多於支持它的理據。首先，支持這論說的學者經常引古代教父的看法為証，但實際上，並非所有早期教會的教父均一致認為馬太福音是首先寫成的福音書，例如帕皮厄斯就曾清楚指出馬可福音的主要資料來源是使徒彼得[37]，且並無

---

37 帕皮厄斯的著作已全部散失，只有兩段分別有關馬可福音和馬太福音寫作問題的文字，載錄於優西比烏的《教會歷史》 3.39.15-16 。有關馬可福音方面，帕皮厄斯這樣說： Μάρκος μὲν ἑρμηνευτὴς Πέτρου γενόμενος, ὅσα ἐμνημόνευσεν, ἀκριβῶς ἔγραψεν, οὐ μέντοι τάξει τὰ ὑπὸ τοῦ κυρίου ἢ λεξθέντα ἢ πραχθέντα 「[15]這也是這位長老說的：

提及馬太福音和馬可福音有任何資料來源上的關係。就算支持馬太福音寫於馬可福音之先的教父如俄利根及奧古斯丁等，卻又都認為路加福音當於馬可福音之後寫成，並不是在它之前（見 2.3 圖例 1），可見他們雖認為馬太福音開符類福音之先河，但又並非完全贊同「格里斯巴赫—歐文」的整體論說（見 2.3 圖例 2）。此外，雖然支持者從馬可福音內找到 213 處顯得重覆的語句，但仔細比較下來，則只有 17 處如上述馬可福音一章 32 節的情況，有平均地合併馬太福音和路加福音字句的跡象。事實上，由於馬可福音所展示的希臘文水平是較為粗劣的（見 2.4），所以，若說馬可福音是綜合馬太和路加兩卷福音書而成的，則其語文水平理應更高才對；故更有可能的是，馬太福音和路加福音皆以馬可福音為藍本，並在文筆表達上加以改進，把馬可福音重覆累贅的語句刪去了。

格里斯巴赫的理論一直得不到太多學者的支持，到二十世紀 60 年代，美國學者法默寫了一本轟動一時的著作，名為 *The Synoptic Problem: A Critical Analysis*[38]，再次提出格里

馬可成為了彼得的翻譯者【或：解經人】，把他對基督言行的記憶通通寫下來，雖然並不順著次序，卻是準確的。」參筆者《四福音與經外平行經文合參》第二部分 § 1。

38 此書是法默繼 1961 年在芝加哥舉行的 Society of Biblical Research 會議中發表 “A ‘Skeleton in the Closet’ of Gospel Research” 一文之後的一項綜合研究成果；在這篇文章中法默提及，在十年前有另一位學者巴特勒（Butler）在其書 *The Originality of St. Matthew* 中也曾提出相似的討論方案，但並未受到學術界的重視。法默在此書中非常全面地探討了這一課題，更指出「馬可為先」論說之所以一直在學術界佔有優勢，乃由於受到某些「政治」因素（如意識形態、甚至是一些權力鬥爭）的操控。

斯巴赫的理論。他先指出，學術界一直以來排斥「馬太為先」這論說，是因為學者對包爾理論（特別是在保羅書信的研究方面）和黑格爾的「正反合」解說模式普遍存有反感；因此，法默要求對這理論有一個客觀的評鑑。法默在這方面最大的貢獻是提出了一些評鑑的原則，例如：在福音書的記載中，詳盡的記錄往往較簡短的記錄次要（或後期）；而反映大公性（即非猶太化）和非源自巴勒斯坦的資料又往往較猶太化和源自巴勒斯坦的資料次要。按這兩個原則，馬太福音的內容和寫作文筆明顯反映最猶太化和巴勒斯坦的色彩（如其中的應驗經文），故亦較為重要。至於馬可福音，由於在共有經文裏顯示出合併的痕跡，理應較後成書，不過，按法默的原則，較早期的作品會出現較多的亞蘭文字彙，而馬可福音既是出現最多亞蘭文字彙的福音書，自然當是最早期的符類福音，因此，對於馬可福音成書的年期始終未有定論。

支持格里斯巴赫的理論的學者常引用帕皮厄斯一番非常重要的話：「馬太以亞蘭文編寫了一份『Logia』，而各人則盡其所能去理解其中的意思。[39]」這些學者由此推論：（1）馬太福音首先完成，（2）它是用亞蘭文或希伯來文寫成，以及（3）路加福音和馬可福音引用這個版本來完成他們的希臘文福音書。雖然這論說有其吸引力，但最大的關鍵是，帕皮厄斯所指的Logia並不一定就是馬太福音，若然，豈不是說馬太福音的原稿是用亞蘭文寫的？這可能帶來更

---

39 按優西比烏的記載（《教會歷史》 3.39.16），帕皮厄斯這樣論及馬太福音：Ματθαῖος μὲν οὖν Ἑβραΐδι διαλέκτῳ τὰ λόγια συνεγράψατο, ἡρμήνευσε δ᾽ αὐτὰ ὡς ἦν δυνατὸς ἕκαστος。最後一句的意思可能是：「而各人有各自不同的理解和翻譯。」

大的問題。

這類問題雖然絡繹不絕，迄今仍沒有甚麼結論，但大多數學者都不以「馬太為先」這論說為一理想的解決方法。在華人學者中，可能只有羅瑜博士接受「馬太為先」的立場[40]。

2.3.2.「馬可為先」論說

另一位同樣主張符類福音存在互賴關係的學者是拉赫曼（1793-1851 年）。拉赫曼較格里斯巴赫年輕，但同樣是聖經研究和經文鑑別學方面非常出色的學者。1835 年，他的一篇短論文[41]，書名意為:「論符類福音敘述部分的次序」，演變成符類福音問題的爭論焦點，並且贏得學術界的普遍支持。正如這篇論文的標題所示，拉赫曼主要集中討論符類福音中敘事部分的次序問題。把每卷符類福音書的敘事次序與其餘兩卷作比較之後，拉赫曼指出三點：一、馬太福音和路加福音所展示的次序基本上與馬可福音相似。二、至於次序上有出入的地方，拉赫曼認為從馬太福音和路加福音各自獨特的神學動機中均可找到答案。相反，若說馬可福音採用了馬太或路加福音的敘事架構，則很難合理解釋馬可福音在多處地方偏離原來次序的原因。三、凡馬太福音和路加福音次

---

40 見其註釋書：《義僕與君王》。

41 拉丁文原著：Karl F.W. Lachmann, "*De ordine narrationum in evangeliis synoptics*," pp.570-590。英譯本 "On the Order of the Narrative in the Synoptic Gospels" 譯了其中最主要的論點，刊於編自 Palmer, "Lachmann's Argument," pp.368-378；全文更在近期刊登於：Bellinzoni, Tyson, and Walker, ed., *The Two-Source Hypothesis: A Critical Appraisal*, pp.119-131.

序上相同的經文必見於馬可福音[42]。

雖然拉赫曼並未進一步證明馬太福音和路加福音採用了馬可福音，但受施萊馬赫影響，拉赫曼相信馬可福音的敘事架構其實在所有福音書寫成之前已經存在；因此，他只認為馬可福音是最先寫成的福音書，而其他兩卷福音書則採用與馬可福音非常相似的敘事架構作為藍本。拉赫曼對三卷福音書在次序上的分析成為日後「兩源」論說的基礎。這個兩源論說主要是由韋莎（1801-1866 年）建構而成；雖然韋莎早期所受的訓練是神學和哲學，但他後來卻轉移到新約研究上來。 1838 年，他出版了一巨著，書名意為「批判性地和哲學性地探討福音書歷史」[43]。由於韋莎非常重視歷史耶穌的探索，所以特別留意有關福音書形成等問題。他先提出更多證據印證拉赫曼的觀察，從而進一步證明馬太福音和路加福音的確曾參考了馬可福音（見 2.3 圖例 3）。韋莎還指出，馬太福音和路加福音又都採用了馬可福音以外的其他資料，即帕皮厄斯所提及的（這原是施萊馬赫最先提出的）。按韋莎推測，這 Logia 基本上是有關耶穌的言論集；雖然兩

---

42 參 Lachmann, “On the Order of the Narrative in the Synoptic Gospels, ” p.120 。很多人藉拉赫曼所提出的這一點（凡馬太福音和路加福音次序上相同的經文必見於馬可福音）來證明兩卷福音書採用了馬可福音的資料。不過，單憑這點，理據並不充分，故又被稱為「拉赫曼謬論」；這「謬論」就成為很多持「馬太為先」的學者攻擊「兩源論說」的焦點。參 Bulter, *The Originality of St. Matthew: A Critique of the Two-Document Hypothesis*, pp.62-71; Farmer, “The Lachmann Fallacy,” pp.441-443; Tuckett, “The Argument from Order and the Synoptic Problem,” pp.340-341 。

43 德文原著： J. Weisse, *Die evangelische Geschichte kritisch und philosophisch bearbeitet*, 2 vols. (Leipzig: Breitkopf and Härtel, 1838).

位福音書的作者均曾採用這言論集，但馬太福音採用的分量似乎較路加福音為多。因此，按韋莎的見解，符類福音的寫成過程可以總結如下：在參照馬可福音時，馬太福音和路加福音基本上依從馬可福音的敘事次序，只是在某些地方，兩者各有一些改動；至於在內容方面，馬太福音和路加福音均採用了另外一個來源的資料，即 Logia 。這可謂是「兩源論說」最早期的構想。

「兩源論說」之所以廣被學者們接納，最終要歸功於另一位學者霍爾茨曼（ 1832-1910 年）的努力。霍爾茨曼於 1863 年出版了一書，名為「符類福音：其來源和歷史特徵」[44]，不贊同韋莎把 Logia 視為馬太福音和路加福音的另一個來源的說法，並把這另一來源命名為不知名的來源，以「 Q 」（這名稱可能是來自德文： *Quelle* ，意即「來源」）為代號[45]。由於這 Q 來源主要包括馬太福音和路加福音共有、但又不見於馬可福音的資料，因此，這類資料有時稱為「兩卷福音書的共有經文」，大概有 220 節，主要是有關耶穌言論的經文。當然，馬太福音和路加福音共有而不見於馬可福音的資料，也可以是兩書互相抄錄的結果，不過，一直以來都沒有人提出「馬太福音採用路加福音」的假設（參 2.3 註 46 ）。只是的確有不少學者認為，假設「路加採用馬太福音」會比假設

---

44 德文原著： Heinrich J. Holtzmann, *Die synoptischen Evangelien: Ihr Ursprung und ihr geschichtlicher Charakter* (Leipzig: W. Engelmann, 1863).

45 有關「 Q 」這標記的來源，參 Schmitt, "In Search of the Origin of the Siglum Q," pp.609-611 。黃根春博士指出（私下交談），一般討論符類福音的德文著作均採用「 Q Logia 」這稱號，而早期的著作均以「 Λ 」（即 *lambda* ，代表 λόγια ）作為標記。

Q 來源更為容易。換言之就是，馬可福音最先完成，其次到馬太福音，然後路加則節錄他們（主要是馬太福音）的資料（見 2.3 圖例 4）；這正是法勒（1904-1968 年）和其學生古爾德的假設[46]。不過，這假設卻又帶來另一大問題，那就是路加福音為何要節錄或刪修改馬太福音的大部分資料？學者對此始終未能提出合理的解釋。因此，Q 來源的假設，仍具有一定的說服力。

至於內證方面，對照馬太福音和路加福音共有的那 250 節經文，更可發現不少支持 Q 來源的現象[47]：

a. 字眼相同。試比較馬太福音六章 24 節和路加福音十六章 13 節，馬太福音七章 7 節至 11 節和路加福音十一章 9 節至 13 節（特別是太七 7-8 和路十一 9-10），馬太福音十一章 25 節至 27 節和路加福音十章 21 節至 22 節，馬太福音二十三章 37 節至 39 節和路加福音十三章 34 節至 35 節。特別要留意，馬太福音十一章 11 節與路加福音七章

---

46 參 Farrer, "On Dispensing with Q," in *Studies in the Gospels: Essays in Memory of R.H. Lightfoot*, pp.55-88; Goulder, "On putting Q to the Test," pp.218-234；另可參 Goodacre, <http://www.bham.ac.uk/theology/q/>（亦載錄有 Coulder 和 Farrer 的文章）的網頁。提出這方案的學者特別強調路加福音與馬太福音有少量的經文相同，但卻與馬可福音有別，參 Neirynck, *The Minor Agreements of Matthew and Luke Against Mark, With a Cumulative List*。在 "Is Q a Juggernaut?" pp.667-681 一文中，Goulder 指出有些經文原來只是馬太福音和路加福音共有的，但後來卻被加插於馬可福音，如太二十六 68 和路二十二 64（τίς ἐστιν ὁ παίσας σε;）這句話在馬可福音十四章 47 節卻變成耶穌一位門徒把大祭司的僕人砍了一刀。此外，按傳統對 Q 內容的分析，Q 來源完全沒有耶穌受難的記錄，因此，要解釋馬太福音二十六章 68 節和路加福音二十二章 64 節的記載，最大的可能性是路加福音曾使用馬太福音。

47 在這方面的一篇非常重要的文章是 Carlston and Norlin, "Once more statistics & Q," pp.39-78。

28 節同用的 ἐν γεννητοῖς γυναικῶν ，卻有別於《七十士譯本》約伯記十一章 2 節的 γεννητὸς γυναικός。馬太福音八章 8 節(與路七 6)的 οὐκ εἰμὶ ἱκανὸς ἵνα （ οὐ ἱκανός εἰμι ἵνα)和馬太福音十章 28 節(與路十二 4)的 φοβεῖσθε ἀπό （ φοβηθῆτε ἀπό ），二者的結構均反映閃族語文(如希伯來文）的影響。兩書的共有經文不單內容相同，連用字也相同，顯然在資料來源上有密切的聯繫。

b. 兩卷福音書的共有經文均顯示相同的次序[48]。一般來說，學者均認為路加福音在採用 Q 來源時，較能保持其原來的次序。

c. 兩書的共有經文往往呈現相同的詞語表達，有時更穿插於來自馬可的資料之間，比較馬太福音三章 1 節至 12 節和路加福音三章 1 節至 18 節。兩段記載，開始時均採用馬可福音一章 2 節至 6 節，接著，二者同樣記載施洗約翰的講道（這部分卻未見於馬可福音），除了講道對象略有出入外（馬太福音三章 7 節稱他們為「法利賽人和撒都該人」，而路加福音三章 7 節則稱之為「眾人」），二者的記載(太三 7-10 和路三 7-9)幾乎是完全相同的。插入這部分後，馬太福音三章 11 節和路加福音三章 16 節又轉回馬可福音一章 7 節至 8 節，而接著馬太福音三章 12 節和路加福音三章 17 節的相同記載則又未見於馬可福音。可見兩書的作者似乎真的手持兩個來源資料，互相參照整合，各自完成了其福音書。[49]

---

48 參 Kümmel, *Introduction to the New Testament*, pp.65-66; Fitzmyer, *The Gospel According to Luke I-IX*, pp.76-81 。

49 有些學者如 Hawkins （ *Horae Synopticae*, pp.80-107 ）提出另一點支

要清楚確定Q來源的內容並非易事，因為我們一般會著眼於那些同樣出現在馬太和路加福音而未見於馬可福音的共有經文。然而，我們也不能排除部分Q來源的資料只出現在其中一卷福音書裏[50]。此外，馬太福音和路加福音引用Q資料的方式也各有不同，馬太福音把Q資料分成五組的教導，即第五至七章，十章，十三章，十八章及二十三至二十五章，並以六組敘述段穿插其間；至於路加福音則既把Q資料分散於整卷福音書中，但又將大部分的內容集中於兩大段落，即六章20節至七章35節及九章57節至十三章35節。以下所列出Q來源的內容以路加福音的次序為標準，對照馬太福音的相似經文[51]，是一般學者所認同的。讀者可以觀察

持，即馬太福音和路加福音均出現「重覆」（doublets）的現象，這指重覆記載同一件事件，而其中一段反映「三卷福音書的共有經文」（即源自馬可福音），另一段則是「兩卷福音書的共有經文」；由於兩個來源對同一事件的記載雙雙出現於第三卷福音書內，則Q來源的存在就更為明確了。例如路加福音中，就有兩次提及光的比喻，路加福音八章16節（「沒有人點燈用器皿蓋上……」）可見於馬可福音四章21節（「人拿燈來，豈是要放在斗底下……」），而路加福音十一章33節（「沒有人點燈放在地窨子裏……」）則與馬太福音五章15節（「人點燈，不放在斗底下，……」）相似。然而，這些「重覆」可以用來支持Q來源的論說，但亦可支持馬太和路加福音互相參考的可能性。

50 例如以下的經文既可視為來自Q來源，亦可視為該書獨有的經文，馬太福音有：五13-16, 17-20, 21-26, 27-32，十八15-22，二十1-16，二十三2-14，二十五1-13；而路加福音則有：十四7-11，十六1-13，十八9-14。

51 參 Kümmel, *Introduction to the New Testament*, pp.65-66；另有 Taylor, "The Original Order of Q," in *New Testament Essays*, p.249 和 Kloppenborg, *Q Parallels*。另可參 Robinson, "A Critical Text of the Sayings Gospel Q," *Revue d'Histoire et de Philosophie Réligieuses*, pp.15-22，和出版中的評註版（參2.4的介紹）。留意不同學者的Q版本略有出入。

到其中的內容只有語錄，缺乏敘事性的記載，亦沒有耶穌受苦的選段。為方便參考，列出的內容均對照筆者《四福音與經外平行經文合參》中的段號。

	段號	標題	路加福音	馬太福音
1	14-16	約翰傳悔改的道	3.7-9, 16-18	3.7-12
2	20	耶穌受試探	4.1-13	4.1-11
3	78,	平原講道（一）：八福篇	6.20-23	5.3-6, 11-12
	80	論愛仇敵	6.27-30, 32-36	5.39-42, 45-48
4	81	平原講道（二）：關於論斷人	6.37-38, 41-42	7.1-5
	82	「憑著他們的果子……」	6.43-45	7.16-20
	83	根基立在磐石上	6.46-49	7.21, 24-27
5	85	迦百農的百夫長	7.1-10	8.5-13
6	106	施洗約翰差人問主	7.18-23	11.2-6
	107	耶穌為施洗約翰作見證	7.24-35	11.7-19
7	89	論跟隨主	9.57-60	8.19-22
8	177, 98	莊稼多，工人少	10.1-12	9.37-38
	99	耶穌差遣十二使徒		10.1-16
9	108	耶穌責備加利利諸城有禍了	10.13-15	11.21-23
	109	耶穌感謝天父	10.21-22	11.25-26
10	185	主禱文	11.1-4	6.9-13
11	187	祈求就得著	11.9-13	7.7-11
12	188	關於鬼王別西卜的辯論	11.14-23	12.22-30
13	189	污鬼回到人身內	11.24-26	12.43-45
14	191	約拿的神蹟	11.29-32	12.38-42
15	192	論心裏的光	11.33	5.15
	193	眼睛是身上的燈	11.34-36	6.22-23
16	194	述說法利賽人和律法師的六禍	11.39-52	23.4, 23-25, 29-36
17	196	勸勉門徒在人前認主	12.2-10	10.26-33
18	201	勿慮衣食	12.22-32	6.25-33;
	202	積財寶在天	12.33-34	6.19-21
19	203	警醒與忠心	12.39-46	24.43-51

20	209	芥菜種的比喻	13.18-19	13.31-32
	210	麵酵的比喻	13.20-21	13.33
21	213	耶穌為耶路撒冷嘆息	13.34-35	23.37-39
22	235	人子的日子	17.22-37	24.26-28, 37-41
23	266	銀子的比喻	19.11-27	25.14-30

有些學者更認為，既然馬太福音和路加福音大多數共有的記載，在字眼上均有相當出入，則這 Q 來源可能只是一些「口授傳流」的匯集，並未達到成文的階段[52]。在近期，曾一度掀起「歷史耶穌探索」熱潮的克羅森在其 *The Historical Jesus*[53] 中指出，在 Q 來源中，有一層較早和一層較晚的材料，但他卻未能提供客觀準則，把它們分別出來。一般來說，多數學者均認同 Q 來源（甚至已有成文的記載）的存在，特別在近年《多馬福音》（參 3.5.3）熱的影響下，學者們發現其語錄方式與 Q 來源的內容十分相似，不過，要談「 Q 的神學」[54]，按目前可供研究的資料

---

52 Robinson, "LOGOI SOPHON: On the Gattung of Q"; Petrie, "Q is only what you make it," pp.28-33。由於 Q 來源的內容帶有很濃厚的亞蘭文背景，一般認為 Q 來源很可能源自巴勒斯坦地區。

53 全名為： Crossan, *The Historical Jesus: The Life of a Mediterranean Jewish Peasant* 。

54 參 Edwards, *A Theology of Q* ；不同「 Q 神學家」也有不同理論，比較 Catchpole, *The Quest for Q*; Piper, *The Gospel Behind the Gospels: Current Studies on Q* ，和 Tuckett, *Studies on Q: Aspects of the History of Early Christianity as Reflected in the Sayings Source Q* 。對 Q 神學的評論，可參 Johnson, *The Real Jesus: The Misguided Quest for the Historical Jesus and the Truth of the Traditional Gospels* 。另外， Kloppenborg, "Tradition and Redaction in the Synoptic Sayings Source," pp.34-62 是一篇對 Q 來源的不同神學動機和所屬群體作扼要介紹的專文。那些認為 Q 來源是文獻的學者，一般都認為這文獻是用作教會一般教導或勸勉之用的，或集中介紹耶穌的言論。

來說，仍言之過早。參 2.5.「近代的研究」在這方面的討論。

2.3.3.「四源」論說

霍爾茨曼的方案也許可以解釋馬太福音和路加福音相似的經文，然而，對於兩書各自獨有的記述，則未提供具體的出路。對於這些獨有的記述，很自然的解釋是，除馬可福音和 Q 來源外，馬太福音和路加福音還分別選用了其他的資料來源。英國牛津著名的聖經學者斯特理特（ 1874-1937 年）於 1924 年所寫的 *The Four Gospels: A Study of Origins* ，便提出另外兩個為馬太福音和路加福音所分別選用的資料來源——「 M 」[55] （源自 Matthew 的首字母）來源和「 L 」[56]（源自 Luke 的首字母）來源。正如書名所言，斯特理特並非旨在解釋符類福音的問題，而是要追溯每卷福音書的寫作歷史；因此，這書可謂是全面應用「來源鑑別學」來解釋四福音來源的成果。斯特理特最大的貢獻不單在於提出另外兩

55 這包括：一 1-17, 18-25，二 1-12, 13-15, 16-18, 19-23，五 13-16*, 17-20*, 21-26*, 27-32*, 33-37 ，六 1-4, 5-8, 16-18 ，九 27-31 ，十一 28-30 ，十三 24-30, 36-43, 44-46, 47-50, 51-52，十七 24-27，十八 15-22*, 23-35 ，二十 1-16*，二十一 28-32，二十三 2-14*, 15-22，二十五 1-13*, 31-46 ，二十七 3-10, 62-66 ，二十八 9-10, 11-15, 16-20 。其中的內容主要包括耶穌出生、應驗經文、一些寓言，和部分對復活的敘述。

56 這包括：一 1-4, 5-25, 26-30, 31-56, 57-80，二 1-20, 21-24, 25-40, 41-52 ，三 10-14, 23-38 ，四 16-30 ，五 1-11 ，六 24-26 ，七 11-17, 36-50 ，八 1-3，九 51-56, 61-62，十 17-20, 25-28, 29-37, 38-42，十一 5-8, 27-28 ，十二 13-21, 35-38, 47-48 ，十三 1-5, 6-9, 10-17, 31-33 ，十四 1-6, 7-11*, 12-14, 28-35 ，十五 8-10, 11-32 ，十六 1-13*, 14-15, 19-31 ，十七 7-10, 10-11, 20-21，十八 1-8, 9-14*，十九 1-10, 39-44，二十一 34-36, 37-38 ，二十二 35-38， 二十三 6-16, 27-32 ，二十四 13-35, 36-49, 50-53 。其中的內容主要包括耶穌的出生、約十四個比喻和一些復活的敘述。

個來源，而且更配合早期教會的發展來探討四個來源的發源地：馬可福音寫於羅馬（大概是公元 60 年），Q 是在 50 年代期間於安提阿編寫，L 是在 60 年代期間於凱撒利亞編寫，而 M 則是在 65 年期間於耶路撒冷編寫；至於馬太福音則大概於 85 年在安提阿成書，路加福音於 80 年左右於哥林多寫成。因為斯特理特強調在不同區域形成了不同來源，這學說又名「區域理論」。斯特理特更引進以經文流傳的歷史來解釋符類福音的問題，他指出有些經文出現於馬太福音和路加福音，但卻有別於馬可福音的記錄，這主要是由於混雜了不同區域的版本所致[57]。

斯特理特的理論亦包含另一論點，名為「原本路加」（Proto-Luke），後來被泰勒[58]大加發揮。一直以來，學者都認為，除馬可福音以外，路加福音的其他來源就是 Q 和斯特理特所謂的 L，但斯特理特和泰勒則提議，路加在沒有參照馬可福音的情況下，先從 Q 和 L 資料編寫出一部「原本路加」，包括：三 1 至四 30，五 1-11，六 12 至八 3，九 51 至十八 14，十九 1-28, 37-44, 47-48，二十二 14 至二十四 53。

---

57 參《新約經文鑑別學概論》的 7.2.3.「地方性經文類型理論」。此外，著名新約學者桑達斯（Sanders）在 *The Tendencies of the Synoptic Tradition* 的論說，指出幾個原則（包括長度、詳盡性和閃語語句三種），藉以分辨不同福音書來源的所屬時段。桑達斯的原意其實並不旨在分辨來源的形成時期，而是要藉著探討新約古卷的流傳和早期教會的教父如何處理符類經文的發展，更好地瞭解聖經文獻傳統形成的走向。按這三個原則所研究出來的結果卻頗為消極，桑達斯指出，大體的走向反映出某程度的修訂工作，如闡述和節錄等工作。

58 Taylor, *Behind the Third Gospel*。在英國學者中，泰勒是最出色的形式鑑別學家之一，其著作還有：*The Gospel According to St. Mark* 和 *The Formation of the Gospel Tradition*。

直至差不多二十年後，路加（亦可能是另一位與路加醫生非常密切的朋友），才大量採用馬可福音的敘事架構和其他經文，編寫成流傳至今的路加福音。

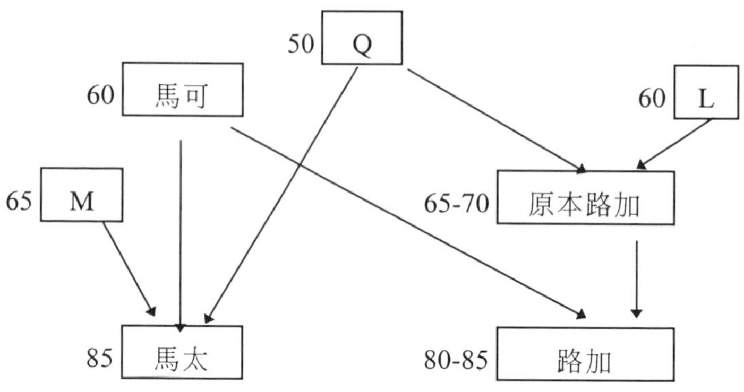

2.4. 總結

綜觀以上各點嘗試解釋符類福音問題的學說，新約學者一般的共識是，若要為符類福音的難題提供答案，就得假設馬太福音和路加福音在撰寫時，皆以馬可福音為藍本。以下試綜合支持「馬可為先」中「兩源」論說的證據：

1. **前面 2.1 提及符類福音有三方面的特色：**字眼和字串上相似，馬可福音在三者共有的選段裏有較詳盡的記錄，以及三卷福音書敘事次序的一致。就這三方面的特色來看，與其說馬可福音是馬太福音和路加福音的撮錄，不如說馬太福音和路加福音乃取材於馬可福音，因為雖然馬可福音的內容大多數都見於馬太福音和路加福音，然而，對同一事件的記載，馬可福音往往較為詳細；這一點是打擊「馬太為先」論說的重要理據，因倘若馬可福音的寫作目的是要寫一本福音書的撮錄本，為何又往往花較多字句來記錄每一選段呢？至於馬太福音和路加福音的關係，若按格里斯巴赫—歐文的理論，認為路加福音曾參照馬太福音，則很難解釋路加福音何以對馬太福音作大規模的改動，如把馬太福音有關耶穌出生的事蹟刪改得如此徹底。因此，「馬可為先」、且路加福音並未參照馬太福音（兩者相似而未見於馬可福音之處則基於Q來源）是較合理和容易接受的論點。當然，這兩源論說只是推斷，未能證實，但就處理問題的精神來看，這的確是最能解釋符類福音問題的方案。

2. **亞蘭文化的馬可福音：**從希臘文的文筆和修辭的角度來看，一般人都認為馬可福音的文筆比不上馬太福音或路加福音，這可能與亞蘭文化有關，其中一個常引用的例子是馬可福音作者慣用「 καί 」字，例如馬可福音一章 16 節至 24 節，就差不多每句開始都有一個 καί 字。事實上，希臘文常用連接詞把句子與句子串連起來，只是很少單用 καί。「 καί 」的意思相當廣泛，可以表達「與」、「連同」或「和」的意思，但在馬可福音裏，這連接詞的功能只是把句子串連起來，並沒有將句子間在語意上的不同關係表達出來；不過，這可能與希伯來文慣用「 waw 」作連續敘事的連接詞有類似之處，這用法所帶出的修辭果效有如漢語的「流水格」[59]，這用法於漢語尚可接受，但於希臘文則顯得不太流暢、有欠自然。且由於缺乏具體的連接詞，事件的串連就變得平淡、千遍一律，欠缺突顯的高潮和聚焦的效果（參 4.2 的討論）。

59 流水句的例子有：「國生站在門外，很有禮貌和帶著熱情地接待了莎莎，帶她進自己的辦公室，又為她泡茶，請她坐在沙發上面。」其特色是平鋪直述、動作接連的記錄。

此外，馬可福音中另一個常用的連接詞是「 γάρ 」（即「因為」）。這回作者卻過多使用了具體的連接詞，在某些句子間不必要地帶出「因由關係」[60]。作者在全書中共用了這字 34 次，篇幅較長的馬太福音反而僅有 10 次，而這 10 處的經文亦全與馬可福音相同，很可能只是受馬可福音影響而已。馬可福音這些文筆上的特徵很可能正反映作者受到亞蘭文的影響。至於在用字方面，馬可福音也使用了大量的亞蘭文字，如馬可福音三章 17 節（「雷子」這外號， βοανηργές）；五章 41 節（「大利大，古米」， ταλιθα κουμ ）；七章 11 節(「各耳板」， κορβᾶν),七章 34 節(「以法大」， εφφαθα)；十四章 36 節（「亞爸」， Αββα ）；十五章 34 節（「以羅伊，以羅伊，拉馬撒巴各大尼」， Ελωι ελωι λεμα σαβαχθανι ）[61]。相對於馬太福音，其寫作對象雖然是猶太人，但除「各各他」（ Γολγοθᾶ，可十五 22 ／太二十七 33 ）這地名仍保留亞蘭文外，作者把所有亞蘭文字都刪去了，而路加福音更連 Γολγοθᾶ 這字都刪去（路二十三 33 ）。馬太福音和路加福音刻意刪去亞蘭文字是可以理解的，因為當時的受眾大多數是操希臘文的。亞蘭文化除影響馬可福音的希臘文語文質素外，更標誌著這福音書保存著較古遠的語文記錄，進一步印證了「馬可為先」的論說。

3. **馬太和路加福音的用字顯示出改自馬可福音的痕跡**：在三卷福音書共有的選段裏，馬太福音和路加福音所用

---

60 另一個顯著的例子是 εὐθύς「立刻」的用法（ 40 多次），有很多時是不必要的。

61 在馬太福音二十七章 45 節，作者把原來的亞蘭文轉換成希伯來文：Ηλι ηλι λεμα σαβαχθανι「以利，以利，拉馬撒巴各大尼」。

的字眼往往較馬可福音精確，例如馬可福音二章4節所用的κράβαττον「褥子」在馬太福音九章2節和路加福音五章18節分別改成 κλίνης 和 κλινίδιον，二者均可解作「床」或「擔架」；再如馬可福音一章12節的 ἐκβάλλει「趕出去」在馬太福音四章 1 節和路加福音四章 1 節分別改成 ἀνήχθη 和 ἤγετο ，二者均可解作「帶領到」[62]，可見馬可福音所保存的應該是較粗糙和原初的用字，後為馬太福音和路加福音所修飾。

4. **馬可福音的神學尚未定型**：從神學的發展來說，馬可福音的神學思想相對馬太福音和路加福音，似乎仍未夠成熟和精細。例如馬可福音六章5節提到，因為拿撒勒城的人不信，「耶穌就在那裏不得行甚麼異能」（原文較《和》強：οὐκ ἐδύνατο ἐκεῖ ποιῆσαι οὐδεμίαν δύναμιν），但馬太福音十三章 58 節卻改為：耶穌因為他們不信，「就在那裏不多行異能了」（καὶ οὐκ ἐποίησεν ἐκεῖ δυνάμεις πολλάς），由「不得行」到「不行」，前者是「不能也，非不為也」，後者則正好相反，是「不為也，非不能也」，可見對主耶穌全能的觀念正逐漸成型。再如馬可福音一章32節至34節（太八16和路四40）和三章9節至10節（太十二15和路六19），經文的意思似乎暗示耶穌並非醫治所有求醫的人，但其他的平行經文均把這情況加以修正，特以 πᾶς 一字來強調「所有的」病人都得醫治[63]，可見對主耶穌全能的強調。

以上兩個例子都多少反映出馬可福音的神學思想比較

---

62 參 Hawkins, *Horae Synopticae*, pp.131-138。

63 留意在舊約聖經中，作者不時用「許多」這類字眼來表達「全部」的意思（參賽四十三12），因此，這可能只是閃語的表達方式而已。

鬆散，不及其他兩卷福音書嚴謹和成熟。不過，上述兩例所涉及的用詞頗為細緻，也許有人會認為那未必是馬太和路加福音的作者基於自身神學立場而刻意作的修飾，只不過是他們寫作方式比較細緻而已。我們試舉另一例子，從更廣闊的角度來觀察馬可的神學。希臘文 κύριος「主」字在《七十士譯本》原用來指「耶和華」，故在新約初期，這字尚未廣泛用於耶穌身上，隨著有關耶穌的神學觀念愈趨成熟，既明白耶穌乃上帝或耶和華在肉身上的表像，聖經作者才漸常用「主」來指耶穌。統計三卷福音書使用「主」這稱謂來稱呼耶穌的次數，我們發現馬可福音只有六次，馬太福音是其五倍以上，而路加福音則更多，這分析多少反映了馬可福音的神學觀念的確處於比較早期和雛型的階段。

5. **馬可福音較難解釋的經文被馬太和路加福音所修正**。有些經文清楚顯示，馬太福音和路加福音企圖修正一些源自馬可福音的、較難解釋或有誤導成分的記載。比較馬可福音十章 35 節至 37 節及馬太福音二十章 20 節至 21 節，若謂馬可福音修改自馬太福音，則較難解釋為何馬可刻意將雅各和約翰渴求權位的片段加插其中；但若謂馬太福音修改自馬可福音，則將這自私的訴求解釋為出於一位母親愛子心切的行動，既能維護兩位使徒的聲望，亦多少使人對其母此舉寄予同情和理解[64]。再如馬可福音十章 17 節至 18 節，記載耶穌反問那年青財主：「你為甚麼稱我是良善的？……」但

---

64 屬這類的經文還有：參馬可福音四章 13 節和馬太福音十三 18 節與路加福音八章 11 節，後二者把馬可中記載表現主耶穌不耐煩的語氣刪去，馬可福音六章 51-52 節和馬太福音十四章 32-33 節，後二者把馬可中記載門徒表現出小信的地方刪去。

馬太福音卻修訂為「你為甚麼以善事問我呢？」（十九 16-17）[65]。另一更明顯的例子是馬可福音二章 26 節所記「當亞比亞他作大祭司的時侯」一句，在馬太福音十二章 3 節至 4 節和路加福音六章 3 節至 4 節分別都刪去了，因為在大衛被掃羅緝捕時，作大祭司的是「亞希米勒」（撒上二十一 1），而馬可福音所提及的「亞比亞他」其實是「亞希米勒」的兒子（撒上三十 7）[66]。這許多出現在馬可福音，卻不見於馬太和路加福音的難解經文，亦合理地解釋了「馬可為先」的論說。

以上幾點所反映的原則，其實均是經文鑑別學用以辨別正文（非異文）語句的標準，這原則就是「以較難懂的語句為可取的」（more difficult readings are preferred），因為一般抄寫員都傾向將（他認為）較難懂的語句變得較淺顯[67]。同樣，馬太福音和路加福音採用馬可福音的記錄時，亦很可

---

65 參 Farmer, *Synoptic Problems*, pp.118-177。留意路加福音的記錄基本上保留了馬可福音的詞句（十八 18-19）。這對路加福音曾使用馬太福音資料的立論，毋疑是一個很好的反證，因為，若路加福音真參照過馬太福音，則一對照馬太和馬可記載的出入，就自然察覺到馬可福音的記錄所潛在的問題：即主耶穌並不自覺是良善的，按常推理，馬太的記錄會較可取。

66 Farmer, "Modern Development of Griesbach's Hypothesis," pp.275-295 指出馬可福音的作用是為護教，並把馬太福音和路加福音含糊和矛盾的地方刪去；但就以上兩點看來，我們發現法默的論説很難被接納，參 Fitzmyer, *To Advance the Gospel*, p.30 對這方面的批抨。此外，法默更把馬可福音的寫作日期推遲至二世紀初，顯然反映法默與格里斯巴赫一樣，受到杜平根學派的影響。

67 不過，抄寫員的修改往往流於膚淺，使修改過的經文表面更合理，但實質卻不然。而所謂「難懂」，還是有一定限度的，有時太過古怪的語句不一定就是更原始的文本，反而有可能是筆誤而已。參筆者的《新約經文鑑別學概論》 6.2.1 。

能存有這種「好意」的傾向，將比較難解、甚至有誤差的地方加以刪減或修改，使讀者更易理解；但相反，若要解釋馬可福音為何故意把原來易明的字句變得難懂和生硬，便頗為困難，顯得不合常理了。桑德斯和戴維絲在 *Studying the Synoptic Gospels*[68] 中總結學術界對符類福音書的研究時認為，整體上，「兩源論說」（包括「Q來源」）可謂是最能解釋所有數據和較全面解決符類福音問題的方案。因此，雖然在處理這個問題上仍有很多未知數和不能解釋的地方，然而，朝著「兩源論說」這個方向，再作進深研究，必定會讓我們更多瞭解福音書形成的整體歷史過程。

2.5. 近代的研究

過去三十年的聖經研究，我們的確見到格里斯巴赫理論的復興，而法默在這方面是明顯的倡導者[69]。法默在這方面積極的鑽研和出版，引來不少人的共鳴。1970 年舉行的匹茲堡福音慶節（Pittsburgh Festival of the Gospels）上，亦就「兩源論說」作出檢討，其中的兩篇專文，分別由鄧根和菲茨邁爾發表，前者代表格里斯巴赫的論說，後者則代表兩源論說。鄧根的專文更可謂是受法默的 *The Synoptic Problem* 啟

---

68 Kümmel, *Introduction to the New Testament*, p.48，列出支持「馬可為先」這論說的學者。

69 參 Stoldt, *History and Criticism of the Marcan Hypothesis*; Farmer, ed., *New Synoptic Studies: The Cambridge Gospel Conference and Beyond*; Bellinzoni, Tyson, and Walker, ed., *The Two-Source Hypothesis: A Critical Appraisal*。Bellinzoni 的書搜集了很多反對和支持格里斯巴赫理論的專文。讀者可另在<http://home.epix.net/~miser17/Thomas.html>這網頁中的 "The Synoptic Sayings Source Q: A Debate" 部分找到很多有關的討論。

發以來，把格里斯巴赫的論說闡釋得最為詳盡的文章。他特別就馬可福音那種「既少量又詳盡」的特徵給了一個嶄新的解釋，指出馬可福音的合併方式與他提安的《四福音協調本》類似，而馬可福音的少量記錄又可能與路加福音被馬吉安（160年卒）[70] 所刪改的情況相若[71]。鄧根這兩點解釋，若個別獨立地來看可謂是合理的推斷，但若放在一起，則明顯是矛盾的，因為他提安和馬吉安的編寫方式根本是水火不容的。至於菲茨邁爾的專文，卻主要集中討論法默的論點，尤其針對他沒有正面處理馬可福音缺了Q來源資料的問題，因為若馬可福音是最後才編寫成書的，為何書中並不見Q來源的資料（馬太和路加福音均有採用）？這好像暗示馬可福音的作者是刻意逃避Q資料[72]。因此，支持「馬太為先、馬可為後」論點的人仍必須對此作出合理的解釋。

然而，在過去十年間，符類福音書的研究差不多被Q來源假設所壟斷[73]，主要原因是過去二、三十年對「拿．戈瑪

---

70 馬吉安是二世紀的異端倡議者，他堅決反對所有舊約的教訓，因而在其個人的正典表列中刪去馬太福音、馬可福音和約翰福音，又修改了路加福音，把其中與舊約有關的經文刪去。參《新約研究透視》，頁251-252。

71 參 Dungan, "Mark --- The Abridgement of Matthew and Luke," pp.51-97。

72 參 Fitzmyer, "The Priority of Mark and the 'Q' Source in Luke," pp.130-170。法默的回應，可參 Farmer, "Modern Developments of Griesbach's Hypothesis," pp.275-295。

73 參 Longstaff and Thomas, *The Synoptic Problem: A Bibliography, 1716-1988* 和 Scholer, "Q Bibliography: 1981-1989," pp.23-27；前者詳細載錄了較早期的專文，而後者則主要載錄近代的作品。學者們對Q來源研究的熱切可從 Scholer 的文章出版後的情況略見一斑；作者在連續七年裏出版附錄（Supplements I-VII，見於 *SBL Seminar Papers* 1990-1996），搜集每年對Q來源的研究資料。另可參比利時盧汶大學系

第文庫」的文獻和歷史的研究，已確認了《多馬福音》的價值。《多馬福音》肯定了在福音書成書之前，的確已有「耶穌語錄」這類有系統的記述出現。這確認掀起有關「歷史耶穌的探索」的「第三波探索」（參第三章）的熱潮，學者再次從歷史鑑別的角度，設法尋索原初、最早、最真實、未經（聖經作者）修改過的耶穌語錄。致力研究「拿．戈瑪第文庫」的學者如克洛彭博[74]、凱斯特[75] 和羅賓遜[76] 均認為，Q 來源的資料明顯較正典的福音書更早和更好的保存了耶穌原來的語句。既然說有保存耶穌原來語句的可能性，那麼，這 Q 來源與其他正典福音書相比，其位置又如何呢？一直以來，學者們都把這份從馬太福音和路加福音中重整的資料名為「 Q 來源」，但在最近幾年，卻有人意圖把這重構而成的文獻提升至有如其他福音書的地位，故易名為《語錄福音 Q 》。最先出現這名稱的著作可能是 1994 年出版的 *The*

列 Bibliotheca Ephemeridum Theologicarum Lovaniensium（簡稱 BETL）中四冊書目集，均由 Neirynck, Verheyden and Corstjens 編纂，最近期出版的一冊名為 *The Gospel of Matthew and the Gospel Source Q: A Cumulative Bibliography 1950-1995*（ 1998 ）；其他三冊分別包括約翰福音（ 1988 ），路加福音（ 1989 ）和馬可福音（ 1992 ）。

74 Kloppenborg, *The Formation of Q* 。

75 Koester, *Ancient Christian Gospels: Their History and Development* 。

76 參 Robinson, "The Incipit of the Sayings Gospel Q," *Revue d'Histoire et de Philosophie Réligieuses*, pp.9-33; "On Bridging the Gulf from Q To the Gospel of Thomas (or Vice-Versa)," pp.127-176; "The Q Trajectory: Between John and Matthew via Jesus," pp.173-194。特別在最後一篇文章中，作者（和很多現代探索的學者）認為，由於 Q 資料的內容完全沒有包括末世的教導，因此，這「 Q 」所代表的時期，是新約教會還未受猶太末世論影響的時期，故稱為「 Q 所屬的天啟主義前階層」（ pre-apocalyptic layer lying behind Q ），參 3.5.5 之 2 。

Complete Gospels: Annotated Scholars Version[77]，這書把正典福音書和十多本源自猶太基督徒的福音書（包括這《語錄福音 Q》和《多馬福音》）編在一起，為要一併展示第一世紀不同群體所編寫的福音書，並從而印證福音書於當時已形成一體裁類別（既說是「體裁」，也就當然可以找到其他「福音書類」的作品），並非單指四福音而已。在這書中，《語錄福音 Q》和《多馬福音》的寫作日期被定為公元 50 年左右，比馬可福音更早。換言之，這兩本福音書可成為正典福音書的典範。自此，《語錄福音 Q》這名稱漸被很多學者所接納[78]。

正因為「Q」文獻的位置愈來愈受到重視，故在進深研究上，一份可靠的文本是不可或缺的，即將出版的 Robinson, Hoffmann, and Kloppenborg, *Critical Edition of Q in a Synopsis, Including the Gospels of Matthew and Luke, Mark and Thomas, with English, German and French Translations of Q and Thomas*[79] 毫無疑問是最完善的評註版，深信將會引來更多對《語錄福音 Q》的討論。

此外，值得在此一提的是威爾遜於 1996 年的 International Society of Biblical Literature 會議中，就解決符類福音問題所

---

77 Miller, ed. *The Complete Gospels: Annotated Scholars Version*。

78 Neirynck, "Q: From Source to Gospel," pp.421-430，和 Kloppenborg, "The Sayings Gospel Q and the Quest of the Historical Jesus," pp.307-344（Kloppenborg 在其 1987 年的 *The Formation of Q* 一書中，曾清楚聲明這「Q」並非「福音書」，但現在的立場已經改變了）。

79 有關這國際研究企劃，參 Moreland and Robinson, "The International Q Project: Work Sessions (1995-1996)," pp.521-525（自 1990 年開始，該企劃報告每年均刊登在 *Journal of Biblical Literature* 這學刊上）。

提出的一個新方案，名為「雙筆記簿學說」[80]。威爾遜指出，三卷符類福音書均採用了兩本原以希臘文、並為一群講希臘文的信徒而寫的「筆記簿」（以翻頁書的形式）的資料，這兩本筆記簿均載有耶穌言行的記錄，而不同的地方是，第一本的內容並不連貫，而另一本則修訂自第一本，並重新編修了內容的次序。威爾遜亦嘗試以這理論解釋符類福音的內（指經文的異同）、外（指教父的見證）等問題。能夠在這複雜的問題上提供一個較為簡單的答案固然是好的，但能否就此取代過去百多年來的研究傳統、說服眾學者，則仍有待觀之。

---

80 作者把此演說刊登在 *Expository Times*, 108 (1997) 9: 265-268。另可參作者自編的網頁，<http://www.twonh.demon.co.uk/>。

第三章

歷史耶穌的探索

在新約的研究中，「耶穌基督生平」（德文：*Das Leben Jesu*）這課題，曾是引起熱烈討論的題目。在六十年代，學者認為從事搜集有關耶穌生平記載的工作，須窮一生之力而為之。據估計，在 1910 至 1950 年這四十年間，以研究耶穌生平為題材的刊物，單以英文出版物計算，就有 350 多種。而在 1967 年至 1973 年之間，與耶穌有關的書籍，更比過去五十年合共所出版的數目還多[1]。

然而，在本世紀的前幾十年（約 1900-1925/50）中，由於受到史懷哲和布特曼的影響，大部分的德國學者對耶穌生平研究的重視可謂大不如前。史懷哲認為我們根本無從瞭解耶穌的生平，而布特曼則相信福音書的內容若不是傳說，便是由早期的教會自行創作的。布特曼有一句名言：

> 「如今，我們幾乎不能夠知道任何有關耶穌的生平和性格。究其原因，若不是由於早期的基督徒對這兩方面均沒有興趣，就是由於僅有的資料過於零碎，或只是傳說而已。」[2]

這論調不只盛行於當時的德國，更遍及整個歐洲大陸，我們可以試舉英奇博士的軼事為例，他是英國前聖保羅大教堂的堂主任。有位出版商曾邀他替一系列的明信片撰寫有關耶穌生平的故事，然而，他卻這樣回覆道：「有關耶穌基督的生平，礙於沒有足夠的資料，所以未能應君

---

1 參 Marshall, *I believe in the Historical Jesus* 的中譯本，《我相信歷史上的耶穌》，頁 9。

2 Bultmann, *Jesus and the Word*, translated by L.P. Smith and E.H. Lantero from *Jesu und das Wort*, p.8 。

之邀，祈為見諒。」[3]

時至今天，這種對歷史耶穌探索的態度在某些學術圈子中仍相當普遍。 1985 年，著名新約學者馮克成立了「耶穌研討會」（ Jesus Seminars ），其目的是要研究福音書中所記載耶穌言行的歷史性。經過十二年的努力，透過幾十位學者的參與，終於將福音書和一些古代文獻中有關耶穌生平的語句（ 500 段話語共 1,500 種記錄）和事蹟（對 176 件事蹟共 387 種記錄）仔細地研究了一遍，再以投票方式決定，哪些言論真正出自耶穌，值得信賴。結果，在福音書中載錄耶穌生平的段落裏，只有百分之十八的言論被確定為真正出於耶穌的口，而只有百分之十六的事蹟被確定為可靠的記錄！

一般福音派人士並不接受這一看法，面對這被稱為「自由神學主義」的論調，福音派人士都會堅稱聖經已非常清楚記載有關耶穌的事蹟，而由於聖經是由上帝所默示的，所以聖經內有關耶穌的記載，必定具歷史可靠性。然而，在先前有關符類福音問題的討論中，我們已得知這類單憑信念去理解聖經的做法，實難教人信服，亦根本不能真正解決符類福音或歷史耶穌的問題。一個較正面的處理方法是：一方面從學術的角度探討不同學者的立場；另一方面則從教會和現代信徒的角度作綜合性的討論[4]。

因探索歷史耶穌而引發出來的問題，無論對聖經學者抑

---

3 參 Bruce, *The Spreading Frame*, p.33 。

4 浸信會神學院於 1994 年舉辦的白窚士紀念講座，題目為「耶穌，你是誰？」正是要探討這個課題。該次聚會邀得世界知名的學者史懷識教授出席，又有香港華人學者回應。其後更把文章收集成書：史懷識等著，《耶穌，你是誰？》。

或教會信徒都有很大的影響，它不只史無前例地對整個教會傳統帶來重大的衝擊，同時亦公開地質疑基督教信仰的核心人物——我們的主耶穌基督——的歷史可靠性和可信性。因此，作為一個研究聖經的學人，我們必須通曉更多有關這類探索研究的背景，瞭解不同學派的中心思想；至於一般信徒，也宜對此有一概略的認識，以致能有助鞏固我們對基督的信仰，不致輕易動搖。

要更清楚瞭解這個課題的背景，我們先要對這個課題背後的學術氣候有所認識。

3.1. 探索的學術氣候

在現代神學和聖經研究上，大部分的批判思潮都始自啟蒙時期（Enlightenment Period）。「啟蒙」一詞，特別是指歐美等學術界在十七世紀末至十八世紀這期間所產生的變化。由於不同國家對「啟蒙」有不同的演繹，所以每個國家的「啟蒙運動」都有出入。在以下討論中，我們只會以歐洲大陸的宗教啟蒙為討論的焦點。

啟蒙期與啟蒙期之前的主要分別，乃在於啟蒙期之前的社會，意識形態主要是由教會控制的。自第一至三世紀，教會經歷了不少逼迫和苦難，直至公元 310 年，康士坦丁大帝執掌政權後，教會才稍有平靜的發展環境。康士坦丁大帝在推動基督教方面不遺餘力，當他在 324 年統一東西帝國後，便宣佈以基督教為全國的國教。 325 年，他主持了尼西亞會議，可謂開創了新紀元。由那時起，教會與羅馬政府結為一體，成為主導社會的核心力量，政府負責管治人民的肉體，而教會則負責管理人的思想。

雖然從教會的歷史，我們看見在這段日子中，不少舉足輕重的教父（如俄利根、優西比烏和耶柔米等人）確實曾嚴肅地處理過一些有關聖經的歷史問題，但按今天聖經研究的學術規模來看，真正使用歷史鑑別法（ historical-critical methods ）來研究聖經，大概是到宗教改革時期才普遍展開的。因此，有些學者稱這改革前的學術時期為「聖經學術的史前時期」（ prehistory of Biblical Scholarship ）[5]。

宗旨改革為啟蒙時期掀開序幕。若謂改革運動提倡「惟獨聖經」（拉丁文： *Sola Scriptura* ），從而將人們從教會那些非理性、不合理的傳統中解放出來，那麼，啟蒙運動則更孕育出人的學術思想自由化的局面。如英國的霍布斯（ 1588-1679 年）和荷蘭的史賓諾沙（ 1632-1677 年）[6] 這類理性主義的表表者，皆認為人的智慧足以決定真假，分辨對錯。至於進一步促使這思想自由化加速發展的因素，可從以下兩方面來探討：

第一個因素，亦是最重要的，就是牛頓（ 1642-1727 年）所倡導的鑑證方法。他在十八世紀差不多成為一個神化的人物；他致力推動以科學的方法，利用物理定律來解釋物質世界的事情。這促使歷史鑑別學於聖經研究上廣泛興起，著眼研究聖經世界與真實世界的差異。至於第二個因素，由於在啟蒙時期，凡事以理性分析為首，所以學者們開始質疑外在

---

5 參 Kümmel, *The New Testament*, p.13 。 Kümmel 甚至認為這「史前」時期一直延伸至十八世紀的塞姆勒為止，因為一般認為塞姆勒是現代「歷史鑑別法」的鼻祖。在新約學術歷史研究方面， Kümmel 的作品是一本非常好的參考書。

6 有關史賓諾沙對福音書及歷史耶穌研究的影響，參 Dungan, *A History of the Synoptic Problem*, pp.212-16 。

的權威，包括上帝的權威。因此，他們非常抗拒傳統的基督教信仰和教會教義，甚至把創造主貶為抽離人世的管家，否認祂的存在。他們更否認人類有其自身的局限，認為人可以憑藉一己之力達至天國的境界。他們相信，人類只要有一個良好的信念和道德生活，就能滿足基本的生存意義，至於信念是否完整並不重要。人類之所以最終在十九世紀開始離棄上帝，是因為人感到不再需要祂；而人不再需要祂，並不是因為在理性上容不下祂，只因人們以為心靈已可從其他地方得到滿足。

啟蒙時期可以說是在康德（ 1724-1804 年）的帶領下開始的。康德可說是兩個傳統的混合體：「英國的經驗主義」和「歐洲大陸的理性主義」。「經驗主義」強調人類的認知必須透過感官接觸才能達至，而「歐洲大陸的理性主義」則強調人類頭腦天賦的原則和觀念的重要性。康德堅信兩點：第一，我們不能從物件本身來理解該物件，所有知識皆來自先存的觀念，人們必須透過某一種方式來理解事物[7]。第二，雖然人類始終會主觀地理解整個世界，然而，世界必定也有某些特性，促使人類這樣去理解它。引伸到宗教知識層面來說，若然這個哲學模式已為物質世界訂下了一種獨特的知識領域，這領域也就同時使我們不能跨越極限去理解極限以外的事物，諸如靈界事物和死後的生命，以及上帝等。所以，宗教知識的首要難題就是無限的上帝必須永遠與我們的「前認知」（ pre-understanding ）相分離，因祂已超過了我們有

7 這一點之所以重要，在於它否決了完全客觀的真理的種種可能性，在人類理解事物的過程中，先存的觀點甚或偏見始終無可避免。這一點對理解聖經和現代釋經學非常重要。

限的認知範圍，我們無論如何也不能認識祂。

康德是啟蒙運動的重要人物；由於他強調人們必須依賴自身的理解能力和理性，所以他根本上已偏離了新教最基本的信念。當今許多聖經批判的研究，就是在這樣的氣氛下孕育出來的。而這種自由的學術風氣，正是啟蒙運動的里程碑。我們也許可以以康德「Dare to know」的一句名言來闡釋啟蒙運動的精神：「身心靈堅定而中肯、無拘無束地運用其思考的能力」。

3.2. 歷史耶穌探索的興起

理性主義在啟蒙時期中崛起（特別是在十九世紀），遂推動學者認真地思考福音書的記載是否屬實、所作的假設是否正確，同時，亦鼓勵學者對系統神學和教理神學中有關耶穌的討論作出反思。正如其他學科一樣，耶穌也必須跟其他歷史人物一樣，經過歷史的考證。因為啟蒙時期學術思潮的影響，這成了當時研讀聖經的一個典型方法。這方法有兩個特點：

第一點就是理性主義對超自然現象的排斥。英國哲學家休謨（1711-1776 年）在其著作 *Enquiry Concerning Human Understanding*（1748 年）中認為，就本質而言，奇蹟是違反自然定律的；既然確立這些自然定律的經驗既實在又不能改變，而奇蹟根本違反這些自然定律，因此，奇蹟是不可能發生的。休謨認為支持奇蹟的實證並不夠說服力，所謂「神蹟」，更有跨大其詞之嫌。那些目擊證人通常都是學歷不高，聲譽有問題的小人物，而且，所有奇蹟幾乎都是發生在偏僻、沒有人煙的地方，根本就沒有其他人證。結果，大家就以人類的邏輯和經驗作為了判定這些奇蹟的標準。這觀點其實等於將「聖經的權威」這前設挪開，不再假設聖經是由上帝默示的，而認為它只是古代眾多典籍中的一本，故只要運用研究其他古籍的方法來研究它就可以了。

第二點就是「歷史鑑別學」的誕生，首先提出這方法的學者相信是史賓諾沙。他認為若要不偏不倚地研究聖經，就必須先掌握有關作者、著作日期、寫作背景和寫作目的等各方面的資料。及後，則由塞姆勒（1725-1791 年）和米凱利斯（1717-1791 年）[8] 兩位學者將這方法有系統地運用在新約聖經方面的研究上。

3.3. 第一次探索

以下將「歷史耶穌的探索」的討論分為三個階段；這顯示不同學者對同一課題不同的處理方法和前設。然而，各個「探索」之間並非絲毫沒有關係，相反，它們有不少共通點，彼此有連貫性。

「第一次探索」（The Old Quest）開始於啟蒙時期，一直到二十世紀，其重點是：福音書裏呈現的耶穌，其主要意義乃在於倫理的教導；這學派的學者認為，「只要將福音書內的神蹟和教義部分挪開，耶穌所教導的倫理，便成為一幅建立天國的藍圖。」[9]

本節以及 3.4 和 3.5 的討論，主要可參考 Wright, “Quest

---

8 參 Kümmel, *The New Testament*, pp.62-73 ；另參本書第二章註 9 。

9 孫寶玲「從『無問』到『三問』——歷史耶穌之研究及其意義」，《耶穌，你是誰？》，頁 100-111（孫氏較詳細介紹第三次探索）；文中亦提出幾本有關此時期研究的參考書。

for the Historical Jesus," *Anchor Bible Dictionary*, pp.796-802（其分類與本文很相似）、 Schweitzer, *The Quest of the Historical Jesus: A Critical Study of its Progress from Reimarus to Wrede*; Brown, *Jesus in European Protestant Thought*; Neill and Wright, *The Interpretation of the New Testament, 1861-1986*，以及 Witherington, *The Jesus Quest: the Third Search for the Jew of Nazareth*。中文譯本方面，最重要的還是 Marshall, *I believe in the Historical Jesus* 的中文譯本（黃浩儀譯，《我相信歷史上的耶穌》)。讀者應特別留意 Wright, *Jesus and the Victory of God*, Christian Origins and the Question of God, vol.2, pp.13-124（全書共 741 頁）；作者不但綜覽和評鑑過去幾百年來的學術歷史（第一部分），且具體地塑造那位歷史上的耶穌（第二至四部分）。在對整個探索歷史的分類上，賴特在這書與在 *Anchor Bible Dictionary* 中的文章顯然不同。此外，讀者亦可參 Burer, "A Survey of Historical Jesus Studies: From Reimarus to Wright" 一文，載錄於 <http://www.bible.org/docs/theology/christ/jesus.htm>。

3.3.1. 理性的方法：賴馬魯斯和萊辛

歷史耶穌的研究，可追溯至賴馬魯斯（ 1694-1768 年）的著作。他的著作在他去世後由萊辛（參 2.2.2.）於 1778 年出版，名為 *Wolfenbüttel Fragments*[10]。

賴馬魯斯公開地表明，那位真正道成肉身的耶穌，並不

10 英譯本為： Gotthold E. Lessing, *Reimarus: Fragments*；其中最重要的一篇文章是 *Von dem Zweck Jesu und seinen Jürgen*「論耶穌和其門徒的目的」。

像傳統教會所描繪的那樣。真正的耶穌是一位「失敗的猶太革命家，因為他未能在地上建立彌賽亞的國度」，而福音書所記載的基督，是受到早期教會的信徒和傳道人所喧染的。賴馬魯斯又指出，二者的連繫全是因為那位死在十字架上的「耶穌」的屍骸被祂的門徒偷去，然後捏造出所謂「復活」、「升天」和「第二次再來」等教義，目的是要欺騙群眾。萊辛把賴馬魯斯的著作刊出，是因為他希望把聖經（包括那些歷史的記錄）拿出來給人作嚴謹的研究，好叫人們不再如昔日般被那些封閉的教條所蒙蔽。此外，萊辛又認為，聖經的歷史考證與基督教信仰有著一種「不肯定」的關係。意思是，即使我們真的能「證明」福音書所載的確是事實，也不代表它們就可以作為基督教信仰的合理理據；換言之，基督教信仰的內容是否可靠，與這些歷史考證根本沒有必然的關連。

用理性的方法來研究有關耶穌的歷史記載，必須極具批判精神。例如赫德（參 2.2.2 之二），可能就是提出在符類福音與約翰福音中，存在著許多前後矛盾記載的第一個人，他認為約翰福音原是為要推翻符類福音的記載而編寫的。至於保羅斯（1761-1851 年），可算是最徹底地運用理性來探討福音書的學者，在他的 *Das Leben Jesu*（書名意為「耶穌生平」）[11] 裏，他認為神蹟奇事的出現，只是因為當事人不明白大自然的規律而已，他更據此而對其他神蹟奇事加以「合於自然」的解釋。所以，那些死後復生的事情（如拿因城寡婦的兒子，路七 11-17），在他而言只是「人在死後不久又甦醒過來」的現象。有關耶穌復活，他的解釋是，耶穌

11 德文原著：Heinrich E.G. Paulus, *Das Leben Jesu* (Heidelberg: C.F. Winter, 1828)。

在十字架上只是昏迷，後來因為墳墓裏的空氣較清涼，再加上馬利亞等人帶來的香料，所以他很快便甦醒過來。他的名言是：「那真正的奇蹟，就是耶穌自己，是祂那純潔無瑕、尊貴神性的品格」。而福音書中的所謂「神蹟」，只是因蒙騙、假象和誤解而產生的。

3.3.2. 神話解釋法：斯特勞斯

斯特勞斯（1808-1874 年）深受其老師包爾（參 2.3.1 第四點）對歷史鑑別學研究的影響，亦寫了一本論及基督生平的著作[12]。在歷史耶穌這個研究課題中，這本書可謂舉足輕重，對後世影響深遠，它一方面促使我們重新探討新約中有關耶穌的記載，同時亦開創先例，將歷史鑑別學用於聖經研究上。斯特勞斯一直都公開地否認世上存在著一位既超然又與人有接觸的上帝[13]，再推論下去，神蹟奇事亦根本不可能存在，所以，新約中那些神蹟故事就一定是虛構出來的。因此，他批評一些學者企圖以理性分析來維護四福音書中的耶穌，因為這樣的做法等於把有關耶穌的歷史事實建基於早期教會所虛構的故事上，並從而建構一個歷史的耶穌，斯特勞斯認為這是相當荒謬的。針對這點，他提倡「神話解釋法」（mythological interpretation）。

---

12 德文原著：David F. Strauss, *Das Leben Jesu*；英譯本 *The Life of Jesus Critically Examined*。斯特勞斯認為任何人都不可能寫出一本「耶穌生平」的書，因為在福音書裏，根本就沒有可靠的資料可以作為根據。這書亦有中文譯本：吳永泉譯，《耶穌傳》一、二卷，〔德〕大衛．弗里德里希．施特勞斯著。

13 這論調很明顯與康德的論調相符；參 3.1。

斯特勞斯首先指出，福音書根本就不是可靠的歷史記錄。在他而言，福音書只是一部虛構的作品，用來說服別人相信耶穌就是那位彌賽亞。斯特勞斯的分析是這樣的：由於先知預言彌賽亞會醫治瞎眼的人、叫死人復活，所以，傳福音的人（或福音書的作者）必須要證明耶穌確曾實踐先知這些預言，行過這些奇事，才能叫人信服。同樣，由於以諾和以利亞都已被提到天上，所以若按照猶太英雄人物的傳說模式，耶穌也應該有升天的一刻。福音的故事，反映出門徒創作神話的能力，而這些神話，與舊約中一直以來對彌賽亞的期望一致相合。

斯特勞斯的著作實在不容忽視。雖然「神話」這觀念早被很多理性主義的學者引用來解釋聖經裏的一些現象，不過真正用作研究新約（特別是福音書中的神蹟等事情）的方法，斯特勞斯還是第一位。這方法已成為第一次歷史耶穌探索的研究標準，亦可見於布特曼「解神話學說」（demythologization）的討論。[14]

3.3.3. 神學的方法：雷德

雷德（1859-1906 年）對歷史耶穌之探索的研究，主要來自他對馬可福音的看法。在他的著作 *The Messianic Secret*「彌賽亞的秘密」[15] 中，雷德特別留意馬可福音如何表達耶

14 因篇幅有限，我們未能討論 E. Renan，其著作有 *Vie de Jésus* [Life of Jesus]；在該書中，Renan 並沒有正面處理耶穌的歷史性問題，只以浪曼小說的方式來描繪耶穌（參 Schweitzer, *The Quest of the Historical Jesus*, pp.180-192）。

15 William Wrede, *Das Messiasgeheimnis in den Evangelien* (1901)，英譯本於 1971 年由 Cambridge University Press 出版。

穌的彌賽亞身分，他看到馬可福音中所描繪的耶穌經常刻意隱藏這身分。雷德問：倘若耶穌確曾承認這身分，為何又要隱瞞呢？他認為，歷史上的耶穌沒有理由要這樣做，因此，馬可福音之所以這樣記載，只反映作者的神學傾向（德文：*Tendenz*）。於是，他便嘗試從作者寫作時的教會群體中尋求解釋，雷德的理解是：真正的耶穌從未承認自己是彌賽亞，只是在門徒以為耶穌復活、以至確認耶穌為基督後，他們便把「耶穌為彌賽亞」這觀念套入耶穌的生平裏；但為了釋為甚麼有些門徒和猶太人都不知道這身分（因為耶穌從未如此自稱），馬可福音的作者便說耶穌常故意隱瞞這身分。因此，這「秘密的彌賽亞」其實是早期教會自創的傳統，而馬可福音正展現出這樣的傳統。

雷德出現的時期，適逢聖經學者對四福音的來源和歷史等問題略見出路之時。在十九世紀末期，一般人都能夠接受福音書學者霍爾茨曼（參 2.3.2）的研究結果，即在符類福音中，馬太福音和路加福音的主要來源是馬可福音和「Q來源」。據此，馬可福音和「Q來源」理應屬較早期的作品，就歷史的記述而言，這兩個來源也應比較可靠；相對之下，後期的福音書（如馬太、路加和約翰福音）便傾向把作者自己的神學思想和教會的教義混進耶穌的生平事蹟裏，故亦較為不可靠。如此，既然已確認馬可福音是較早期和可靠的根據，人們就可以從中認識那位歷史上的耶穌。因此，當雷德以其「秘密的彌賽亞」理論來質疑馬可福音的歷史可靠性時，一方面抨擊了霍爾茨曼的天真，同時亦直指四卷福音書內容的歷史可靠性。按雷德的見解，福音書的內容原本就是一個個沒有連結的單元，即使有任何連貫性，也只是由作者本人自行加上去的。

雷德的方法，其實是取自形式鑑別學之父袞克爾（1862-1932 年）在舊約研究（特別是詩篇）中的理念，並將之進一步伸展至新約，特別是應用在有關耶穌生平的研究裏。這一方法非常貼近歷史鑑別法的研究取向，尤其是以研究其他宗教的方式來研究基督教。毫無疑問，雷德是「宗教歷史學派」（*Religionsgeschichte Schule*）的表表者；而布特曼所用的方法即來自這學派。

有關雷德的「彌賽亞秘密」理論對馬可福音在釋經上的影響，以及現代學者對這理論的評論，請參本書第四章。

3.3.4. 末世論的方法：史懷哲

史懷哲（1875-1965 年）的成就可謂是「史無前例」的。他在三十歲時，已經在音樂和神學上有非常高的成就（被公認為巴赫音樂的權威），且同時是一位醫生；而最難得的，是他在年青力壯的時期，竟放下文明社會的所有成就，投身宣教的行列，在非洲渡過自己餘下半個世紀的日子。讓我們先從史懷哲在歷史耶穌這課題上的經典之作 *The Quest of the Historical Jesus*（1906 年）[16] 說起。他寫這書的時候算起來還不到三十歲呢！

此書可謂是德國學術史上的巨著，史懷哲用極為嚴厲的字眼，詳細地評論二十世紀以前的德國學者對歷史耶穌的研

---

16 Schweitzer, *Von Reimarus zu Wrede*（1906；書名意為「從賴馬魯斯到雷德」），英譯本早於 1911 年由 W. Montogmery 翻譯出版。此書是瞭解第一次探索的學者的論說最重要的參考書，但其中最大的遺憾是未討論凱勒（參 3.4）的重要性。

究（談及的書籍近 250 本之多），可謂總結了第一次探索的成果。對史懷哲而言，第一次探索的學者千方百計要分辨自然界的耶穌與超自然界的耶穌，又或是歷史的耶穌與聖經中的耶穌，目的是要建立一位「人工化的耶穌」，一位對他們來說較容易接納的「人」；結果，這位耶穌只是十九世紀自由神學的結晶品，代表著當時學者的口味，剛好與那位在新約聖經中經常向當時的人或每一個時代的讀者發出挑戰的耶穌相反。史懷哲在這方面的批判名句如下：

> 「那位拿撒勒人耶穌，以彌賽亞的身分到來，傳講上帝國的道理，在地上建立天國，以死來完成其最高使命，但原來根本沒有其人。祂只是誕生自理性主義下的一位人物，由自由主義賦予生命氣息，以現代神學作為歷史的服飾。」（397 頁）

史懷哲對歷史耶穌的重構並非最受爭議的課題[17]，反而

---

17 史懷哲的重構基本如下：耶穌出道時，本期望人子的來臨，亦相信末世和上帝國度的彰顯很快就要臨到，因此，正如耶穌在馬太福音十章 23 節所言「……我實在告訴你們，以色列的城邑，你們還沒有走遍，人子就到了。」但可惜的是，天國遲遲未來，後來更漸漸發現原來祂才是上帝所揀選的。祂想逃避，不想門徒公開這身分，但後來因為猶大出賣祂，公開了這秘密，祂以為藉著祂的死便可以加速天國的來臨，於是，便勇敢地走上十字架的道路；祂相信，只有藉著自己的受苦，才可以促使上帝國的降臨（可八 31）。當然，天國未如史懷哲口中的耶穌所想的那樣來臨，但門徒卻認為已經來臨，於是便大力傳這個福音。史懷哲特別針對雷德的「神秘的彌賽亞身分」的理論，將馬可福音的神學動機扭轉過來，認為馬可福音中有關耶穌隱瞞其彌賽亞身分的記載並非作者捏造的，而是耶穌刻意如此。史懷哲早於 1901 便特別為這問題而寫了一書：*Das Messianitäts- und Leidensgeheimnis*（英譯：*The Secret of the Messiahship and the Passion*），此書亦已翻成英文，*The Mystery of the Kingdom of God* (1914)。

他所強調的「全面的末世觀」（Consistent Eschatology）更引起廣泛的關注。史懷哲對這觀念的來源可來自兩方面：一、舊約偽經可謂是十九世紀一新興的研究對象，學者認為偽經是理解兩約之間或新約時期巴勒斯坦猶太教的途徑[18]；毫無疑問，在這些經卷中，天啟思潮的味道是非常濃厚的。二、另一位學者韋斯（1863-1914 年）在 *Jesus' Proclamation of the Kingdom of God*[19] 中對猶太人末世觀和啟示性文學[20]的強調，也對史懷哲影響很大。一方面，韋斯指出耶穌是一位帶來末世宣言的先知，亦期望這末世快來臨，但另一方面，韋斯又指出，對於那些沒有耶穌這種特別世界觀的人（如二十世紀的人）來說，這位耶穌是完全沒有意義的。

韋斯認為，耶穌是帶有末世使命的先知，正好配合了當

---

18 繼天主教學者米格利在十九世紀的偽經法文翻譯後，新教學者的首次偽經翻譯是由著名舊約學者和希伯來文大師 E. Kautzsch 編譯的 *Die Apokryphen und Pseudepigraphen des Alten Testaments*。

19 由 R.H. Hiers and D.L. Holland 翻譯；原著為 *Die Predigt Jesu vom Reich Gottes* (Göttingen: Vandenhoeck & Ruprecht, 1892)。

20 不少天啟性思想模式乃起源於對現在社會制度感到極為失望，甚至認為人類的未來已經不能提供任何出路或救恩；（有關天啟文學的寫作背景，可參 Collins, *The Apocalyptic Imagination*; pp.39-42）從屬靈的角度來看，這不義制度已經面臨崩潰，因此，這個世代便成為一個「受苦的世代」。活在這思潮或意識形態裏的人，極期待「新的世代」的來臨，那時「豺狼必與綿羊羔同居，豹子與山羊羔同臥……」（賽十一 6）。那個世界極為和諧、且是一個存於永遠的世代。而「天啟文學」便是在這種思想模式中孕育出來的文學作品，這些文學作品往往著力對新世代的描述，叫活在這「受苦的世代」的人能有力量和盼望繼續活下去；而作者就有如先知一般，得著上帝的喻示，把本來隱藏的末世或將來的世界啟示出來。史懷哲在「末世」這方面的用字較為混淆，他往往用「eschatology」一字來指「apocalypse」：其實，前者是指整個世界的終局，或具體地指終結的事情，如死、復活、審判和永生等，但後者的含義則較廣泛。

時的社會政治和宗教處境；他對以前的探索者把耶穌塑造成一位偉大的道德和精神教師予以批判，這亦同時為史懷哲提供了一條出路。事實上，自史懷哲以來直至近代，以猶太人的天啟主義作為掌握耶穌信息的鑰匙可謂已成為新約神學上一個非常重要的起點。不過，在二十世紀初期，這理論並未引起學者們的興趣；也許這正證實了韋斯所說的，對於那些沒有這種世界觀的人來說，這位耶穌是完全沒有意義的。事實上，就連史懷哲自己——雖然確信這結論的合理性，但對這結論下的歷史耶穌仍不大感興趣，因此，在書中的結論有這樣一句話：「這位歷史上的耶穌對於我們這個時代的人來說，將會是一個陌路客，是一個謎」（“the historical Jesus will be to our time a stranger and an enigma,” p.399）。最後，他更認為整個學術式的耶穌探索是沒有意思和不切實際的，最重要的是實踐耶穌基督的教訓。史懷哲於 1913 年放下一切成就，到非洲位處赤道的法藉殖民地一帶當宣教士醫生，又在 Lambaréné 建立一所醫院，幫助貧窮和患病的人，直至離世； 1952 年，他得到諾貝爾和平獎。

對史懷哲而言，研究耶穌的最大意義，不應該只限於發掘一個歷史上的耶穌，更要發現耶穌在等候這天國來臨時，所提倡的「臨時性倫理」，換言之，若要進入天國，就得秉行絕對的公義，而耶穌所言的更高層次的公義，就是愛和信，信徒要將之發揮得淋漓盡致。對於史懷哲而言，至重要的，不是歷史上的耶穌，而是我們信仰中的基督：「對於我們的時代、成為我們的幫助的，不是可以認知的歷史上的耶穌，而是在每一個人心裏復活的那位。」史懷哲的觀念，後藉韋斯的愛徒布特曼，完全發揮出來[21]。

---

21 史懷哲的 *Quest* 中最後一章的題目「 Thoroughgoing Scepticism and

3.3.5. 布特曼

布特曼（ 1884-1976 年）先後在杜平根、柏林和馬爾堡留學，後來回到布雷斯勞任教，自 1921 年至 1951 年間在馬爾堡擔任新約教授。他對新約的理解和其新約神學思想，可見於其著作 *Theology of the New Testament* 和 *The History of the Synoptic Tradition* ，以及他那部滿有存在主義色彩的 *The Gospel of John*[22]。布特曼關於歷史耶穌探索這課題的研究是基於他在三方面的研究成果，特別是他的「解神話學說」，更是綜合「宗教歷史學派」和「存在主義」的結果。

1. 宗教歷史學派

「宗教歷史學派」強調，研究基督教的方法應該與研究其他宗教完全沒有分別，因此，要正確瞭解基督信仰，便要將之置於第一世紀的文化和宗教背景中。對於新約研究而言，這個方法的前提是：新約聖經所展示的信仰理當是當時一般宗教現象的一部分，按此，若能從第一世紀的宗教背景

Thoroughgoing Eschatology」（「徹底的懷疑主義，徹底的末世論」）是值得一提的。所謂「徹底的末世論」正代表史懷哲自己研究耶穌的立場，即把耶穌放回原來的猶太社會和政治處境中，強調福音書對耶穌的描述是在濃厚的末世思潮下形成的。而所謂「徹底的懷疑主義」則指雷德對福音書記載耶穌的方法的懷疑主義，即認為聖經的描述只有教會的神學，而沒有歷史。在第一次探索中的這兩個方向，正好代表二百多年來探索歷史中耶穌的兩大取向。 Wright, *Jesus and the Victory of God* 中就以雷德和史懷哲這兩位學者來作為二十世紀探索歷史耶穌的兩類人（見該書的第二和第三章）。

22 三本書的原著分別是： Bultmann, *Theologie des Neuen Testaments* ，英譯為 *Theology of the New Testament* ； *Geschichte der synoptischen Tradition*，英譯為 *The History of the Synoptic Tradition* ； *Das Evangelium des Johannes* ，英譯為 *The Gospel of John* 。

來重新演繹新約聖經的內容，這基督信仰必定更容易被人理解和接受。因此，學者紛紛從宗教比較的角度，研究第一世紀的宗教背景，探討有哪些想法和觀念正與新約所載的相同，從而探索新約的信仰觀念的來源。運用這種研究方法，學者們便可以避免以超自然的啟示來解釋基督教，而每一件事情均可以合理地藉著宗教的本質和力量來理解。

採納這種方法的學者中，最為人熟悉的可算是賴曾斯坦（1861-1931 年）和布塞（1865-1920 年）了。雖然新約的世界是雙元性的，既有猶太人的傳統，又有希羅社會的文化背景，但這兩位學者卻只集中從希羅世界和地中海東部的多元宗教族群中找尋新約宗教或神學背景的證據[23]。他們認為事實上，新約聖經的作者，既可採用舊約聖經的材料，亦有可能取材自當時其他宗教的材料，就如猶太人向埃及人學習為嬰孩施行割禮的儀式一樣。賴曾斯坦和布塞之所以強調希羅文化背景，主要因為這學派的觀點最先是應用於解釋保羅書信的神學觀念，而按當時一般學者的理解，希羅文化對保

---

23 W. Bousset, *Kyrios Christos* (3rd ed. 1926)；英譯為 *Kyrios Christos; a history of the belief in Christ from the beginnings of Christianity to Irenaeus*。此書可謂是早期基督教信仰的發展史，一直探索至公元二世紀末期的愛任紐（參其英譯書名）。他的結論是，保羅和他隨後的繼承人把耶穌的福音發展成一個「神秘宗教」，與當時羅馬社會和東方的宗教大同小異。他們把耶穌供奉為一位新的神，稱之為「Kyrios」（在新約聖經裏，這字可指「主人」、「主（耶穌）」或舊約的「耶和華」的意思），這名稱在一些神秘宗教裏亦是一些神明的稱號。賴曾斯坦在 *Die hellenistischen Mysterienreligionen*（1927；英譯為 *Hellenistic mystery-religions : their basic ideas and significance*）中則特別強調，保羅的神學思想很受當時的東方神秘宗教所影響，而基督信仰裏有關基督的救贖、死和復活與當時諾斯底派中的「救贖者神話」（redeemer myth）則大同小異。

羅的理念的影響，是明顯不過的。他們嘗試解釋福音書內有關耶穌超自然行為的記載，認為古代的社會也有很多有關「神人」（ Divine men)的描述，他們是一些傳說中的人物，具有預知未來和超視的能力，且能施行神蹟奇事，又稱自己為神祇或半人神（ demigod ）。

在宗教歷史的大前提之下，福音書中的耶穌（甚至基督教信仰）明顯沒有甚麼特色可言。某一宗教的內容大概可以訴諸不同宗教之間的互相影響，或宗教在本質上所共有的宗教語言及表達方式。布特曼特別執著福音書對耶穌種種「神話」式的記載。他認為，這種記載，其實只是古代民族對自己的宗教經驗的表達方式，純是一種共有的宗教語言，並非旨在記載「確實如此」的歷史事實。對一般人來說，「神話」是指一些虛構、不曾發生的傳奇故事，但從古代民族的研究和信仰的角度來看，「神話」通常建基於一些歷史事件或人物，目的是要解釋某些民族或宗教的習俗、體制和信念。因此，故事的內容是否真實，根本毫不重要，最重要的是，「神話」背後所要傳遞的信息。換言之，「神話」其實是把抽象觀念具體化的一種語言（ objectifying language ），以最容易為人理解的方式（如藉著故事），使一些原本與人類無關痛癢的事情，與人類產生關連。或許可以這樣說，神話就如一個符號，本身並無任何意義，但若將之放入人類的現實處境中，就能發揮其導引意義。

「解神話學說」其實是一種意識形態上的轉移，出發點是與其集中在某事件的歷史事實上，不如強調該事件背後向某人或群體所宣講的信息。舉例來說，解釋創世的神話，並不是要推翻其可信性，只是要將之化為具體化的信息，讓人類對自身的本性與存在作自發的理解，例如，人既為受造物，便應確認自己的依賴性和有限性。所以，解神話學說可謂是解讀神秘語言的一種方法，從而將之與人類存在的關係闡明出來。要留意，嚴格來說，布特曼並非完全否定神蹟的存在[24]，他只認為，在這些神話式事件的背後，隱藏著一個表達給讀者的信息。

在某程度上，解讀神話法是一種護教的練習，目的是要將基督教的信仰從那些已經過時的超自然世界觀中分別出來。古時的人帶有這類超自然的世界觀，聖經中那些超自然事蹟的記載對他們來說自然是頗具意義的，但這種意義對現代人而言，卻往往顯得無從考證。

2. 存在主義

海德格（1899-1976 年）是布特曼在馬爾堡的同事，他的作品亦經常出現在布特曼的論說裏。他的 *Being and Time*[25]（1935）是德國存在主義的導論課本之一。海德格在書中對人類存在的分析對解釋人類與歷史的意義等問題有頗深遠的影響：人類的存在意識，並非一種天賦的本能，而是人類在其歷史中，透過各種際遇所作的抉擇體驗出來的。把海德格的存在主義應用在神學裏，我們便立時能明白布特曼在聖經神學中所強調的「人觀」了。

布特曼認為聖經的功能在於讓人意識到自己的本位，從而將人從自我釋放出來。因此，主耶穌被釘十字架這歷史事

---

24 這顯明他的方法與之前的自由派學者（即使是斯特勞斯）仍有不同之處。布氏認為「解神話學說」並不是要去除神話中的神秘元素，相反，是要瞭解神秘事件背後的意義，從而得知該神蹟所要傳遞的究竟是一個怎樣的信息。

25 德文原著：Heidegger, *Sein und Zeit* (Halle: M. Niemeyer, 1935)；英譯有很多版本，SCM（1962）是最先出版的英譯本。

件所帶出的信息正是要人看見自身存在的貧乏，因而向上帝敞開，從罪中得釋放。於是，這樣的信息完全可以獨立於歷史；既不需要歷史證據，也不需要歷史的支持。至於傳統對上帝的觀念，只不過是過去神話的延續，而如今，神話一旦經過解釋，以現代的語言闡述之後，跟人最有關連的就集中到神話所要傳遞的信息上，耶穌本身是誰卻反而不那麼重要了；因此，所謂「人類只有靠著耶穌才能認識自己」這說法，受到嚴峻的挑戰。

「布特曼學派」的特色，正是結合存在主義和解神話學說來理解聖經的思想。布特曼之所以作出這種結合，其實有賴當時學術和宗教氣候的幫助；主要有兩方面：

首先，承繼其恩師韋斯和史懷哲的衣缽，布特曼同樣認為猶太教的天啟主義是理解耶穌信息的鑰匙，但另一方面，如何把這屬於將來、還未發生的末世的觀念帶給信徒，並能使他們有切身的感受？最好的方法便是以存在主義作為橋樑，把耶穌的末世信息與教會有關基督的宣講貫穿起來：「上帝的國度就是能力，雖然這國度的整體要到『將來』才完全實現，但卻又切切實實地影響著我們的『現在』……因為這國度的信息現在正迫使每一個聽見的人作出決定。」（*Jesus and the Word*, p.45）。

其次，宗教改革期間路德所宣稱的「因信稱義」（或「非因律法得生」）並非只停留在講台上或護教的層面上，同樣也可延伸至知識論上。就如人不應以為可以藉著自己的善行來親近上帝，同樣，人也不應該以為只要把有關上帝的存在、行為的知識編成法典或一些所謂客觀知識，人便可以完全認識和掌握上帝。因為這樣做，就等於把上帝的存在和行為全然規限於律法之中。對於布特曼來說，解釋神話學說背後的精神相當於「因信稱義」的精髓：「我們應用於新約聖經的解神話學說的最終極嘗試，與保羅或路德因信稱義的教義最吻合。……這是要拆毀每一種假保障（或安全感）……只有摒棄所有保障才能找到真正的保障。」[26] 因為只有存著信心和個人親自去感受上帝，才能令人類與上帝相遇。在這方面，他認同與他同期的巴特（1886-1968 年）[27]、葛嘉庭（1887-1967 年）等學者的見解，認為歷史、道德和宗教皆不能把人類帶到上帝那裏；只有當人類的存在、價值觀和重要性遭受挑戰後，人類才能與上帝相遇。

其實，若布特曼要一致地處理整個信仰探索，他大可以將「上帝」這觀念以解神話學說處理，並將之摒除，然而，他本人卻拒絕這樣做，因為他雖然否認福音書中對歷史耶穌的記載（或我們不能透過歷史的途徑來完全認識祂），但他依然相信有關耶穌的傳統的存在。正因這緣故，他積極研究各種傳統／形式的流傳歷史。

3. 形式鑑別學

形式鑑別學的興起乃由於學者們認為「來源鑑別學」未能妥善地處理和解釋文本的形成[28]，因為來源鑑別學所能夠

---

26 Bartsch, ed., *kerygma and Myth*, p.10；另參 Webster, "Rudolf Bultmann"。

27 巴特在其羅馬書註釋（Barth, *Epistle to the Romans*, p.280）裏亦略有暗示他對歷史耶穌這課題的意見。巴特清楚指出耶穌存在的最大意義是他的死，因此，巴特一方面承認耶穌的出現，但另一方面指出有關耶穌的記載是頗有問題的：「有關我們所認識的耶穌生平記錄，沒有一個可以說是絕對清楚、完全沒有問題的。」

28 參筆者《新約研究透視》，頁 358-370，和周天和：《新約研究指南》，

做到的，只是研究並推斷種種的資料來源。然而，這些資料來源並不是在事件發生後立即被記錄下來的，其間還經過一段流傳時期。以福音書為例，這些資料來源距離所載事件的發生時間最少有二、三十年。除了時間的距離外，還可能有語言的距離。我們常不自覺地假設所有新約聖經的文本來源都是以希臘文寫成的（因我們現在所有的新約文本都是以希臘文寫成的），但我們也知道，在當時巴勒斯坦一帶的主要語言並不是希臘文，而是亞蘭文——這亦應是耶穌在教導時所用的口語。因此，由口語流傳到來源記錄之間仍有一段值得探究的歷程，而形式鑑別學的使命就是要找出這段日子中所「遺失的連繫」，這段歷程又稱為福音書「成文前的歷史」（pre-literary history）。

在這段二、三十年的日子裏，有關耶穌的資料主要是靠「口傳」，而流傳的內容也只是一些「單元選段」（參 1.3），可能是故事、比喻和事蹟等等；有時學者也稱這些已定形的選段為「口述傳統」（oral tradition）。形式鑑別學的前設是，在沒有那些來源（如 Q 或馬可福音）之先，這些選段已流傳了一段時間，它們之所以得以形成並保存下來，完全因為當時信徒群體的需要。所謂「信徒群體的需要」，就是指教會（無論是建立這選段的教會還是保存這選段的教會）實際的「生活處境」，德文稱為 *Sitz im Leben*。因此，要理解該選段的意義，不單要理解該選段的文字，更要理解早期教會的信徒需要這選段的原因和背景。基本上，一般新約形式鑑別學者都以在這方面堪稱鼻祖的袞克爾的研究（舊約方

頁 85-98。

面）為本，再作進一步的發展（參 3.3.3）。

在這方面，有兩位將形式鑑別學應用於新約聖經研究的先鋒對布特曼的影響較大，他們是施米特（1891-1956 年）[29] 和迪布利厄斯（1883-1947 年）[30]。施米特以馬可福音為研究對象，指出除有關主的受苦的一連串事蹟外，所有經文都是由獨立的選段整合而成的，之間並沒有連貫性，而所展示的次序只是作者個人的刻意編排，為要達到其神學目的而已。迪布利厄斯更認為符類福音書的「作者」根本就算不上是「作者」，他們只是「編者」[31]，隨意地把個別現成的選段拼湊起來。

在本質上，形式鑑別學與歷史耶穌探索並沒有必然的關係，因為後者是探討一位人物的歷史性，而前者是探討一份文本的歷史演變過程。布特曼之所以進入形式鑑別學的研究方向，全因為他並不相信耶穌的歷史可以重構復原，因而轉去研究早期教會有關耶穌事蹟的流傳歷史，希望藉此來證明福音書所記載的耶穌原不著重歷史性。布特曼的工序是：從現有福音書的內容中，辨識個別獨立的選段，再按照各選段所展示的架構（或「形式」）來分類，藉此對早期基督徒群

---

29 K.L. Schmidt, *Der Rahmen der Geschichte Jesu*（書名意為「耶穌歷史的架構」）。

30 M. Dibelius, *Die Formgeschichte des Evangeliums*；英譯為 *From Tradition to Gospel*。

31 這裏對「選段」和「編者」（或「編寫」）的用法與前文（如 1.3）不同。這兩詞在早期的形式鑑別學作品裏，均帶有非常負面的含義：鑑定某段經文為「選段」，意即對其內容的歷史可靠性表懷疑；同樣，把「作者」稱為「編者」，意謂該位作者刻意按自己的神學觀念來編寫，並不忠於原來的次序或歷史事實。雖然今天的學術界仍沿用這些字眼（正如本書），但卻不一定保留這種負面的含義。

體所編成的「宣講福音（復活的基督）」的內容（ kerygma ）有所瞭解。他的結論已很清楚地寫在 *The History of the Synoptic Tradition* 裏：福音的信息在宣講的歷史中不斷被修改，原先的樣貌已經變得「腐敗不堪」，因為在流傳的過程中，人們慣於不斷在原始的版本上增添細節（這當然是假設），而故事的內容亦漸漸變得複雜和詳盡。所以布特曼認為，我們幾乎無法把「歷史上的耶穌」（ historical Jesus ）與「被宣講的基督」（ kerygmatic Christ ）聯繫起來；因此，也就沒有必要去追查歷史上的耶穌了。

布特曼認為，早期的基督徒群體根本沒有興趣瞭解耶穌生平的歷史，他們亦無意提供一份有關耶穌歷史的紀錄；因為最重要的，是他們如何理解他們自身與基督的相遇。布氏更節錄哥林多後書五章16節來支持這個觀點，他認為：「憑著肉體」（ κατὰ σάρκα ）是修飾耶穌的介詞短語[32]，正指有關歷史耶穌的知識。對布特曼來說，客觀的歷史事實只是構成「肉體的知識」，要真正認識基督，就要藉著所宣告的福音信息，與那位能賜人生命[33] 的主相遇。布特曼並沒有否

---

32 原文是῞Ωστε ἡμεῖς ἀπὸ τοῦ νῦν οὐδένα οἴδαμεν κατὰ σάρκα· εἰ καὶ ἐγνώκαμεν κατὰ σάρκα Χριστόν, ἀλλὰ νῦν οὐκέτι γινώσκομεν 。《和合本》在這裏的翻譯非常好：「所以，我們從今以後，不憑著外貌認人了。雖然憑著外貌認過基督，如今卻不再這樣認他了。」這翻譯清楚指出「憑著肉體」（ κατὰ σάρκα ）不是修飾耶穌的介詞短語，而是修飾動詞的短語。這即是說，保羅並非如布特曼所指，貶抑「基督」的肉體身分（即歷史的耶穌），而是指出他和其同伴不是「用未信時的眼光」或「一個罪人的看法」來認識基督。保羅原沒有推翻「肉體的基督」（意即「歷史的耶穌」）之意，他只是推翻「以人的看法」（ NRSV “human point of view”）來看待基督這觀念。

33 拯救的功能並不在於其歷史可靠性，雖然歷史事實是我們基督教信仰的基礎，但由於早期教會明顯把重點放在福音信息的宣告上，強調當

認耶穌這位歷史人物，但他卻認為耶穌在歷史中的存在並不重要，耶穌的位置可以隨意被其他人物取代，而最重要的卻是福音的信息在每一個世代所發揮的功能。

3.3.6. 第一次探索的總結

在十九世紀和二十世紀初期對「歷史耶穌」的探索中，雖然也有一些較保守的聖經學者認真研究歷史耶穌的問題，如埃德希姆的兩冊經典之作 *The Life and Times of Jesus the Messiah*（1883），然而，這一次探索的局面，可謂全被較前衛的學者所壟斷；他們均持有兩個主要的假設：

第一，對理性主義和經驗主義的信任。受這兩大主義影響的學者大部分都相信，真正的耶穌只是一個平凡人，沒有任何超自然的能力，沒有神性。祂和世人沒有分別，祂的生平亦跟普通平民百姓沒有兩樣。對於這些人來說，「歷史耶穌」就是指一個沒有超自然特質的耶穌，他們並相信，若把福音書拿來進行嚴謹的鑑別，也必會呈現出這個「平凡」的耶穌來。這種論調與教會向來不加思索地全盤接受耶穌「超凡」的傳統，迥然不同。結果，很多看似超自然的事件，都能夠以理性的方法來解釋，於是，一切的神蹟奇事其實都不是真有其事，至於那些報稱看見過這些事的人，只是一些無知受蒙騙的平民，並不可靠。

時的應用和理解（存在主義），因此，我們今天必須要接受這一事實：雖然基督教信仰的歷史性至今已殘缺不全，但更重要的是，這削去歷史性的基督信仰仍具救贖人類的效力。歷史的耶穌可以變成一個永活的因素，存在於每一個世代的教會中，而先決條件就是每個世代所持守的信心，歷世歷代的人只要憑此信心仍可與基督相遇。

第二，以歷史鑑別學的方法來研究福音書。傳統基督教把福音書奉為基督教的支柱，認為全然可信，所以並沒有以歷史鑑別學的方法來過濾其中的觀念。但如今，這些學者卻認為福音書也必須通過歷史研究的正常程序，不能理所當然地以為它一定可靠。它必須經過驗證，就如其他典籍一樣，不能逃避任何歷史的鑑證。結果，在歷史研究的驗證下，福音書就顯出很多矛盾，而其歷史的可靠性因而再難確立起來。福音書所載的事件，不是互有牴觸，就是在歷史上根本無可考證，因此惟一的結論是，福音書記載的根本不可能發生。

參與「第一次歷史耶穌探索」的學者以為，藉著嚴謹的歷史鑑別方法來驗證福音書和這位耶穌的生平都會得到預期的結果，即得到一幅「歷史耶穌」的圖畫。然而結果是，福音書中的記載大都被歸入神話類中，記載的目的是利用一些神秘語言將一位平凡不過的耶穌描繪出來，這位耶穌在歷史上其實未曾出現過。然而，每一個人都會留意到，由這些學者演繹出來的耶穌，是一個充滿十九世紀氣息的人物，而塑造活動的高峰，就是所謂「自由神學的耶穌」的誕生。具諷刺意味的是，這位本要來宣講一個改變世界的福音、但卻被世人拒於門外的救世主，結果竟變成一位極其平凡、為世人認同，鼓吹「以上帝為父，以人為兄」的道德教師。

進入第二次探索的討論之先，我們必須特別提及一位很重要的聖經學者——凱勒（1835-1912 年）。凱勒早於 1892 年（較史懷哲更早）就對當時的自由派學者發出批評[34]，他

---

34 Martin Kähler, *Der sogenannte historische Jesus und der geschichtliche, biblische Christus* (Leipzig, 1892)；英文譯本翻自 C.E. Braaten *The So-*

認為不應企圖從教會所宣講的基督中抽出歷史的耶穌來，反而應該清楚分辨二者；他繼而指出，那種從福音書的資料中查究「真正的耶穌」的努力是徒然的。凱勒最出色的論點是將「歷史耶穌」（historical Jesus，德文：*historische Jesus*）和「歷史性耶穌」（historic Jesus，德文：*geschichtliche Christus*）分別開來；前者是指一位歷史人物，而後者是指某一特定群體（如教會）眼中的人物。凱勒指出：

> 「那所謂『歷史耶穌』，其實是歷史鑑別學的產物，是一條空的路（*Holzweg*），一條沒有方向的路……。為切合一位虛構的歷史耶穌的出現，而否定聖經所描繪的耶穌（*geschichtliche/ biblische Christus*），並試圖找出兩者的發展階段，絕不是以開放的態度對現存來源（例如經文）作歸納式研讀的結果，這只反映把哲學性的前設加諸於歷史的本質而已。」[35]

讀者不要以為凱勒是為福音書的歷史性辯護，他主要是針對當時學者們對歷史鑑別學的普遍信任，認為歷史研究可以是純客觀的；事實上，凱勒亦不認為我們可以從福音書中得知歷史上的耶穌，因為這根本就不是福音書作者的原意，所以，凱勒也明顯貶低福音書的歷史性。凱勒解決歷史耶穌問題的方法很簡單：他把「耶穌」與「基督」分開。在這方

Called Historical Jesus and the Historic, Biblical Christ。

35 在凱勒文章的英譯本導言中，譯者 Braaten 加入了這一段話：「歷史學家往往一開始便宣稱自己乃是以客觀的角度來進行研究，並沒有任何前設，但事實卻是暗地裏作了一系列的前設。這些前設根本反映著一個反基督教的世界觀（*Weltanschauung*）。」（p.22）。

面，凱勒與後來的布特曼之間有不少相似的地方：二者均強調信徒不一定需要一位歷史重構出來的「耶穌」，卻可以直接接觸那位復活的「基督」，只不過福音書均沒有可靠的歷史記載（布特曼在這方面的看法較強烈）。表面上，這種分割「耶穌」與「基督」的方法是方便、簡單的，但實際上卻無補於事：究竟「耶穌」是整個教會的幻覺，抑或是事實呢？而這正是第二次探索所要處理的課題。

3.4. 第二次探索（或稱為新探索）

首次對布特曼學說作出徹底批評的，並非來自其他學派的人，乃是由他的門生——統稱為「布特曼後人」（post-Bultmannians）所發表的。對布特曼的主張，即歷史耶穌與信仰的基督兩者絲毫沒有關連的見解，他的學生並不贊同；不過，他們之中對歷史耶穌的重要性的理解卻不盡相同：有些視歷史耶穌為早期教會「宣講」的根基，亦有些視祂為整體信仰的根基。一般學者皆一致認為，新探索運動的發起人是布特曼那位出色的學生祈士曼（1906-1998 年）和他的密友富克斯（1903-1983 年）。

3.4.1. 祈士曼

第二次探索可以說是始於 1953 年 10 月 20 日，那天祈士曼在一個特別為表彰他的老師布特曼的場合中，發表了一篇有關「歷史性耶穌的問題」的演說[36]。這一篇演辭的主旨

36 德文原著：Ernest Käsemann, “Das Problem des historischen Jesus,” pp.125-153；英譯本可見於 Käsemann, *Essays on New Testament Themes*, pp.15-47。

是：雖然福音中所包涵的教義元素只是披上歷史架構的外衣，但福音書作者相信他們已接觸到有關耶穌的歷史資料，亦已試圖將之表達出來。祈士曼的文章有三個重點：

a. 倘若這位所謂「復活的主」和歷史上的耶穌二者毫無關係的話，基督教豈不是變成一個沒有歷史的宗教神話，若然如此，基督教豈不變成千多年前教會所判為異端的「幻影學派」[37] 嗎？

b. 若然早期教會真的對耶穌的歷史漠不關心，那麼，為何會有四福音書存在呢？毫無疑問，他們各自寫自己的福音書，正因為他們深信所傳的基督，就是歷史上的耶穌。

c. 雖然所有福音書都是基督復活後的產品，寫作時期與所記載的事情發生相距亦有幾十年時間，但我們必須相信，信徒們一直所宣講的基督就是那位歷史上的耶穌：「我們只可以通過傳統得知歷史，也只可透過詮釋明白歷史」[38]。

祈士曼指出，若要從福音書中找出耶穌生平的歷史元素，我們便需要從福音書中最獨特的元素，即耶穌的講道開始入手，而有關耶穌的其他記載亦需從這些講道入手才可以理解。確認這些內容的標準是：「……從福音書中找出某些

---

37 按照祈士曼自己的話說：「我們不能撇除那位既超然、但亦屬世的主的身分，這樣，才不致跌落幻影說的陷阱內，使我們不能劃清社群的復活信仰與神話的界線。」

38 祈士曼的見解也許與其政治立場（與二戰後德國的政治氣候）有關。在二次大戰期間的納粹主義與舊一輩的耶穌探索學術研究同有反猶太裔主義的共通點；前者的實踐是不用多說的，後者的實踐則在於要構建一位沒有猶太味道的耶穌。而祈士曼則認為，戰後的德國神學應重拾基督教的猶太特色。參 Wright, *Jesus and the Victory of God*, p.23。

事件和見解，它們既不可能源自早期教會的信仰和習俗，亦不可能源自大多數早期基督徒（亦可能包括聖經作者）所經常借用的猶太和希羅文獻中相似的記載。」按此，若發現福音書中的某一個觀點與耶穌同期的猶太人所持的觀點明顯有別，則這觀點便可能是真實的。例如耶穌宣告自己的權柄高過摩西的律法、祂對傳統神俗之分的蔑視、祂處理安息日規條的自由作風、祂與魔鬼的接觸，以及祂與被主流猶太教視為「另類先知」的施洗約翰那公開的接觸。

祈士曼的演說對自由派學者帶來極大衝擊，亦對整個布特曼學派帶來巨大且深遠的影響，特別是祈士曼發表這演說的場合，正是布特曼的一群學生為向他們的老師表示敬意而舉辦的舊生聚會。由於布特曼學派的其他門生對祈氏的看法有很多不同的意見，所以布特曼在 1959 年重申他對耶穌生平和使命的看法[39]。他非常小心地重申耶穌本人的真實性，例如驅魔、違反安息日的規條、放棄潔淨禮儀、反對猶太人的律法主義、與稅吏和妓女等外邦人的團契、對女人和兒童（因為這些都是在當時社會中被忽視的一群）的同情心等。然而，從基本的方法論來說，他仍然堅稱那種以解神話學說去解讀福音的作法，是單憑信心去理解福音最自然且必然的後果。

3.4.2. 幾位「布特曼後學者」和其他學者

祈士曼對老師布特曼的指正為整個學術氣候帶來了新的氣象，不少他的同伴亦陸續發表文章和專論，繼續朝這新

39 參 Bultmann, “The Primitive Christian Kerygma and the Historical Jesus,” p.22。

的方向邁進。

柏林的新約教授富克斯集中研究耶穌某方面「反主流」的行為，以此證明這些行為的歷史性。他以耶穌願意與稅吏和罪人吃飯和團契為例，指出像這類一同進食的團契，並不僅僅是一種社交聚會或紓尊降貴的表現，而更是一種宣布末世的舉動，藉此在當時世代展開那本來只能在天國裏體現的上帝的工作，正因為耶穌敢於替上帝執行工作，所以後來遭人公然反對，最後更犧牲了生命。富克斯的分析方法，顯然反映他試圖瞭解耶穌的心理狀況，在處理耶穌與施洗約翰的關係時，這意圖更是再明顯不過了；富克斯認為，在心理上，施洗約翰的死對耶穌的一生都產生重要的影響。

另一位跟隨布士曼研究路線的學者，是海德堡學者博恩卡姆（1905-）[40]，他集中研究耶穌的教訓，指出那帶有力量和權威的教訓和處事方式，斷不是早期信徒可以捏造出來的，而明顯有其歷史性。此外，博恩卡姆又指出，耶穌所強調的末世並非只在將來出現，而是由現在這刻已經展開。然而，像布特曼一樣，富克斯和博恩卡姆的釋經仍然受著當時存在主義哲學的影響。

另有幾位學者均被列為「新探索」的成員，如美國學者羅賓遜（1924-）和埃布林（1912-）[41] 均強調歷史上的耶穌對基督信仰的重要性。

在整個新探索的發展中，一位非常重要的人物是著名的

---

40 G. Bornkamm, *Jesus of Nazareth*，原著為 *Jesus von Nazareth* (Stuttgart: Kohlhammer, 1956)，是繼布特曼的經典之作 *Jesu und das Wort*（參本章註 2）之後第一本直接重構耶穌歷史的書。

41 Robinson, *A New Quest of the Historical Jesus*; Ebeling, *Word and Faith*。

亞蘭文大師戴曼（1855-1941 年）[42] 的愛徒杰里邁厄斯（1900-1979 年）。杰里邁厄斯跟隨戴曼的研究方向，認為耶穌是用亞蘭文跟門徒說話的，而在福音書中，耶穌的話明顯受亞蘭文的影響。在 *The Parables of Jesus*（英文於 1954 年出版，德文原著則於 1947 年出版）和 *The Eucharistic Words of Jesus*（英文於 1955 年出版，德文原著則於 1949 年出版）兩本書裏，杰里邁厄斯更嘗試從我們現有的希臘文文獻（如四福音書）來重建耶穌原來所講的亞蘭文語句，稱為「耶穌本身的用語」（拉丁文：*ipsissima verba*）。杰里邁厄斯（亦有祈士曼的參與）更制定了幾項鑑別這「耶穌本身的用語」的準則，其中一項重要的準則或獨特性稱為「不相似原則」（principle of dissimilarity）[43]。這個標準的假設是，除非我們可以確認某些資料乃源自典型的後期猶太教（第一世紀末）或早期的基督教，否則，這些資料必然是源自耶穌本身的。典型的例子是 ἀμήν 和 ἀββά 這兩個字：前者用來肯定一

---

42 他的重要著作有：G. Dalman, *The Words of Jesus: considered in the light of post-Biblical Jewish writings and the Aramaic language*; *Jesus-Jeshua, Studies in the Gospels*。

43 這原則其實當布特曼在 1959 年重申對耶穌生平和使命的看法時已經採用了（參 3.4.1）。這英文名稱可能最早出現於 Perrin, *Rediscovering the Teaching of Jesus*, p.39。其他的準則還包括一些語言用字方面的特色。此外，Meier, *A Marginal Jew: Rethinking the Historical Jesus*, pp.167-177，亦提出五個準則來辨認耶穌傳統的真實性（中文翻譯取自史懷識，《耶穌，你是誰？》，頁 30-31）：「為難」，即一些令早期教會感到為難的舉動或話語；「隔閡」，即任何不是源出猶太教或早期教會的傳統；「多重印證」，即由不止一個流傳的傳統所印證的；「一致」，即運用以上三個準則而得出結果後，任何與這些結果相符的傳統；「拒絕」，即那些因耶穌被同時代的人拒絕而導致的後果。

句話的內容，而後者則用以稱呼「父上帝」。一般認為這些字眼並不是後期猶太人或早期教會的常用字，理論上，福音書的作者理當不會使用這些字，但如今存留下來，顯然因為這些字本身有其歷史價值。與這尋索「源於耶穌本身的用語」運動有關的是「耶穌研討會」，我們將在 3.5.5 作介紹。

採用這準則來鑑別「耶穌本身的用語」的弊病是流於片面，由於耶穌時期的和後期猶太教在很多方面均由舊約的文化傳統孕育而成，所以即使二者在詞藻和字眼上有相似之處，我們也不應感到驚奇；而耶穌的言論與早期教會之講論相近，就更是可理解的。所以，若單以「不相似原則」來鑑別耶穌的用語，難免有以偏概全之弊。以卡奇波爾的話來批評這個「不相似原則」，就是：「它最大的好處可能是產生了一位獨特的耶穌，但不能保證那就是一位典型的耶穌」[44]。

3.4.3. 第二次探索的總結

雖然第二次的探索重新確認了歷史事實與早期教會的宣講二者的緊密關係，但布特曼的門生始終保留了布特曼三個重要的原則：（一）新約並不是有關歷史耶穌的一個準確的歷史紀錄；（二）早期基督徒群體所宣告的基督與歷史耶穌是明顯有別的；（三）全面接納和應用解神話學說。雖然新探索者所認同的歷史事實數量似乎較多，但那些資料仍屬零碎和貧乏的，只不過替布特曼的空泛學說增添少許「新」的資料而已。到最後，這些布特曼的門生又退回布特曼以前

---

44 Catchpole, "Tradition History," p.174 。一篇有關「耶穌本身的用語」的精簡介紹，可參 Riches, "Jesus, Words of," pp.802-804 。

的時期，或許，還加上了許多解神話學說和存在主義對福音的詮釋。讀者需要留意：布特曼的解神話學說是一種非常有能力的宣講方式；很大程度上，與一般所謂「靈意解經」或今天那種以讀者為主導的詮釋法大同小異，大家均企圖貶低或甚至刪去經文的歷史意義，而是集中闡述該段經文對個別的人或處境的重要性[45]。

不過，也有一些學者如戴曼和杰里邁厄斯般，認為福音書中所載的耶穌言行一般都是可信的，然而，要進一步確認主耶穌本身所講的話，則仍有待努力。杰里邁厄斯更明言：「在符類福音的傳統中，需要證明的，是耶穌言論的不真實性，而不是它的真實性。」[46]

要從福音書的資料中建構一本耶穌在世的傳記，包括依次記錄祂生平的每一件事和其心路歷程，實在沒有可能，因為福音書作者本意不是要提供這方面的資料。同樣，要證明福音書所記載的每一事件的歷史性，亦似乎沒有可能，因為新約聖經以外的文獻無一記載過任何一件聖經裏的事蹟。我們的確沒有足夠的資料去證明，傳福音的人確實把已發生事件的每一個細節都「如實報導」出來了；相反，對同一件事情的不同記錄（如在福音書中的平行經文）卻足以證明，作者們確曾按自己的意思和計劃來編纂所有的材料。

表面上，這第二回的探索似乎較第一次探索有進步，然

---

45 正如 Borg, "Reflections on a Discipline: A North American Perspective," p.13 所言，第二次探索與第一次探索之不同是前者更加肯定福音書中的神學性影響。

46 Jeremias, *New Testament Theology: The Proclamation of Jesus*, p.37。德文原著為：*Neutestamentliche Theologie. Erster Teil. Die Verkündigung Jesu*。

而，最終卻把耶穌的研究縮減成獨立單元式的「耶穌教訓」或「耶穌事蹟」的研究；這種只著重資訊概念而缺乏對整體事件處境之詮釋的研究，始終未能賦與耶穌有機的生命，學者們不斷努力塑造一個耶穌的輪廓，嘗試捕捉耶穌的生平大綱，但卻未能還他有血有肉的生命。這種情況同樣可在第三次探索中（如在下一節介紹的「耶穌研討會」）見到，不過，在這新一回的探索中，我們亦見到新的元素，為新的探索帶來較正面的氣氛。

3.5. 第三次探索

進入七十年代以後，歷史耶穌的探索情況變得複雜得多。一方面，我們正活在整個發展和研究過程之中，參與觀察和分析，因而未必能透徹地檢視當中的來龍去脈，另一方面，這一回的探索較為多元化，正如一位美國學者綜合這時期的發展時，大膽地指出，對歷史耶穌的歷史探索可謂已告一段落，而一個跨科際的探索正在展開[47]。例如：婦女神學家斐奧蘭莎在其作品 *In Memory of Her* 裏指出，婦女對新約信息和耶穌的瞭解有不能取代的重要性[48]。此外，過去幾十年的考古學、歷史學和古代文獻的發現，一直催促著新約學者重新為歷史耶穌這課題定位，而第三次探索對考古學的重

---

47 Bernard B. Scott 於 1984 年在美國芝加哥舉行的 *Society of Biblical Literature* 年會的 “Historical Jesus Section” 講座中發表。引自 Borg, “Reflections on Discipline: A North American Perspective,” p.23 。

48 Fiorenza, *In Memory of Her: A Feminist Theological Reconstruction of Christian Origins* 。

視，更是值得一提的。法藉考古學家弗雷尼[49] 在其文章中指出，整整二百年有關歷史耶穌的探索研究裏，絕大多數學者均沒有重視考古學的新發現，亦很少嘗試就考古學的新發現而作出檢討。然而，踏入九十年代後，情況就有顯著的改進；這一方面是由於考古學的鑑證方法有很明顯的進步，另一方面，更因為考古學不再單是發掘古蹟而已，而是配合社會科學的理論，建立獨特的方法論，重構歷史和社會的處境。因此，在歷史耶穌的探索這課題上，學者們一改過往的作風，不再集中於過去的神學假設（如存在主義）和某些學派鮮明的前設、偏見，轉而集中在一些歷史的證據上——聖經以外的文獻和事實（ facts ）對歷史耶穌的見證。雖然在過去十多年裏，學者們亦對這些新證據不斷作出鑑別和評估，使我們對這些資料能持較中肯和成熟的態度，然而，不同學者對這些新證據的解釋仍有一定分歧。

在這一節，我們首先介紹三項古籍文獻，即舊約偽經、死海古卷和拿．戈瑪第文庫，對塑造新約時代的歷史、宗教和文化背景的貢獻。這些文獻對我們認識公元 70 年之前的猶太社會或猶太教確實有很大的幫助，而拿．戈瑪第文庫中的多馬福音，更是「耶穌研討會」[50] 的核心焦點。雖然「耶

---

49 Freyne, "Archaeology and the Historical Jesus," pp.117-144 。強調考古學對瞭解早期基督教的重要性，可參 Meyers and Strange, *Archaeology, the Rabbis and Early Christianity* ；近年在這方面的整合，可特別留意於 1993 年 Society of Biblical Literature 會議中所發表的有關論文，參 Lull, ed. *Society of Biblical Literature Annual Seminar Papers* 。

50 有關第三次探索的介紹，可參孫寶玲，「從『無問』到『三問』——歷史耶穌之研究及其意義」，頁 104-111 。第二次和第三次探索的分界線並不如第一次和第二次的分界線清楚，特別是對「耶穌研討會」的分類，更顯得模棱兩可：「耶穌研討會」的工作明顯與第二次探索

穌研討會」在歷史耶穌探索的理論上沒有太大改進，但卻是近代在這方面最矚目的研究組織，故筆者亦會加以討論。此外，我們亦會簡略地介紹與「耶穌研討會」這組織的研究有關的重要著作。

3.5.1. 舊約偽經[51]

以英文出版的第一本偽經文獻集於 1913 年面世，只包括 17 卷書，而分別於 1983-1985 年出版的另一英譯版本則共收集 52 卷書，另有 13 份文獻並沒有其古卷，只存留於其他古代著作裏[52]。這些偽經均是舊約聖經以外的猶太教文獻，寫於公元前 200 年至公元 200 年間，其中有很多寫於公元 70 年之前，並以巴勒斯坦一帶地域為背景。這些書卷均詳盡的反映了新約時代的猶太人（包括耶穌、保羅和新約教會的領袖）的文化和宗教意識。華人教會一般都極忽略次經和偽經文獻，以為不屬於正典的書卷便是「不正規」、甚至是「異

中的杰里邁厄斯有同一個宗旨，均要確定耶穌說的話（或「耶穌本身的用語」），然而，在所採用的資料上，「耶穌研討會」又牽涉《多馬福音》的問題，故又屬第三次探索的範疇。

51 舊約的「次經」（apocrypha）和「偽經」（pseudepigrapha）是兩個非常容易混淆的詞語。這兩個詞語合指那些寫於公元前 200 年至公元 200 年間舊約聖經以外的猶太教文獻。「次經」特別是指那些在某基督教群體（如羅馬天主教或正教傳統）中被視為有如或僅次於正典地位的文獻（分別由 12 本至 20 本不等），至於「偽經」，則指「次經」以外的其餘文獻。參《基督教典外文獻概論》 2.1 。

52 這兩個英文版本分別是： Charles, ed. *The Apocrypha and Pseudepigrapha of the Old Testament in English* 和 Charlesworth, ed. *The Old Testament Pseudepigraha* 。參 Charlesworth, *The Old Testament Pseudepigrapha & the New Testament* 對其二冊著作的介紹。

端」的書，但事實上，這些古老的文獻對瞭解第一世紀猶太教以至新約聖經，實是不可多得的資源。

我們可從三點來證明這些文獻的重要性：

a. 在新約時代，無論是教會領袖、信徒或大部分猶太教信徒（特別是不懂希伯來文的人），他們的舊約聖經都是當時通行的《七十士譯本》，而今天我們稱為舊約次經的書卷，部分一直出現在這《七十士譯本》裏；及至耶柔米的拉丁文譯本《武加大聖經》在西教會通行時，這些次經仍在其中（東教會傳統更是一向沿用《七十士譯本》的），可見在整個教會歷史中，次經的位置並不如一般人想像中的「不正規」。
b. 在新約聖經中,直接或間接引用舊約次經和偽經的地方，按筆者數算，有五百多處；雖然在不少地方，新約作者明顯特別高舉舊約正典經卷的權威，但這數百處的引用足以證明，這些聖經以外的文獻對新約作者確有相當的影響。
c. 死海古卷中亦包括一些偽經的殘卷，這明顯表示，就算在一個堪稱為猶太人基要派的昆蘭群體裏，這些文獻仍極受重視。

有關舊約典外文獻的介紹和以上幾點的討論，參《基督教典外文獻概論》第二、三章。

3.5.2. 死海古卷[53]

1947 年，巴勒斯坦還是英國的托管地。有三位阿拉伯游牧民族貝都因族（Bedouin）的年輕人（彼此是表兄弟）放羊至死海西面一帶時，發現在險峻的峭壁上有幾個洞穴；他們向裏面拋擲了幾塊碎石後，聽到一些瓦器被打破的聲音。其中一位名叫艾梅・伊克曼（綽號「狼」）的，出於好奇心，在某日清晨爬進其中一個洞穴裏，結果發現十個瓦缸，其中一個裝有一皮卷和兩束布卷。這是第一個洞穴，那些書卷亦是此後十年發掘死海古卷的歷史中的第一批收穫，日後證實，那皮卷是一份以賽亞書古卷（編號 1QIsa[b]，其抄寫年份較我們原有的希伯來文古卷早一千年！），而另外兩份則分別是《社群守則》（編號 1QS[54]）和《哈巴谷書註釋》（編號 1QpHab）。

在 1947-56 年這段期間，從死海西北面、耶利哥以南十二公里的梅爾特昆蘭[55] 一帶的十一個洞穴中，共發現上千份

---

53 有關死海古卷的介紹和討論非常多，Bartlett, "The Archaeology of Qumran," pp.67-94 是一篇很精簡、又能反映現時學術實況的文章；至於較詳盡的有 Stegemann, *The Library of Qumran: On the Essenes, Qumran, John the Baptist, and Jesus*。另可參 Evans, "Appendix: The Recently Published Dead Sea Scrolls and the Historical Jesus," pp.547-565。

54 編號的制定方式是這樣的：「Q」代表昆蘭的名稱（Qumran），置於前面的數字是指該文獻所發現的洞穴號碼，置於後面的數字則是文獻名稱的一般簡寫或編號，若該文獻在昆蘭文庫中不止一份，則隨後再以上標的英文字母作為識別。例如，昆蘭的第一個洞穴所發現的兩卷以賽亞書，其編號為 1QIsa[a] 和 1QIsa[b]。

55 「Khirbet」原來是阿拉伯文字，意即幾座建築物的一堆堆瓦礫，而「Qumran」這地方名稱的意思是「駝背小丘」，正可能指這些一堆堆瓦礫所造成的地勢形狀。約書亞記十五章 61 節提及猶大曠野的六

古卷[56]；藉著放射元素碳十四（ Carbon-14 ）的科學鑑定，學者認為這些古卷問世的年期為公元前 300 年至公元 68 年之間。在 1947 年至 1985 年中，這些所謂的「死海古卷」實際上包括多少份文獻，對外界仍然是個謎，因為有很多死海古卷的文獻（單就第四個洞穴，就有 566 份之多）未出版。到 80 年代末期，已有很多學者提出抗議，認為古卷遲遲未出版只是一些小圈子的政治手段[57]，更有人猜疑是羅馬教廷的陰謀[58]。結果在 90 年代初期，有關機構便著手把所有古卷

座城（伯亞拉巴、密丁、西迦迦、匿珊、鹽城和隱基底），有些學者（如馬丁．諾得和哥羅斯）更認為昆蘭這地方就是文中所提及的鹽城。

56 在近十年的發掘工作中，考古學家共發掘了 270 個洞穴，除這 11 個洞穴發現有古卷外，學者還從另外 20 多個洞穴中發掘出一些器皿。其實，在這一次巨大的發現之前，已至少有兩次發現，按著名的考古學家 Milik, *Ten Years of Discovery in the Wilderness of Judaea*, p.19 指出，在公元 211-217 年和 785 年期間，耶利哥一帶地方也曾發現一些古卷（包括希臘文版本的詩篇和希伯來文舊約聖經）；但現在它們的下落已不得而知了。

57 這主要是針對「以色列古物保護局」和一小群學者，他們不想把所有古卷公諸於世，為要保障自己在學術研究上的利益和特權。學者們抗議的聲音經常在 *Biblical Archaeology Review* 這份相當有地位的學刊中震盪，學者們深覺自己「對學術資料的接觸，應該有知識上的自由和權利」（"intellectual freedom and the right to scholarly access"）。

58 提出這方面質詢的最鮮明代表是 Baigent and Leigh, *The Dead Sea Scrolls Deception*；在書中作者指出，梵蒂岡教廷一直都在施加壓力，不願意有太多死海古卷出版。因為按作者理解，古卷中有很清楚的證據，顯示早期基督徒與當時一些猶太人結黨，成為一批像今天的游擊隊那樣的人，與羅馬政府對抗。不過，這兩位作者實非嚴謹的聖經學者，所謂證據往往有歪曲事實之嫌，他們也許更擅於寫一些宗教幻想小說（如他們另一本暢銷書 *Holy Blood, Holy Grail*）。屬這一類的作品還有： Thiering, *Jesus and the Riddle of the Dead Sea Scrolls: Unlocking the Secrets of His Life Story* 和 Eisenman and Wise, *The Dead*

公諸與世[59]。今天，我們知道所有古卷共載錄近 900 份文獻（有很多是不完整的，更有一些文獻是重覆載錄於多份古卷裏），大致可分為四類，分別以希伯來文、亞蘭文或希臘文寫成：（1）約有 200 份舊約聖經文獻，每一卷舊約聖經的書卷（除以斯帖記外[60]）都可見於死海古卷，而最早的古卷可追溯至公元前二世紀；（2）次經和偽經；（3）與昆蘭群體有關的文獻，包括該群體的守則、禮儀、傳統釋經書（這些釋經書能使我們更多的認識新約時代的耶穌、保羅和其他

Sea Scrolls Uncovered。參 Stegemann, *The Library of Qumran: On the Essenes, Qumran, John the Baptist, and Jesus*, pp.6-11 對這類著作的評論，另可參 Betz and Riesner, *Jesus, Qumran and the Vatican: Clarifications*。有關整個死海古卷（或昆蘭文庫）發現的來龍去脈的討論，最好的參考書是 Trevor, *The Untold Story of Qumran*。

59 有兩件事情加速以色列當局落實其承諾。其一是 1991 年，兩位美國辛辛那提市的希伯來聯合書院學者霍爾德和馬丁·阿貝格從一本非常殘舊、但包括幾份從未出版過的古卷的經文彙編，藉著電腦程式，把彙編中相連的經文還原成古卷原來的樣貌，然後出版。二、於同年，加州的亨廷頓圖書館把偶然得到的大量古卷照片全部出版。這兩個獨立事件都對以色列當局構成威脅，促使以色列方面宣布會盡快出版縮微軟片（microfiche）以及所有古卷的目錄和索引。結果，自 1993 年開始，以色列古物保護局與荷蘭著名出版商 E.J. Brill 正式把所有古卷以縮微軟片的形式出版；而目前，大約有 64 位學者正日以繼夜地對還未出版的古卷加以編排、修訂和翻譯，並會在牛津出版社的 Discoveries in the Judean Desert 系列中出版。有關死海古卷的資料（包括學術和政治的情況，可參網頁：<http://sunsite.unc.edu/expo/deadsea.scrolls.exhibit/intro.html> 和 <http://lcweb.loc.gov/exhibits/scrolls/toc.html>。）

60 這並非偶然的，因為在昆蘭的節期日曆表中，也沒有列出源自以斯帖記的「普珥節」（斯九 20-28）。當馬加比家族當權時，猶太人把這普珥節視為慶祝猶太人被拯救脫離安提阿古四世統治的節日；因此，愛色尼人故意刪去以斯帖記和普珥節，為要與整個馬加比家族畫清界線。

聖經作者的釋經方法）等；（4）當時猶太人的書籍。

除眾多古卷外，考古學家又在這些洞穴附近發現一個約 80 x 100 公尺的廢墟，建於公元前二世紀末期（馬加比時期）。公元 68 年，羅馬軍隊準備入侵耶路撒冷時，在途中亦夷平這廢墟（耶路撒冷聖殿則於 70 年被毀）。鑑定當中經卷的年份尚算容易，但若問是誰把這些古卷放置在洞穴中？有甚麼用途？誰曾住在廢墟裏？這些人與古卷有甚麼關係？則不是輕易能解答的問題了。雖然學者們對這些考古新發現仍有不同的理解，但一般主流學者都贊同著名天主教多明尼會修士兼考古學家羅蘭德富的立場，認為住在洞穴裏的人就是約瑟夫所提及的愛色尼人[61]，而住在昆蘭廢墟的人亦可能是愛色尼的成員，他們為住在洞穴的成員提供日常生活的需用。雖然這些愛色尼人不一定就是抄寫這上千份文獻的人（有些學者相信，這些古卷是於聖殿被毀前，從聖殿文庫中搬到洞穴收藏的），但在保存文獻方面，這群體肯定有很直接的參與。

死海古卷和昆蘭廢墟的發現確實提供了很多證據，證實耶穌以至新約教會與昆蘭群體（或愛色尼人）之間有著頗為密切的關係，有很多的神學觀念諸如人類的罪性、末世觀、「新」約的觀念（耶三十一 31-34）、撒但觀、洗禮（雖然兩個群體對此禮儀的意義理解有別），甚至是群體生活守則如凡物公用等都很相似，不過，耶穌對「潔淨和不潔淨的禮法」和其引伸的人際關係（如耶穌與罪人共處），亦可能是構成他與昆蘭群體的最大分別之處。此外，我們甚至有一些

61 英文「Essenes」一字明顯借用原來是亞蘭文 *essên* 的希臘文字，這亞蘭文字的意思大概與希伯來文的 *ḥaśîdîm* 相似，即「敬虔者」（複數）。

證據，暗示愛色尼人很可能有機會接觸過早期的基督徒、甚至主耶穌本人[62]。很多學者相信，昆蘭文獻與早期基督教所反映的神學思想，不單有相似的地方（暗示二者可能曾作交流），更可能同有從當時的主流猶太教分支出來的背景。無論如何，死海古卷所提供的資料，對我們瞭解公元 70 年前的猶太教社會確實有很大的幫助。

3.5.3. 拿．戈瑪第文庫

與之前兩類文獻略為不同的是「拿．戈瑪第文庫」的發現，這文庫的文獻均屬較後期的作品。 1945 年 12 月，在埃及的亞歷山太南面的拿．戈瑪第，兩位農夫偶然在某個洞穴中（那裏有 150 多個洞穴）的陶缸內發現 13 卷用埃及科普替語言（ Coptic ）寫成的蒲草翻頁書（ papyri codex ），其中包括 53 份文獻。起初，很多人以為這 53 份文獻的內容均與諾斯底派有關，但事實上，其中也包括一些猶太人的文獻和其他古籍。在發現之初，有些新約學者認為，這些文獻證實布特曼應用宗教歷史學派的方法來作為新約研究前設的主張是正確的，指新約文本是源自希羅的宗教處境。但近代研究卻認為，拿．戈瑪第文庫與新約時代的猶太教關係非常

---

62 這結論是按兩方面的證據綜合而成:（ 1)約瑟夫(《猶太古史》 18.20 ）和斐羅（《每個正直的人都是自由的》 75 ）均指出，第一世紀的愛色尼派成員超過 4,000 人，但考古學者又認為昆蘭的洞穴和廢墟只可容納 300 人，換言之，大多數愛色尼人都住在昆蘭以外的地方；（ 2 ）古卷中的《聖殿經卷》暗示有些愛色尼人住在耶路撒冷的西南面，這又可印證約瑟夫的另一項資料，即耶路撒冷聖殿（的西南面）有一個門口，名叫「愛色尼門」，參 Charlesworth, *Jesus within Judaism*, pp.60-61 。 Stegemann 的估計則較為保守，他認為住在廢墟的約有 60 人（ p.46 ），而住在洞穴裏的約有 55 人（ p.49 ）。

密切，甚至整個拿·戈瑪第文庫可能根本就是源於猶太教的，而文庫中的《多馬福音》，對歷史耶穌的探索問題更有直接貢獻[63]。

在今天我們擁有的古卷中，共發現兩個《多馬福音》的版本，其中一個是希臘文版本，只存留了部分，可見於三份古卷中，編號和年份分別是：約公元 200 年的《俄西林古蒲草紙 1》、三世紀中期的《俄西林古蒲草紙 654》和約公元 250 年的《俄西林古蒲草紙 655》。這些古卷分別於 1897 年和 1904 年由兩位著名的考古學家格倫費爾和亨特在埃及的俄西林（位於開羅西南 160 公里處）發現。除這三份古卷外，那次的發現還有其他數千份古卷。第二個版本是一完整的版本，以科普替語言寫成，載錄在拿·戈瑪第文庫中的第二本蒲草翻頁書裏，成書時間較難確定，一般認為，這抄本屬於四世紀末或五世紀初的作品，但其原著（可能以敘利亞文寫成）可能經過多次修訂，最早的一次修訂約在公元 140 年。

《多馬福音》的內容要點可從其首節得知：「有很多奧秘的話，是耶穌還活著時說的，而低土馬·猶大·多馬也將其記下來」。「低土馬·猶大·多馬」這稱號可能是結合兩個名字而來：低土馬·多馬（見於新約福音書和教父的著作）和猶大·多馬（多用於東教會傳統的著作），兩個名字同指使徒多馬[64]；在新約偽經中，這位使徒多馬往往被視為上帝

---

63 詳細的討論，可參筆者的「《多馬福音》：簡介和漢譯本」。譯文的新修訂版以及「《多馬福音》與正典聖經的比較」則可見於筆者《四福音與經外平行經文合參》之「附錄一：《多馬福音》——科普替文版和希臘文版」。

64 「低土馬」的希臘文 δίδυμος 意即「孿生子」；按敘利亞教會傳統，

奧秘話語的受託者[65]。

「奧秘的話」正說明這書的特質：是一些不為一般人知道、但卻會令人得著真生命的語錄。《多馬福音》基本上是一份沒有敘述架構、只包括 114 句被認為是源於耶穌的語錄；語句像格言或金句，之間完全沒有具體的連接關係。大多數語句均以「耶穌說」開始，有 15 句（第 1, 6, 8, 43, 51, 52, 53, 60, 65, 72, 74, 79, 91, 99 和 113 節）沒有提及耶穌的名字，但明顯反映耶穌語錄的傳統，而有一句是西門．彼得的話（114 節）。在這 114 句語句中，至少有 63 句顯示與新約福音書的經文直接（22 句）或間接（41 句）平行，而其他語句與福音書的關係則較隱晦，有些亦明顯深受諾斯底派的影響（例如第 8, 11, 18, 22, 42, 67, 84, 87 和 114 節）。

《多馬福音》與「Q 來源」的相似，解釋了《多馬福音》為新約研究界帶來最震撼性熱潮的原因[66]：一直以來，很多學者認為「Q 來源」的假設只是在解釋符類福音問題上的一個方便作法而已，其存在與否根本不得而知，亦無從考究；但如今《多馬福音》的發現卻證實了這一類語錄集存在的可能（有關這名稱，參 2.5）。一般學者均推斷，《多馬福音》並非一本出於第三世紀、冒名杜撰的福音書，而是一份絕無

這位「孿生子」是耶穌的使徒多馬，亦是他的弟弟之一。

65 原因可能是，在新約聖經中，多馬常被描繪為非常猜疑但又得主特別啟蒙的信徒（參約二十 24-28），他常說出一些表面上無知、但卻是言之有物的話（參約十一 16；十四 5）。

66 截至 1988 年為止，查爾斯沃思就記錄了 397 份與《多馬福音》有關的文章和專文； 1988 年往後的資料，可參 Scholer, "Bibliographia Gnostica: Supplementum," pp.48-89。此外， van der Laan 編的書目表所包括的資料可能更詳細：<http://huizen.dds.nl/~skirl/gthomas/index.html>，另可參《多馬福音》的官方網頁， Davies 編，<http://home.epix.net/~miser17/ Thomas.html>。

僅有、記載了耶穌在世話語的語錄。

3.5.4. 近代著作

要對這一次探索的重要著作作一個巡禮，是十分困難的；在這短短二、三十年裏，這課題的著作之多實在令任何人都難以掌握。有志於這方面的讀者最好先閱讀著名的新約學者、亦是聖經文學（包括正典聖經以外但與聖經有關的文獻）的權威查爾斯沃思在其 *Jesus within Judaism: New Light from Exciting Archaeological Discoveries* 的「附錄五」，作者對38本於1980-1984年間出版的主要專著作出分析和介紹，其中包括強調耶穌的社會和政治觀的 Borg, *Conflict, Holiness and Politics in the Teaching of Jesus* (1984)。此外， Witherington, *The Jesus Quest: the Third Search for the Jew of Nazareth* 亦集中介紹第三次探索中主要學者的立場。讀者可透過這兩本著作對近年有關歷史耶穌的論說有所掌握；此外，筆者認為 Borg, "Reflections on Discipline: A North American Perspective" 對整個耶穌探索研究的回顧更是一份不可多得的文章。在這裏，筆者只簡單介紹一個近年來相當受重視的研究方式，即從耶穌的社會處境來進行的研究。

德國海德堡大學的新約教授泰森[67] 可謂是這方面的先

---

67 Theissen, *Sociology of Early Palestinian Christianity* ，德文原著為 *Soziologie der Jesusbewegung* ，以及 *The Shadow of the Galilean: The Quest of the Historical Jesus in Narrative Form* ，德文原著為 *Schatten des Galileärs* 。泰森認為，整個「耶穌運動」是由當時社會上三個階層所形成的：一、「人子」，即主耶穌自己，他是啟示者，亦是將所有道德和宗教的教訓傳遞給眾門徒的老師。二、「隨他飄流的門徒」，這

鋒。泰森率先探討耶穌事奉的社會政治處境，他認為耶穌的事奉實際上是在當時的猶太教中推動一場復興運動，可稱之為「耶穌運動」，活躍期為公元 30-70 年。耶穌明顯是這運動的創辦人，而他的門徒，特別是那些跟隨他到處飄泊的門徒，便是耶穌信息的繼承者；因此，泰森強調二者的連續性。例如，新約聖經所展示的早期教會那些超凡的魅力領袖和他們的演說，均源自耶穌那種極端的生活和做人的方式，特別是耶穌喜歡在邊緣社群（如窮人和罪人）中往來，和將所有一切（包括家庭和物質）置諸度外的生活方式等，正好配合他教導中所強調的末世觀。泰森更把耶穌和其跟隨者類比為希羅社會中的犬儒學派，這學派的人是當時希羅社會裏的哲學家或知識分子，他們並不安於固定的工作，熱衷於到處傳揚自己的信念，尤其標榜那種回歸大自然、摒棄財產、不畏主流文化和社會建制壓迫的生活取向。泰森這一個類比自此成為很多學者鑽研的方向，硬要從希羅的犬儒文學中尋找耶穌學說的根源[68]。

些滿有活力和有號召力的門徒於日後便組成早期的基督教會。三、「地區性的支持者」，這些信徒沒有跟隨耶穌巡迴佈道，但卻在各自居住的地方為耶穌預備一切所需的。與泰森的入手方法很相似的是 Horsley, *Sociology and the Jesus Movement*。參 Witherington, *The Jesus Quest*, pp.137-160 有關這兩位學者的討論。

68 特別是 Downing 的著作，參 *The Christ and the Cynics*；對這種「平行主義」（parallelism）——即到處尋找平行經文以證明某些關係，一般人的批評是，缺乏歷史處境的證據，例如犬儒學派在巴勒斯坦一帶的活動幾乎是絕無僅有的；不過，在其近期的著作 *Cynics and Christian Origins* 中，Downing 嘗試證明犬儒學派的成員曾在加利利省出現過；然而，考古學的研究卻非常質疑這論調。反之，加利利省的猶太文化氣氛依然非常濃厚，其中的猶太人與耶路撒冷（甚至猶大地）的關係仍非常密切，參 Freyne, "Archaeology and the Historical

與泰森的觀點相似，但卻認為耶穌的改革運動更為極端的是克羅森[69]。克羅森較泰森更強調耶穌的犬儒背景；他認為耶穌屬於當時羅馬社會中低下層的農民階級（甚至可能是文盲），但另一方面，他亦看到耶穌和其跟隨者的傳道工作確實與希羅的犬儒學派成員相似；因此，克羅森便為耶穌套上一個很矛盾的名號，那就是「歷史的耶穌是一位猶太裔的犬儒農民」（“The historical Jesus was, then, a peasant Jewish Cynic”, p.421）。克羅森的結論不純是建基於社會政治的研究（如泰森），更是基於他對第一世紀福音書歷史的理解。一方面，他認為只有在兩本或以上福音書中記載的資料才是可靠的，因而把福音書中大量的資料刪去；另一方面，克羅森（連同「耶穌研討會」的學者）指出，在馬可福音之前已經有幾本福音書存在，例如《多馬福音》的原始本和《希伯來人福音》[70]，這些福音書均代表著較新約福音書更早期的傳統；這些傳統（倘若真是較早期的）卻完全沒有流露出任何天啟主義思潮的痕跡。克羅森的研究可謂代表了第三次探索中對新約時代神學發展的理解：即在初期教會的天啟主義熱潮還未成形之先，我們的耶穌其實是一個「前天啟主義階段的耶穌」（pre-apocalyptic Jesus）。

Jesus,” p.138。

69 Crossan, *The Historical Jesus: The Life of a Mediterranean Jewish Peasant*，以及 *Jesus: A Revolutionary Biography*。參 Witherington, *The Jesus Quest*, pp.58-92 的討論。

70 有關這福音書的譯文和簡介，參《典外福音書之一》（黃錫木編著）之第二章「希伯來人福音」。

3.5.5. 「耶穌研討會」

這個曾經轟動一時的「耶穌研討會」的發起人是著名的新約和希臘文學者馮克。自 70 年代起，馮克已很想從他多年對聖經文學的心得來探討歷史耶穌這問題，但他希望這不只是個人的研究，而是有其他學者的廣泛參與，好讓這研究的成果能得到更普遍的認同。

1. 研討會的研究和其出版

1985 年，在美國加州惠斯特研究所[71] 的贊助下，馮克集合了 30 多位學者，首次在加州伯克萊大學舉行會議，結果決定成立「耶穌研討會」。研討會的目的是要對正典福音書記錄的有關耶穌所說的話和所做的事，作詳細研究，並計劃把研究心得公諸於世，包括書籍出版、甚至拍成電影。大會研究的第一階段集中於耶穌的話語，在 1985-1991 年期間進行，約有 200 多位學者曾參與這個研討會（但最後只有 74 位「學者」正式參與）；第二階段的研究則集中於耶穌的事蹟，同樣花了六年時間（ 1991-1997 年），當中包括一些非常有名的學者如克羅森、麥克、博格、羅賓遜和克洛彭博等[72]。

---

71 Westar Institute 是由幾個團體和出版商支持的研究所，位於美國加州桑洛馬市，其主要目的是以現代批判的方式來研究古代文獻；除支持「耶穌研討會」外，這研究所亦支持一群希臘文學者從現代語言學角度來修訂著名的文法書，即 F. Blass and A. Debrunner 編、馮克譯的 *A Greek Grammar of the New Testament and Other Early Christian Literature*。

72 大會的官方網頁：<http://religion.rutgers.edu/jseminar>。有關研討的進度，可見研討會自 1985 年出版的學刊 *Forum* 和 *Facets and Foundation*。

研討會的首要工作是資料搜集。由於大會把「正典」的分界線移去，所以，除四卷正典福音書外，研究員還搜羅了公元首三個世紀（即到君士坦丁於公元 313 年通過「容忍法令」為止）所有可能記載了耶穌的語錄和事蹟的文獻或「福音書」（很多只是片斷），然後按其形式體裁分類。語錄方面可分為四類：比喻、格言（ aphorism ）、對話和故事，而事蹟的分類則較為複雜，其中有些跟語句重疊，如比喻和格言，亦有其他的類別如：宣告式故事（ pronouncement ）、神蹟故事、爭議性故事、呼召故事和一些間接的敘述等。在這十二年的研究期間裏，大會平均每年舉行兩次工作會議，共針對耶穌的 500 段話語共 1,500 種記述，和 176 件事蹟共 387 種記述，逐一進行不記名式的投票。投票者有四個選擇，以四種顏色代表，每一種顏色均代表投票者對於該段經文作為建立歷史耶穌的資料檔案的認同程度，試以下圖顯示：

顏色	可靠程度	建立歷史耶穌的資料檔案
紅	耶穌確曾說過這話／做過這事或確曾說過／做過類似的話／事	毫不猶疑地接納此資料為決定耶穌是誰的資料檔案
粉紅	耶穌可能說過／做過類似的話／事（但在流傳的過程中曾被修改）	投票者對此資料存保留態度
灰	耶穌沒有說／做過這話／事，但其內容跟耶穌的一貫思想相近	不應完全接納，但可接納其中的一些內容
黑	耶穌沒有說／做過這些話／事，這些記錄可能是屬較後期的傳統	不應該納入基本的資料檔案

為方便統計，大會又為每一種顏色定出評分級數，由紅色到黑色，分別為「3」、「2」、「1」和「0」，把每一項的總分數除以總投票人數，就得出其可靠程度的百分比；按此計算，在新約福音書所載有關耶穌的言論中，以紅色和粉紅色顯示的只有百分之十八，而有關耶穌的事蹟，則更只有百分之十六被認為是可靠的。但留意，這結果只是整體投票的平均數而已，並不等同於每一位成員的取捨結果。

所有討論的成果可見於兩本重要的著作。第一本是 Funk and Hoover 編的 *The Five Gospels: The Search for the Authentic Words of Jesus*；書中除以不同顏色顯示研究結果外，編者還附載了很多為其研究方法和結論辯護的短文和討論，特別是開首的「Introduction」（1-38 頁），非常詳細地介紹了整個探索的理論基礎。所謂「五本福音書」（書名），除包括新約正典四福音書外，還包括《多馬福音》。另一本是馮克主編，名為 *The Acts of Jesus: The Search for the Authentic Deeds of Jesus*[73]。

「附錄二：耶穌確曾說過的話和做過的事」列出以上兩本書中以紅色顯示的經文，這些經文表示「耶穌確曾說過的話」或「耶穌確曾做過的事蹟」。

---

73 此外，還有一本福音書研經版譯本，Miller, ed. *The Complete Gospels*；書中包括很詳細的註釋，而且，所包括的「福音書」不限於那五本福音書，更包括所有記錄過耶穌言行的文獻，如《語錄福音 Q》、《馬利亞福音》、《彼得福音》等共十四本新約偽經。Funk, *Honest to Jesus. Jesus for a New Millennium* 亦是一本建基於這「耶穌研討會」研究成果的著作。

2. 對研討會的回應

筆者在閱讀有關「耶穌研討會」的網頁資料時，感到最驚訝的是，此研討會的工作和其有關的出版是異常「成功」的；所謂「成功」，是指其影響力和認受性，並非其研究過程的合理性。這「成功」一方面由於馮克觸摸到美國社會對宗教固有封閉傳統的厭棄心理，故在這企劃的開始之初，他即以「非教會」（即不受任何傳統所限制）、「非正統神學」（即不持守所謂正統或福音派立場）和「非聖經」（即搜羅的資料不受聖經界線所限制）為口號，標榜以學術、嚴謹和客觀的態度來進行研究。另一方面，則因為馮克懂得在推廣和宣傳上的部署，即在每一個研究的小階段，研討會均知會傳媒，並將其學術結論刊登在報章或雜誌上，甚至在全美收視率最高的電視節目之一 *The Larry King Show* 中暢談研究的結果。因此，當 *The Five Gospels* 和 *The Acts of Jesus* 出版時，馬上就成為暢銷書籍。

一般福音派學者對「耶穌研討會」的工作和其研究成果的評價都很負面，其中有的批評固然有其理論基礎，但依筆者之見，出於學者個人護教情操的也不少。最為人詬病的一點，是研討會以「投票方式」來決定福音書中的某句話是否出自耶穌。表面看來，這似乎十分荒唐，但這作法其實很難說有甚麼錯，事實上，難道這不是一般人對民主制度最基本的期望嗎？就連聯合聖經公會編制希臘文新約聖經的最高編委會（只有四、五位學者），當遇到有異議時，都是以投票方式來決定取捨的。然而，在這方面的最大問題是：大會只將投票結果的平均數公佈出來，舉例而言，若對某段經文[74]

---

74 例如參 Funk and Hoover, *The Five Gospels*, p.232（太二十一 28-31a；

有過半數的學者選取紅色或粉紅色，而又有小半數學者選取黑色時，結果列印出來的顏色卻是灰色。因此，單單從顏色上，我們根本無從知道在決定某段經文的歷史可靠性時取捨的不同比重，這種做法便容易有誤導的可能。

此外，也有些學者質疑研討會的代表性，認為其成果只代表較前衛的新派學者的取向。也許問題並非由於研討會刻意挑選持某些立場的成員，而是在其立論點和方法論上，並非一般學者（包括非福音派）所能認同[75]。因篇幅有限，筆者只就研討會的方法論作出評論。基本上，研討會的方法論主要可見於 *The Five Gospels* 的「Introduction」部分（2-5 頁），可概括以「七根學者的智慧之柱」（seven pillars of scholarly wisdom）來說明，這七根柱子其實在在反映研究的前設：

1. 歷史上的耶穌與基督信仰（特別是早期的教義）中的基督是不同的。

二十八 31b），p.213（太十八 3），p.250（太二十四 32）。

75 在漢語著作方面，一篇既好又徹底的評論是吳羅瑜的「耶穌研討會與《五卷福音》」，頁 105-112；較精簡的有孫寶玲博士在其「『無問』到『三問』」中的附錄（頁 109-111）。至於北美福音派的回應，較詳細的有：Blomberg, "The Seventy-Four 'Scholars': Who Does the Jesus Seminar Really Speak For?" *Christian Research Journal* (Fall 1994), pp.32-35；Hays, "The Corrected Jesus," pp.43-48; Wright, *Jesus and the Victory of God*, pp.28-35；Witherington, *The Jesus Quest: The Third Search for the Jew from Nazareth*, pp.42-57，但參 Miller 對 Witherington 的反駁，"Can the Historical Jesus be Made Safe for Orthodoxy? A Critique of *The Jesus Quest* by Ben Witherington III," pp.120-137。參這官方網頁的回應部分 <http://religion.rutgers.edu/jseminar/reaction.html> 搜集了幾份非常好的對研討會的回應文章（包括 Blomberg 和 Pearson，後者見註 81）。

2. 在認識歷史耶穌上，符類福音較約翰福音可靠。
3. 以馬可為首的立場來看符類福音彼此間的關連。
4. 「Q 來源」（即馬太和路加福音作者共同使用的來源）的可信性。
5. 把原來是「非天啟主義性」的基督從史懷哲的末世思潮中釋放出來。
6. 口傳的文化（即耶穌當時的文化）乃有別於現代人的印刷文化。
7. 舉證責任（burden of proof）是在那些要證明某語句是真實的一方。

從馮克和一群學者的立場來看，他們的研究乃建基在二百年來歷史耶穌探索的學術歷史上，並且——若然不是要為此探索歷史劃上結束的句號，便是要把這運動向前推進一大步。因此，這些柱子均代表在歷史耶穌探索方面的一些「共識」，不過有些柱子的「共識」程度仍可能是相當有限的。

一般新約學者都能夠接受（3）和（4）兩根柱子，有關「馬可為先」和「Q 來源」的贊成和反對見解，可參第二章（特別是 2.3.2 和 2.4）。至於能否接納（1）和（2），則是程度上的問題和所引伸的含義問題。約翰福音帶有濃厚的神學色彩是明顯的，特別在多處地方，作者刻意把自己的話與耶穌的話混在一起，目的可能是要借耶穌的口說出作者認為是出自耶穌的信息（或許有些人會堅持這只是「作者自己的信息」）；然而，這並不等於約翰福音在歷史耶穌的描述上完全是歪曲的。同樣，信仰（無論是反映在早期教義或是新約福音書裏）中的基督與歷史上的耶穌確實不是完全等同的（但二者卻有很密切的連貫性），這點就連很多福音派學者都可以接納，但「不完全等同」並不等於「完全不同」；再者，福音書作者無意描繪一位歷史的耶穌，這與福音書材料的歷史可靠性又根本是兩回事。明顯地，馮克是要把二者徹底地分割開來。在鑑別耶穌真正的話語時（24-25 頁），馮克的格言是：「耶穌不是第一位基督徒」，這有趣的描述的含意是，凡包含絲毫基督教、護教或神學元素的話都不應出自耶穌的口，如此說來，則只有一位「非基督教」、「非猶太教」的「耶穌」才是真正的耶穌。這樣的一個結論並不新鮮，只是重新覆述第二次探索工作的結論而已(參 3.4.2)。

有關「口傳文化」（ 6 ），馮克認為以口傳的方式來傳遞信息容易失真，故只有簡短、易記的金句或比喻式的故事能準確地流傳下來（ 27-29 頁）；但這假設與一些研究猶太人口傳文化的學者的見解剛好相反[76]。雖然我們不應強把拉比時代那種隻字不遺的流傳特色完全應用在新約時代（特別是公元 30-60 年）裏，但馮克一群學者的意見卻又是另一極端。這點連同（ 1 ）所引致的結論是：耶穌是一位寡言、言簡意賅的智者（ laconic sage ；參 32-34 頁）。

耶穌研討會的最重要支柱是（ 5 ）。自韋斯和史懷哲以來，過去一百年來的新約學者都繼承他們的見解，不斷印證耶穌的講論乃受到當時某些猶太教的天啟主義觀念所影響，並從而把歷史耶穌和新約聖經（不單是福音書，亦可包

---

76 參 2.2.2 的第二點；此外，參 Riesner, "Jesus as Preacher and Teacher," in *Jesus and the Oral Gospel Tradition*, pp.185-216; Bailey, "Informal Controlled Oral Tradition," pp.34-54; Keylock, "Bultmann's Law of Increasing Distinctness," pp.193-210 。

括書信）中的基督連貫起來。馮克對此不以為然，並強調耶穌研討會正是要提供一個轉移的典範；然而，在整個序言（以至全書）裏，他卻從未提供任何證據。相反，在以上 3.5.2 所介紹的近年新發現的文獻，包括舊約偽經和死海古卷（留意，「拿・戈瑪第文庫」是較後期的文獻）等，卻更加印證「天啟主義的耶穌」相應於新約時代的天啟主義思潮式的世界觀[77]，基本上，這天啟主義觀念在公元第一世紀是極為普遍的。雖然馮克「反『末世的耶穌』」的理據並不充分，但配合他對「Q 來源」和《多馬福音》的推論，卻成為這次研究結果的中心支柱，即強調要還原耶穌的「非末世性」。這論點從大會的另一位成員羅賓遜的著作中亦可見一斑。

羅賓遜在近年因為「 Q 來源」的研究，已經轉變其於 1959 年在 *A New Quest of the Historical Jesus* 中表達的立場（即支持「天啟主義的耶穌」的觀念），他的新立場是，由於所重構的 Q 內容完全沒有末世的教導，因此在這「 Q 」所代表的時期（即公元 60 年之前），新約教會（包括主耶穌）應當還未受猶太教天啟主義思想的影響，這時期又稱為「 Q 所屬的前天啟主義階段」（ pre-apocalyptic layer lying behind Q ）[78]。而《多馬福音》就更可作為這時期作品的具體證明，因為，一方面，《多馬福音》的內容沒有任何天啟主義的信息；另方面，與「 Q 來源」一樣，《多馬福音》的

---

77 參 Charlesworth, *Jesus within Judaism*, pp.33-45 。

78 Robinson, "The Q Trajectory: Between John and Matthew via Jesus," p.189 ；對「 Q 來源」不同階段的批評，參 Horsley, "Logoi Propheton: Reflections on the Genre of Q," pp.195-209 。

內容只有耶穌的語句，亦沒有任何敘述成分[79]，這都證明它是在較早期流傳的。因此，為了把《多馬福音》歸入「Q來源」的時期，「耶穌研討會」採納了非常少數學者的竟見，把《多馬福音》的原作時間定為公元 50-60 年；按此，這些學者更可進一步證明這「Q 來源」就是《語錄福音 Q》的論說（參 2.5）。但問題是，學者們均認為我們現有的科普替文版本的《多馬福音》只是公元四世紀的抄本(參 3.5.2.3)，雖然有認為這福音書曾經過多次的修改，但最早的版本也不過是公元 140 左右的！這與「耶穌研討會」把《多馬福音》的原稿定為公元 50-60 年的作品推論明顯不相容。

3. 結論

除了以上所談及的幾根柱子外，在神學前設方面，「耶穌研討會」可謂是站在一個「無」神學的立場：神蹟是不容許的，正典的分界線只反映主流教會的霸權。這立場是可理解的（雖然筆者不贊同），事實上，對於任何沒有經歷過神蹟的人來說，相信神蹟的存在反而是不尋常的；至於正典的界定，從客觀的角度而言，只反映歷史上教會的決定，這對一群沒有認信的學術界人士根本是毫無意義的[80]。因此，福

79 這可解釋為何研討會要先研究耶穌的「語句」。若要客觀地按照次序來研究，任何人閱讀新約福音書，都會覺得耶穌所行的事比他所說的話更重要，例如，在耶穌受難的事件中，耶穌所說的話非常少，但其事蹟本身卻極為重要。參 Sanders, *Jesus and Judaism*, p.11，作者從幾項「差不多是不用質疑的事實」（almost indisputable facts）開始探索歷史的耶穌。

80 在尊重正典界線與探索歷史的耶穌之間，我們必須要弄清楚一點：要徹底探索那位歷史上的耶穌，採用正典以外的文獻是很自然的事，因為新約聖經並不旨在描繪一位「純歷史」的耶穌，而只是「聖經作者」

音派人士不應過分責備這類組織的探討方式，亦正因如此，筆者對第七根柱子並不感覺驚奇。不過，我們應該質疑的倒是其學術研究的合理性，正如前一段所指，研討會對「天啟主義的耶穌」的否定，可謂完全妄顧期間新發現的文獻證據，而馮克對《多馬福音》原稿日期的評定，更有刻意為其結論造勢之嫌。

筆者認同這樣的觀念：在學術上的鑽研不應被某些神學上的前設所羈絆，但另一方面，若以一個「無」神學（atheological）的角度來研究一份宗教文獻，筆者又會質疑其合理性。事實上，若用研討會所採用的那套歷史鑑證方法（反映在那七根柱子上）來研究其他歷史文獻和人物，不但馮克在書中所提到的歷史人物如希臘詩人荷馬的歷史性不保，就是史學家希羅多特和瑟西狄斯書中所提到的歷史對話和人物的歷史性也難以證實，且恐怕就連我們已去世的先人曾向我們說的話，都會被否決！

面對耶穌研討會的結論和研究方法時，很重要的是要分辨其背後所反映的意識形態，也就是那種「非教會」、「非正統神學」和「非聖經」傾向的（美國）世俗化主義（secularization）。皮爾遜在其最出色和詳盡的著作[81] 結論

眼中的耶穌。然而，我們要強調的是，採用正典以外的文獻並不與我們對聖經權威的認信有任何牴觸。

81 Pearson, "The Gospel According to the Jesus Seminar," No. 35, Occasional Papers series of the Institute for Antiquity and Christianity (the Claremont Graduate School of Theology, 1996)。筆者認為這是對 *Five Gospels* 和 *The Complete Gospels* 二書最好、最中肯的回應。作者並非一位福音派學者，而是從學術理論的角度來評鑑；文中包括的很多細緻討論是本文未及探討的。

部分指出，在 *The Five Gospels* 書中出現過一個非常重要、亦頗為常見的鑰字「secular」（即「世俗」，例如 201, 287, 342 頁），事實上，馮克在書中開首討論七根柱子時（4 頁），已經表明這世俗化主義的精神，而耶穌研討會的創立正是要體現這種精神，把歷史耶穌的探索從「教會、神學院和孤立的神學世外桃園中抽出來」，再放進一個世俗體系的處境中加以研討。這種反建制的世俗主義在知識分子中（尤其是在大學的環境裏）尤為顯見。皮爾遜以下列一段話來總結其回應。在這耶穌研討會中，我們所見到的是：

> 一套受著世俗意識形態所驅使的方法和一個把歷史證據包裝（或裝飾）得與世俗理想吻合的過程。於是，耶穌研討會在剔去耶穌的『猶太性』的同時，連祂的『宗教性』也一併奪去了。……一群世俗的神學家和世俗的學者要尋找一位世俗的耶穌，結果，他們真的找到了！他們以為找到了祂，但事實上，是他們創造了祂。」[82]

皮爾遜最後說的這番話，就好像差不多一百年前史懷哲為第一次探索所下的判語一樣：

> 「那位拿撒勒人耶穌，以彌賽亞的身分到來，傳講上帝國的道理，在地上建立天國，並以死來完成其

82 Pearson, "What we have, instead, is an approach driven by an ideology of secularization, and a process of coloring the historical evidence to fit a secular ideal. Thus, in robbing Jesus of his Jewishness, the Jesus Seminar has finally robbed him of his religion. … A group of secularized theologians and secular academics went seeking a secular Jesus, and they found him! They think they found him, but, in fact, they created him."

> 最高使命，但原來根本沒有其人，祂只是誕生自理性主義下的一位人物，由自由主義賦予生命氣息，並以現代神學作為歷史的服飾。」（ *Quest of the Historical Jesus*, p.397 ；參 3.3.4 ）

這兩番話語，見證著百多年來歷史耶穌探索的偏差，如今一併讀來，異曲同工，實堪為戒！

3.5.6. 第三次探索的總結

「聖經」是一宗教經典，我們固然可以用文學和歷史的評鑑方法來研究，但若要把其本質（即宗教性）挪走，其結果必然是有問題的。同樣，我相信，所有學者都會認同，福音書作者所寫的並非一段純粹的耶穌歷史，而是一段神學性的耶穌歷史，因此，若單憑所謂歷史鑑證方法，並帶著一種反宗教的世俗化意識形態來質疑這些神學性的歷史記載，其結果便一定有如「耶穌研討會」一般，描畫出一位「非」基督教的「基督」來。

然而，第三次探索的成果也不是完全負面的，過去二、三十年間考古學和新文獻的發現，的確帶來很多可喜的現象。在這方面最好的一本著作是查爾斯沃思的 *Jesus within Judaism: New Light from Exciting Archaeological Discoveries*[83]，在研究歷史耶穌這課題上，此書雖已算不上

---

83 查爾斯沃思另外兩篇較精簡的文章是： Charlesworth, "The Historical Jesus in Light of Writings Contemporaneous with Him," pp.451-476; "Research on the Historical Jesus Today: Jesus and the Pseudepigrapha, the Dead Sea Scrolls, the Nag Hammadi Codices, Josephus, and

新著（並未提及耶穌研討會），但卻最能代表第三次探索中較為中肯和正面的氣象。查爾斯沃思不但詳細闡述上文 3.5.2 所提及的三方面文獻對瞭解公元第一世紀的巴勒斯坦猶太教和早期基督教的貢獻，更探討了「在巴勒斯坦一帶的考古學發現」（第五章）。

查爾斯沃思的結論是，我們一方面可以確信，歷史上的耶穌與新約教會所宣講的那位復活主（或基督）的連貫性遠較布特曼所言的緊密，而另一方面，新約聖經中所宣講的信息並非純粹基於當時教會群體的需要，乃是建基於一些可靠的歷史事實，並從而反過來塑造著早期教會的思想模式：「我們的信心好像船錨，牢牢地繫於人類歷史，即有血有肉的人物、事件、地點。」（24 頁）[84]。查爾斯沃思從一個嚴謹的歷史考證角度，綜合過去幾十年學者們對新發現的文獻的研究成果，認為新約聖經對歷史耶穌所身處的社會文化的描述是有根有據的。桑德斯於 1985 年出版的 *Jesus and Judaism*，在基本的精神上亦贊同查爾斯沃思的看法，在該書的開始，桑德斯這樣寫道：「目前最佔優勢的立場似乎是，我們頗清楚耶穌的使命，亦知道很多有關耶穌言論的內容，而這兩點

Archaeology," pp.98-115。

84 這是按筆者對查爾斯沃思理解的撮錄，原文是：「On the one hand, we now know that there was far more continuity between the pre- and the post-Easter communities than Bultmann tended to see. On the other hand, we are relatively certain that portions of the early preaching (kerygma) and teaching (didache) preserved in the New Testament do not derive only from the needs of the Church. They originated in real history and controlled and shaped the thought of the Church. It should be clear that **faith is inextricably anchored in secular history, in real persons, events, and places.**」（黑體由筆者所加，以示強調）。

均很配合我們對第一世紀猶太教的理解。」（2頁）。

這兩位非常資深的新約學者的結論，實在為第三次探索帶來鼓舞和希望，而更難得的是，他們均證明嚴謹的學術探討並非一定是反傳統、反聖經的。此外，不得不提的是前面多次提及（參第一章註 17 、本章註 21 和 38 ）的著名聖經學者、出色的教會史家和牧者賴特，他的 *Jesus and the Victory of God* (1996) 可謂代表了其一生對耶穌研究的成果（ xiv 頁），毫無疑問，這是二十世紀有關耶穌研究的重要著作之一。作者對耶穌的看法，一如本世紀初史懷哲的立場，亦從第一世紀的社會政治處境來確認耶穌的身分——一位猶太裔、強調天啟性信息的先知，作者探索這位先知耶穌的事蹟、祂的教訓和祂對初期教會的影響，認為耶穌是猶太人上帝（或耶和華）的延續，而祂的工作是要宣講、實踐並具體化猶太人上帝（或耶和華）的國度，祂的目的是要建立一個新以色列群體，並與他們立一個新的約。該書的價值，不單在於作者獨特的看法，更在於作者能從所有驗證過的、有關當時社會文化和政治的證據來印證這位耶穌的身分。

今天的教會對歷史上的耶穌的認識實不應只停留在印象式輪廓的階段，也不應只局限在個人化的存在主義式經歷上，而應踏實地建基於人類的歷史。對於那些認為基督教的道理可與其歷史性脫鉤的人，歷史耶穌的探索將會成為他們的絆腳石。

第四章

馬可福音導論

4.1. 內容簡述

在討論馬可福音的信息和神學，以及專題探討之先，讓我們先熟悉這書的內容。這部分的內容簡述，除要提供一個大綱外，更希望把整本福音書的內容串連起來。以下的分段主要是按耶穌傳道的地域分成三個段落：在第一個段落，耶穌的活動範圍主要是加利利省；在第二個段落，雖然耶穌有時仍然在加利利省，但他卻是經常離開加利利到別的地方去（約有三次之多）；而第三個段落則主要記述耶穌在耶路撒冷最後一週所發生的事。

此福音書結構簡單，用詞精鍊，節奏明快，只概括地提及耶穌的傳道旅程及祂被釘的事蹟，當中好些詳細的敘述全給省略掉，而記載得最詳細的，要算是主耶穌最後一個星期在耶路撒冷的事蹟。作者稱這個記載為「福音」，因此這卷書不僅是歷史的敘述，它對每一時代的人亦有切身的影響力。

4.1.1. 耶穌在加利利省（一 1 至六 30）

A. 耶穌開始在公眾場合出現（一 1-45）
- a. 施洗者約翰為人施洗、耶穌受洗和受試探（一 1-13）
- b. 耶穌的信息（一 14-15）
- c. 召第一批（四位）門徒（一 16-20）
- d. 醫治的事蹟（一 21-45）
    - i. 在迦百農趕逐污鬼（一 21-28）
    - ii. 西門岳母和其他有病的人（一 29-39）
    - iii. 潔淨長大痲瘋的（一 40-45）

馬可福音是以宣認的方式作開始：「上帝的兒子，耶穌基督福音的起頭。」這宣認仿似一本書的標題，帶出這書的主角（耶穌）的身分（上帝的兒子、基督）。作者並沒有記載耶穌出生或早年的任何事蹟，只用很概括的字眼，以施洗者約翰為人施洗、耶穌受洗和受試探等三件事蹟作為這福音書的前奏；這個次序亦可見於其他兩卷符類福音書。這三件事蹟相當重要：

1. 施洗者約翰是耶穌的先鋒，正如以色列歷史中的偉大君王都是由耶和華的先知所宣告的，同樣，新約的君王亦是由上帝的先知所宣告的；
2. 耶穌受洗一方面肯定了施洗者約翰的傳道工作，指出耶穌的傳道正是延續著施洗者約翰的使命，另一方面，則強調耶穌所傳的道才是真正的「福音」；
3. 耶穌受魔鬼的試探，並且勝過這些試探，是要預先向世人宣告他最終的勝利。

在馬可福音裏，先知的宣告（一 2-3 ）與從天上來的聲音是互相呼應的，這位作為「上帝的兒子」的耶穌正是天上的聲音所宣稱的「我的愛子」（參一 11 ；另參詩二 7 ；賽四十二 1 ）。

「約翰下監」（可一 14 ）象徵施洗者約翰傳道工作的結束，並由此展開耶穌的傳道工作[1]。「加利利」可謂是馬

1　在馬可福音中，明顯以施洗者約翰作為耶穌的「先鋒」，為耶穌「預備道路」，他的遭遇亦多少預示了耶穌的遭遇。他們都是按舊約的應許而出現（一 2-3 ），他們所宣告的信息都是要以色列人悔改（一 4-5，一 15 ），他們都召聚了一班門徒（一 16-20，二 18，三 13-19，六 29 ），並且都得到群眾的擁護（一 5 ，三 7-8 ）；此外，他們同

可福音的焦點地方，在馬可筆下，耶穌進入耶路撒冷前的工作全都是在加利利省進行的。在介紹耶穌的傳道工作之先，作者在開首即以一句話來總結耶穌的信息：「日期滿了，上帝的國近了！你們當悔改，信福音！」（一 15 ）。要實踐這信息，耶穌先呼召了兩個家庭的成員，即西門和他的兄弟安得烈，雅各和他的兄弟約翰。這兩對兄弟被召都依循著一定的格式：耶穌路過、祂看見他們兄弟二人、耶穌作出呼召、他們立即[2] 放下一切，跟從耶穌[3]。透過這格式，正表明了作門徒的本質和目的：一方面那是出於耶穌的主動呼召（在當時往往是門徒選擇拉比的），另一方面，耶穌的呼召往往要求即時而果斷的回應（參十 28 ）。

從耶穌傳道的開始，祂便一直邊行動、邊教訓人，這可算是馬可福音中耶穌傳道的特色。在醫治病人的三個故事裏，上帝藉耶穌所彰顯的醫治能力，便因應那些受苦者的需要而臨到他們，使旁觀的人都為之驚訝[4]：「……他用權柄

樣被當時的宗教領袖所排斥（十一 31 ，十二 1-12 ，十四 63-64 ）、逼害（一 14 ，六 14-29 ，十四 43-46 ，十五 1-15 ）。

2 在西門和安得烈蒙召的記載中，我們首次讀到「立即」（ εὐθύς）這個用詞。這個希臘字詞在馬可福音中共出現了 42 次，但路加福音則只有 1 次；這差距明顯反映馬可對這字情有獨鐘，但同樣也可能反映路加和馬太不太喜歡這字，因而在使用馬可的資料時，刻意省略這字詞。

3 Kingsbury, *Conflict in Mark: Jesus, Authorities, Disciples*, p.90 。

4 「驚訝」的主題在馬可福音中屢次出現，參一 22, 27，二 12，四 41 ，五 15, 20, 33, 42，六 2, 6, 50, 51，七 37，九 6, (32) ，十 24, 26, (32) ，十一 18 ，十二 11, 17 ，十四 33 ，十五 5, 44 ，十六 5-6, 8 。有關這方面的研究，特別參 Dwyer, *The Motif of Wonder in the Gospel of Mark*。這書的結論是，耶穌的作為是不可思議的，對當時的人來說，只可與昔日耶和華在西乃山上的顯現、先知以賽亞和以西結的異象

吩咐污鬼，連污鬼也聽從了他」（一 27），結果，「……人從各處都就了他來」（一 45）。然而，在這三個神蹟中，耶穌都企圖阻止祂的神性身分被揭露（一 25, 34, 43-44），這除為要避免太多人為了神蹟而來，反妨礙了耶穌傳道的工作之外（一 36-39），也因為對於耶穌來說，祂的神性身分原不應藉著鬼魔而宣講出來（儘管它們是知道的），也不該單靠賴那些經歷神蹟的人來見證（因為神蹟並非福音的核心），而是應藉著祂從死裏復活來表明（十五 39）。但無論如何，耶穌藉著祂的作為行動所顯明的「新道理」（一 27），是滿有權柄能力的，勝過鬼魔一切的作為。

B. 富爭議性的言論（二 1 至三 12）

a. 醫治癱子（耶穌因赦罪而開罪人）（二 1-12）

b. 呼召利未（耶穌因跟罪人在一起而開罪人）（二 13-17）

c. 耶穌的門徒沒有禁食（二 18-22）

d. 在安息日掐麥穗（二 23-28）

e. 在安息日治病（枯手）（三 1-6）

f. 馬可的總結（三 7-12）

「到了迦百農，耶穌就在安息日進了會堂教訓人。」（一 21），就在這一次在迦百農居住的日子裏，耶穌開始跟當時的宗教領袖們正面衝突。祂開罪他們的罪項有：祂聲言赦免

相比擬，現在，在耶穌身上，可以重新體會上帝那大而可畏的權能，上帝要藉著耶穌施行管治和拯救，這正是上帝向世人所啟示的福音。然而，我們必須留意，在福音書中那些因主而驚訝的人，卻並未因此而體會到神拯救的日子臨到，惟有讀者才能明白箇中的真意。

人的罪（二 1-12）、跟稅吏和罪人吃飯（二 13-17）、祂的門徒沒有嚴格遵守禁食（二 18-22）、祂的門徒在安息日掐麥穗（二 23-28），以及祂在安息日治病（三 1-6）等。因為祂所做的與法利賽人的屬靈或釋經傳統正相違背，故惹來他們的攻擊。

作者在這段落中用了交叉配對（chiastic structure）的表達方法（ABCB'A'）來鋪排這五次的衝突事件；在這些衝突中，主要的問題是：「誰有權柄代表上帝來說話和行事？」[5] 最外圈的（A 和 A'，即大綱的 a 和 e）是首尾兩件與醫治（死亡與生命）有關的神蹟，第二層（B 和 B'，即大綱的 b 和 d）則是兩件涉及飲食上潔淨之禮的問題，而夾在兩件與飲食有關的事件中間的（C，即大綱的 c）卻是禁食——不吃食物。另一方面，首兩次衝突（即大綱的 a 和 b）是針對罪和罪人而發的，而末後兩件事件（即大綱的 d 和 e）則均與安息日可作甚麼、不可作甚麼的問題有關。留意在中間的（C，即大綱的 c）有關不禁食的指控中，第二章 18 節至 22 節可謂是這個段落（二章 1 節至三章 6 節）的重心，為要表明：有一天耶穌要離去，但卻帶來新的時代，那是舊傳統所不容的（新舊難合的比喻）。在這五次衝突中，耶穌的對抗面不斷擴闊：從開始的幾個文士（二 6），到法利賽人中的文士（二 16，有古卷作「文士和法利賽人」）、法利賽人（二 24），最後是法利賽人和希律黨的人（三 6）；此外，衝突亦越來

---

5 參 Rhoads, Dewey & Michie, *Mark as Story: An Introduction to the Narrative of a Gospel*, pp.52-54。亦參 Dewey, *Markan Public Debate: Literary Technique, Concentric Structure, and Theology in Mark 2:1-3:6*。

越白熱化：從心裏議論（二 6, 8）、以至對耶穌的門徒說（二 16）、到直接質問耶穌（二 24），最後是設陷阱找耶穌的把柄（三 2）。最終的結果是清楚的：耶穌怒目周圍看他們，憂愁他們的心剛硬，而法利賽人和希律黨的人就合謀商議要除滅耶穌（三 5-6）。這事發生在會堂，同時象徵耶穌與當代傳統之間的齟齬[6]。面對種種的攻擊，耶穌指出「人子」的權柄是超越他們的傳統：人子在地上有赦罪的權柄（二 10），祂也是安息日的主（二 28）[7]。

雖然猶太教領袖們不喜歡耶穌，卻有許多人繼續跟隨祂；三章 7 節至 12 節可算是馬可為耶穌在迦百農一段日子工作（也可說是在加利利省第一期的工作）的總結（比較一 39 與三 7）。

C. 耶穌呼召和訓練十二門徒（三 13 至六 29）
   a. 呼召十二門徒（三 13-19）
   b. 眾人的誤解（三 20-35）
      i. 耶穌的真親屬（三 20-21, 31-35）
      ii. 靠著鬼王趕鬼（三 22-30）
   c. 有關天國的比喻和比喻的目的（四 1-34）
      i. 撒種的比喻（四 1-9）
      ii. 用比喻的因由（四 10-13）

---

6 會堂在當時是猶太人禱告和教導的地方，但在馬可福音中卻成了衝突發生的地方，參一 21-28，三 1-6，六 1-6。

7 在馬可福音中，耶穌這兩次自稱為「人子」，是在彼得宣認耶穌是基督之前（八 27-33）惟一的兩次，都與祂所擁有的權柄有關，參 4.3.1「基督論」。其餘的十次，見八 31, 38，九 9, 12, 31，十 33, 45，十三 26，十四 21（兩次）。

iii. 解釋「撒種的比喻」（四 14-20）
iv. 放在斗底下的燈的比喻（四 21-25）
v. 種子自行生長的比喻（四 26-29）
vi. 芥菜種的比喻（四 30-32）
vii. 用比喻講道（四 33-34）

d. 神蹟故事（四 35 －五 43）
i. 平靜風和海（四 35-41）
ii. 在格拉森醫治被鬼附的人（五 1-20）
iii. 叫睚魯的女兒復活（五 21-24, 35-43）
iv. 醫治患血漏的女人（五 25-34）

e. 拿撒勒人厭棄耶穌（六 1-6）
f. 耶穌差遣十二門徒（六 7-13）
g. 施洗約翰的死（六 14-29）

當耶穌的跟隨者越來越多的時候，祂揀選了十二門徒（三 13-19）[8]，這有兩個目的：（1）「要他們常和自己同在」；（2）「要差他們去傳道，並給他們權柄趕鬼」。然而，從馬可福音的記載所見，門徒大部分的時間都是與耶穌同在，我們要到六章 7 節才第一次見到耶穌差派他的門徒出去傳道，而在三章 20 節和六章 6 節之間的章節中，作者繼續記載耶穌的事蹟，並以這些事蹟作為對門徒的訓練；門徒要先與耶穌同在，為接受差派而作準備。他們完成任務後被

8　留意路加福音六章 13 節至 16 節和使徒行傳一章 13 節所列舉的十二使徒與馬可福音和馬太福音十章 2 節至 4 節所列舉的略為不同；前者包括一位稱為「雅各的兒子（註：或作「兄弟」）猶大」；後者則以「達太」代之。

稱為「使徒」（六 30 ），不過，在馬可福音中這稱號只在此出現一次。

傳道工作是艱辛的，身邊的人往往不理解自己，並會加以攔阻；三章 20 節至 35 節便記載了兩件發生在某所房子裏的事[9]。在馬可活潑的記述中，他把耶穌與文士的爭論加插在耶穌與其親人的糾紛中。當時的情況可能是：耶穌在拿撒勒的家人聽見有關耶穌的事，「有人說：『祂發瘋了！』」（三 21 ；《現》），他們便前往（迦百農）阻止祂；就在這時候，耶穌與文士起了神學爭論：究竟耶穌的能力是出於上帝還是來自鬼王別西卜？在這爭論正值高潮（即耶穌判他們「要擔當永遠的罪」）之際，耶穌的母親和弟兄（或兄弟姊妹）來到了，要勸止祂。就在此刻，無論是家人還是外人，都不了解耶穌的工作；由此就引發誰是局外人、誰是神家裏的人的問題，從耶穌的話可見關鍵並不在於血緣關係，最重要的是遵行上帝的旨意，並聽從耶穌所宣講的天國道理（四 1-34 ）。

既然門徒的主要職分是把福音傳開，他們所受的教導就來得非常重要。接下來的一章（四 1-34 ），耶穌就用比喻來教導眾人，更向十二門徒（ 10 節）解釋用比喻的原因。第四章一開始，敘述耶穌來到海邊（大概是加利利海），坐在船上，向岸上的群眾講道。祂講了四個比喻，其中三個都與耕種有關[10]：耶穌那些默默無聞、看似毫無影響力的信息就

9 在馬可福音，「房子」往往是群眾聚集到耶穌那裏接受教導或醫治的地方（一 33 ，二 1-2 ，三 20, 31-32 ），有時亦用作耶穌私下指導門徒的地方（七 17 ，九 33 ，十 10 ）。

10 留意其中的「撒種的比喻」、「放在斗底下的燈的比喻」和「芥菜種的比喻」也見於馬太福音（十三 1-9, 31-32 ）和路加福音（八 4-8 ，

好像這些種子的情形，儘管有人拒絕，有人中途離棄，但這信息必定會逐漸成長，結出果實。在這裏，耶穌不單用比喻，還解釋為何要用比喻：面對群眾，耶穌凡事就用比喻，惟向被選上的門徒解明，叫他們明白（四 11, 33-34），因為他們亦要把福音清楚解釋給別人聽。

一般而言，比喻或故事的作用就是藉著種種具體的生活題材，以形象化的方式來解說上帝國降臨的道理，使人易於掌握。然而，耶穌用比喻卻有祂獨特的用意（四 10-12），那就是：「叫他們看是看見，卻不曉得；聽是聽見，卻不明白；恐怕他們回轉過來，就得赦免。」（引自賽六 9-10）。作者（或先知以賽亞）用傳統先知的表達方式，把永恆的上帝所看到（或預知）的某事的結果，表達成上帝的目的[11]。由此可見，在前來聽耶穌講道的群眾中，耶穌（或馬可）早已知道會有不接受的；正如上文二章 1 節至三章 35 節所載的種種衝突中，正印證了有一撮對這「新道理」（一 27）抗拒的人。抗拒的人固要承受審判，但重要的是耶穌還是會

八 16-18，十三 18-19），但其出現的語境卻有所不同；種子自行生長的比喻（可四 26-29）則只見於馬可福音。

11 我們有時也會採用這種表達方式，舉個例子：一家三口去遠足，走到一個分叉路口時，父母認為應該向左邊行，因為他們走過這條路，知道這邊比較平坦易走，但他們那頑梗、十多歲的孩子卻硬要走右邊的路。雙親在勸告失敗後，母親就對父親說：「由他罷，『好叫』他跌一跤，甚至迷路，他才會回頭。」

繼續講[12]，且至終總有一些人接受，正如那些無法為外人所明白的比喻，至終還是會向門徒講解。因此，馬可在解釋撒種的比喻之後，即接上「斗底下的燈總要放在燈台上」的比喻，以「放在燈台上的燈」來代表真相終必顯露的事實：天國終會完全得勝，並在世人眼前展現出來（四 20, 29, 32），這過程是門徒必須明白的。馬可之所以如此強調耶穌用比喻的方式講道（特別參四 34），某程度上，亦與第一章中，耶穌企圖隱藏自己身分的主題相應，天國的道理起初是以不顯露的方式向部分人開啟，惟有那些真正明白天國道理的人，才能體會箇中的真相。

接著四個比喻式的講道，是四個神蹟故事。除了首個神蹟之外，其餘的都與猶太人潔淨之禮有關，墳塋、污鬼、豬、患血漏的女子和睚魯那剛死了的十二歲女兒，全都被猶太人視為不潔的，但耶穌卻突破了這些當時社群傳統的忌諱，親身與人相遇。馬可對這些故事的情節，都描述得十分仔細，且每每突顯耶穌就如常人一樣，且樂意跟世上的人在一起，並不分彼此。此外，這四個神蹟也代表著上帝四方面的大能：「平靜風和海」表示上帝有勝過大自然威力的大能；「在格拉森醫治被鬼附的人」則顯示了上帝粉碎一切陰間勢力的權柄；而「醫治患血漏的女人」和「叫睚魯的女兒復活」又分別強調頑疾和死亡全都在上帝的主權之下。透過這連串的神蹟，耶穌就表明了自己是真正的領袖，是那位大能的主，

---

12 按以賽亞書六章 9 節至 10 節記載，上帝差派先知以賽亞到猶大宣講悔改的信息，雖然早已預知他必定會失敗，但上帝仍然要差遣他去，並不因有人抗拒而放棄。這段經文在新約聖經中多次被引用，都是帶出遭拒的現實和不放棄的態度；這多少反映早期教會的基督徒向猶太人傳福音的際遇和心志。

使門徒不禁要問：「這到底是誰，連風和海也聽從他了。」（四 41）[13]。至於在格拉森醫治被鬼附的人後，耶穌的吩咐似乎與之前有些不同，祂並沒有囑咐那痊愈過來的人不要將事情傳開，相反，祂吩咐那人回到低加坡里的城鎮，在這外邦人的地方將所經歷的神蹟見證出來。在兩個有關治病的神蹟事件中，我們又再次見證馬可那活潑的記述：他刻意把「醫治患血漏的女人」（五 25-43）加插在「叫睚魯的女兒復活」（五 21-24, 35-43）的事件中[14]，顯明主耶穌的醫治有祂自己的時間表，不管人是早有計劃或是不知不覺、明言邀約或暗地跟從，耶穌總會按自己的時間行事，往往超出人所想望的。

連串神蹟事件之後，耶穌返回自己長大的地方（六 1-6）。就如在迦百農，耶穌已曾受到親屬的攔阻，同樣，在故鄉拿撒勒，祂的鄉親朋友也輕視祂，甚至厭棄祂，企圖否定祂的教導和所行的神蹟。

在此之後，馬可轉而記述耶穌差遣十二門徒的事（六 7-13, 30），這次差派在意義上是要延續耶穌在過去日子的工作，包括傳道、趕鬼和治病。耶穌強調門徒出去不要帶額外的東西，為要表明他們傳道的果效並非由人所籌算和成就的，他們要仰賴差他們的主。在門徒出發後（六 7-13）和回

---

13 馬可福音的作者多次使用在船上發生的事，來帶出耶穌獨特的身分，同時亦帶出門徒對祂的身分心存疑惑，甚至多有誤解，每每都反映出他們的遲鈍和小信（四 35-41，六 45-52，八 14-21）。

14 有認為那血漏婦人患病十二年，與睚魯的女兒是十二歲，有象徵性的意義，代表以色列十二支派，強調神蹟性的轉變要發生在以色列家。見 Kelber, *Mark's Story of Jesus*, p.32 。亦參六章 37 節至 44 節門徒將餵飽五千人的零碎收起來，裝滿了十二個籃子。

來之間（六 30 ），馬可又插入了施洗約翰的死一事（六 14-29 ），可謂頗具意義。從「耶穌的名聲傳揚出來」（六 14 ），可見門徒的傳道已在當時的社群中產生一定的影響力，但正在此備受矚目之際，插敘了施洗者約翰的枉死事件，似乎正要暗示耶穌的收場也相類（參一 14；比較九 31，十 33 ），今日的擁戴掩不住終被撇棄的命運。若這是傳道者的道路，這道路也同樣擺在門徒面前，要他們作好心理準備踏上，不但要目睹主耶穌被害，甚至自身也同樣要不惜性命，繼續肩負起宣教的使命。

4.1.2. 耶穌在加利利和其他地方的傳道生活（六 30 至十 52 ）

A. 耶穌的第一次傳道旅程（六 30 至七 23 ）
- a. 給五千人吃飽（六 30-44 ）
- b. 履海（六 45-52 ）
- c. 馬可的撮錄（六 53-56 ）
- d. 以古人的傳統廢棄上帝的誡命（七 1-23 ）
  - i. 固守傳統，違背誡命（七 1-13 ）
  - ii. 真正叫人污穢的物（七 14-23 ）

進入馬可福音的第二個段落（六 30 至十 52 ）後，耶穌的活動範圍已不單單限於加利利省，且遍及其他的地方；這樣往來復返的傳道旅程約有三次之多，最後，耶穌經過比利亞省、耶利哥而到達耶路撒冷。在那越來越接近耶路撒冷的路途中，耶穌三次預言自己將要受難和復活。

耶穌說：「你們來，同我暗暗地到曠野地方去歇一歇。」

（六 31），於是耶穌便坐船離開原來的地方（可能是拿撒勒附近），到曠野去（六 32）。然而，群眾緊緊地跟隨，耶穌講道後，就吩咐十二門徒去為五千人預備食物（六 37）、先搜尋所僅有的食物（六 38）、將群眾分批坐下（六 39）、再將五餅二魚分給眾人（六 41-42），這些都反映出耶穌要訓練門徒作群眾的「牧人」（六 34）。而耶穌就是上帝所應許的那位「王者牧人」（shepherd-king；參結三十四 23-24），充滿對世人的慈悲，祂不單滿足人屬靈的需要，還滿足他們身體的需要，給前來聽道的五千多人吃飽。在這裏，作者似乎有意以這事來對應耶和華藉摩西在曠野給以色列人吃飽的事，而接下來的「耶穌履海」又對應耶和華帶領以色列人過紅海的事蹟；所以在福音書的傳統中，耶穌「給五千人吃飽」（六 30-44）與「耶穌履海」（六 45-52）兩件事往往是連在一起的。

根據出埃及的傳統，耶和華自己經過了紅海，藉著勝過海洋那深不可測的勢力，領導神的子民經過紅海而得救（詩七十七 20）。耶穌藉著履海一事，表明祂對在海中搖櫓甚苦的門徒的憐憫，亦顯出祂是那大能的拯救者。然而，門徒對分餅和履海這兩件神蹟的意思仍是不明白（六 52）[15]。

馬可福音六章 53 節記載耶穌第二次渡過革尼撒勒湖，第一次是到格拉森，釋放被鬼附的人，將鬼趕入豬群（參五 1-20）；而這次則是到伯賽大（參六 45），從六 53-56 的敘述，可見此行主要的工作是醫病。並列這兩次在外邦地區的工作重點，先趕鬼後醫病的次序似非偶然，當耶穌初次在迦

---

15 詳參 Heil, *Jesus Walking on the Sea: Meaning and Gospel Functions of Matt 14:22-23, Mark 6:45-52 and John 6:15b-21*。

百農事奉時（一 21-34）也是如此，祂先在會堂中趕鬼，然後才醫好彼得的岳母；這似乎表示無論在猶太或外邦宣教，耶穌都是一視同仁的[16]。

儘管耶穌行了很多神蹟，證明祂就如舊約的摩西一樣，但法利賽人最關注的依然是他們所遵行的律例傳統。在七 1-23，馬可就將法利賽人的禮儀傳統與上帝的誡命對立起來，藉此突顯法利賽人的固執傳統的流弊：「你們承接遺傳，廢了上帝的道」（七 13）。這段有關潔淨的議論插在整卷福音書的這個位置，是值得我們留意的，因為當時一般的猶太人都會視外邦人為不潔，而馬可在隨後的七章 24 節正要記載耶穌進入外邦人的地域（推羅和西頓），與外邦人接觸，於是，就在耶穌展開外邦地區工作之先，插入這段的議論（七 1-23），為要表明潔淨與否並不在乎有沒有遵守摩西潔淨的規條，乃是在乎人的內心。

B. 耶穌的第二次傳道旅程（七 24 至八 12）
   a. 不好拿兒女的餅丟給狗吃（七 24-30）
   b. 醫治耳聾舌結的人（七 31-37）
   c. 給四千人吃飽（八 1-10）
   d. 法利賽人要求見神蹟（八 11-12）

與猶太人敵意的態度成一對比的是耶穌在推羅和西頓境內遇上的那位希臘婦人；顯然，這一對比正好突出了以色列人的心硬和外邦人對上帝的渴求。在耶穌返回加利利的途

---

16 Kebler, *Mark's Story of Jesus*, p.37。

中，祂又醫治了一個「耳聾舌結的人」；這一回，耶穌的醫治並非只靠某句話，而是有很親密的接觸：「用指頭探他的耳朵，吐唾沫抹他的舌頭」。與此同時，耶穌又給四千人吃飽[17]，情況就仿如六章 30 節至 44 節中耶穌給五千人吃飽的神蹟一樣，不過，留意兩處經歷神蹟的眾人並不相同：前者，被餵飽的很可能是猶太人，因為作者似乎有意用這事件來對應耶和華藉摩西在曠野給選民吃飽的事；後者，被餵飽的顯然是外邦人，因為馬可透過耶穌的話，清楚表明當時不少前來聽道的人是從遠處來的（八 3）。如果我們更以給五千和四千人吃飽的神蹟來預表彌賽亞的筵席的話，這兩次神蹟所惠及的受眾正好告訴我們，彌賽亞的筵席不獨為猶太人而設，也同樣是為外邦人預備的。

頗具諷刺意味的是，在耶穌行了那麼多神蹟後，法利賽人依然向耶穌要求神蹟（八 11 ）。這反映法利賽人並不接受耶穌的權柄和事奉，耶穌為他們「深深的歎息」，視他們好像昔日頑梗的以色列人。古時的以色列人雖然看到耶和華藉祂的僕人摩西所行的眾多神蹟，卻仍然拒絕神和祂的僕人（申三十二 5-20 ；詩九十五 8-11 ）；同樣，「這世代」就好像那不信的世代一樣，頑梗不化。對這樣的人，怎麼樣的神蹟也不能證明甚麼，他們所需要的，是相信耶穌是上帝所差來的，而非另一個神蹟。於是，耶穌「就離開他們，又上船往海那邊去了。」[18]

---

17 在給四千人吃飽的神蹟裏，所收拾的零碎共有七筐子。根據猶太人對數字象徵性的看法，「七」是完全的數字，這裏可能用作象徵所有的外邦人，即「萬國」。

18 Kelber, *Mark's Story of Jesus*, pp.41-42 指出一點是頗為有趣的：在四章 35 節至八章 21 節，作者使用「海」作為一個整合性的象徵，海的兩

C. 耶穌的第三次傳道旅程（八 13 至九 50）

a. 防備法利賽人和希律的酵（八 13-21）

b. 醫治伯賽大的瞎子（八 22-26）

c. 彼得認耶穌為基督、首次預言受難和復活（八 27-33）

d. 作門徒的代價（八 34 －九 1）

e. 改變形像（九 2-13）

f. 醫治患癲癇病的孩子（門徒失敗）（九 14-29）

g. 第二次預言受難和復活（九 30-32）

h. 爭論誰為大（九 33-37）

i. 不敵擋我們就是幫助我們（九 38-41）

j. 使人跌倒的有禍了（九 42-50）

「耶穌就離開他們，又上船往海那邊去了。」在船上，耶穌勸勉門徒要防備法利賽人的「酵」，這原是指他們的教導而言，然而，門徒竟然以為耶穌指的是食物。門徒這種對耶穌的誤解，亦與伯賽大的瞎子得醫治的過程有點相應。這次比喻性的神蹟（parabolic miracle）醫治可謂是相當特別的，耶穌初次嘗試，似未能完全成功，要再一次「按手在他眼睛上」，才可以使他的視力完全復原過來。在某程度上，這個逐漸式的醫治正反映了門徒對耶穌認識的漸進性，其間

岸一邊是猶太人，另一邊是外邦人，中間一海相隔。兩次海上的颶風似乎意味著向外邦的宣教並不容易。耶穌和門徒所坐的船，是連接這兩岸的工具，他們六次來回兩岸的行程，似要將兩者——猶太人和外邦人——聯合起來，五千猶太人與四千外邦人結果都可以因耶穌的緣故而得著滿足，而且有餘。透過這樣穿梭於兩族之間的工作，正顯示出上帝的國是普世性的，並沒有種族之分。事實上，在這段落的經文中，耶穌不斷打破潔淨與不潔淨的界限，在某程度上，也可支持 Kelber 的看法。

同樣經過模糊不清的階段，耶穌惟有進一步行動（即受難和復活），門徒才能看得清楚。

在前往凱撒利亞・腓立比的途中[19]，第一次記載耶穌清楚說明祂來世上的目的：「人子必須受許多的苦，被長老、祭司長，和文士棄絕，並且被殺，過三天復活。」（八 31）[20] 這事件的重要性乃在於：儘管門徒（以彼得為代表）似乎能正確地承認耶穌的身分（「你是基督」），但卻完全不明白、也不接受這身分的真正意思，即「受苦的基督、受苦的人子」[21]。不少學者[22] 認為耶穌這次預言是全書的高潮，自此

---

19 自八章 22 至 26 節耶穌治好了伯賽大的瞎子後，由八章 27 節開始，作者不斷使用「在路上」這短語來表達他們正是邁向耶路撒冷（八 27，九 33，十 17, 32），而最後一次則出現在十章 52 節，當耶穌治好瞎子巴底買後，巴底買「就『在路上』跟隨耶穌」。在這段以「瞎子開眼」的神蹟來貫串首尾的「路上」（八 22 至十 52），耶穌與門徒正逐步邁向耶路撒冷，祂要在這「路上」逐步開啟門徒的「眼」，讓他們能清楚祂的身分和任務。這種敘述的方式，與馬太和路加福音截然不同。參 Kelber, *Mark's Story of Jesus*, p.44。更有學者認為，可以用「道路」這主題貫串整卷馬可福音，參 Heil, *The Gospel of Mark as a Model for Action: A Reader-Response Commentary*。

20 這是在第二章（二 10, 28）之後，耶穌第一次再使用「人子」這自稱；其餘兩次見於九章 31 節和十章 33 節。這三次都與預言受難和復活有關，分別在三個不同的地方發生：往凱撒利亞腓立比的途中（八 27）、經過加利利的途中（九 30）和上耶路撒冷的途中（十 32）。第一次是對門徒說的（八 27），第二次也是對門徒說的（九 31），但後來卻又顯示似乎只有十二門徒在其中（九 35），第三次則清楚指明是十二門徒（十 32）。三次中，門徒的反應都是負面的，第一次引起彼得的勸阻（八 32），第二次是門徒爭論誰為大（九 33-37），第三次則是雅各和約翰要求耶穌在祂的榮耀裏，賜他們一個坐在他左邊，一個在他右邊的位置。這些都顯示出門徒全然不了解（若不是誤解）耶穌來世的任務，他們所關注的，是世俗的權力和聲望。

21 馬可雖然記載了耶穌三次預言受苦和復活，但重點都在受苦和受

耶穌就走向耶路撒冷，並且更清楚地把自己的身分表明出來。隨後的「改變形像」（九 2-13）可以理解為門徒預見耶穌在榮耀裏的身分；然而，門徒——又是以彼得為代表——卻又是語無倫次地說出一些不著邊際的話來（九 6）。

門徒的怯弱無能在醫治那患癲癇病的孩子（九 14-29）一事上再次顯露出來。門徒未能把病醫治好，是因為他們以為可以憑自己的本領，而忽略禱告。耶穌說：「噯！不信的世代啊，我在你們這裏要到幾時呢？我忍耐你們要到幾時呢？」（九 19）在越來越接近耶路撒冷之時，這番話更反映出耶穌那種焦灼的心情。

之後是耶穌第二次預言受難（九 30-32），這一次預言非常精簡，門徒也不敢作任何發問，只是聆聽，但這並不表示他們了解，亦不代表他們明白彼此肢體之間的關係，這從他們「彼此爭論誰為大」（九 33-37）以及那種自我中心的態度（九 38-41），就可見一斑。最後，耶穌以一連串嚴厲的警告，勸門徒要彼此相顧、「彼此和睦」（九 42-50）。

D. 往耶路撒冷之路（十 1-52）

a. 論婚姻與休妻（十 1-12）
c. 為小孩祝福（十 13-16）
d. 年輕財主（十 17-27）
e. 跟從主的賞賜（十 28-31）
g. 第三次預言受難和復活（十 32-34）

死，而不是在復活。注意在此福音書中，雖亦記載了耶穌的復活，但卻沒有記載耶穌復活後的顯現。

22 Brown, *An Introduction to the New Testament*, pp.138-142。

h. 雅各和約翰的請求（十 35-45）
i. 瞎子巴底買得醫治（十 46-52）

在這段落中，耶穌最後來到猶大省的境界。正當耶穌教導眾人時，法利賽人就問耶穌一個非常困難的社會問題：「人休妻可以不可以？」（十 2）耶穌沒有直接回答可不可以休妻，只是說離婚並不是上帝的原意，但如今基於人的心硬，所以摩西才定出一些條例來。隨後的兩個教導都是圍繞「甚麼人才可以進天國」的問題，綜合來說，耶穌指出富有的人很難進入，要像小孩子才能進去；並由此帶出跟從主的賞賜。就在逼近耶路撒冷時，耶穌第三次預言受難和復活；然而，就如祂第二次預言受難後門徒爭論「誰為大」一樣，這一次，耶穌的兩位愛徒主動提出坐在祂左右的請求，更因此惹動其餘十位門徒的惱怒。在前往耶路撒冷途中，最後的一個神蹟是「瞎子巴底買得醫治」（十 46-52）；而耶穌最後的一句話是「你的信救了你了」，似乎正預言很多人會因為耶穌的受難而相信他。

4.1.3. 耶穌在耶路撒冷的最後一週（十一 1 至十六 20）

A. 在耶路撒冷的傳道工作（十一 1 －十三 37）
   a. 光榮地進入耶路撒冷（十一 1-11）
   b. 沒有果實的無花果樹被咒詛（十一 12-14, 20-26）
   c. 將做買賣的人逐出聖殿（十一 15-19）
   d. 辯駁耶穌的權柄（十一 27-33）
   e. 兇惡園戶的比喻（十二 1-12）

f. 法利賽人和希律黨人的盤問（論納稅）（十二 13-17）

g. 撒都該人的辯駁（論復活）（十二 18-27）

h. 論最大的誡命（十二 28-34）

i. 耶穌盤問法利賽人有關彌賽亞的事（十二 35-37）

l. 警告眾人防備文士的虛偽（十二 38-40）

m. 寡婦的捐獻（十二 41-44）

n. 末日的來臨（十三 1-37）

 i. 預言聖殿被毀（十三 1-2）

 ii. 陣痛的開始（十三 3-13）

 iii. 末日的災難（十三 14-23）

 iv. 人子的再來（十三 24-27）

 v. 從先兆知道末日近了（十三 28-31）

 vi. 沒有人知道那日子何時來到，人人更當警醒（十三 32-37）

每一本福音書都會花相當多篇幅記載耶穌在耶路撒冷所度過的最後一週，馬可福音也不例外。

在這段落，馬可記載了耶穌三次進入聖殿（十一 11, 15, 27），按這三次進入聖殿，可將本段畫分為三大部分。第一次是在耶穌進城之初(十一 1-11)，在群眾的擁護和歡呼中，耶穌隨即進入聖殿。當時的群眾期盼耶穌復興「我祖大衛之國」在地上的王權（十一 10），這顯示出他們並不理解耶穌的任務。而耶穌進人聖殿後也沒有作甚麼，只是看看聖殿，便離去了（十一 11）。

第二天耶穌第二次進入聖殿，在此和之後的教導中，都帶有頗濃厚的審判味道，亦處處顯示出祂與宗教領袖的衝突。在這段落一開始，耶穌指斥沒有果實的無花果樹（十一 12-14, 20-25 ），這行動正象徵著以聖殿為信仰中心的以色列人，將要面臨上帝的審判。馬可在記載這事件時，又運用他的敘述技巧，加插了「潔淨聖殿」一事（十一 15-19 ），由此揭開耶穌與猶太教領袖衝突的序幕，在這裏，耶穌表面上不留情面地逐出在聖殿做買賣的人，實質上就是對那些濫用權力、盤踞聖殿、縱容買賣、以權謀私的猶太教領袖們予以嚴厲的指斥。聖殿淪為賊窩（耶七 11 ），再不是「萬國禱告的殿」(「萬國」包括外邦人！不再是猶太人的專利）；而這淪為賊窩的聖殿就不再是人民可得拯救的地方，而是上帝審判臨到之所[23]。耶穌的行動，使宗教領袖們對祂起了殺機（十一 18 ）。當翌日耶穌和門徒經過那枯乾的無花果樹時，耶穌提醒門徒，他們所建立的新群體，要以信心（十一 23 ）、禱告（十一 24 ）和饒恕（十一 25-26 ）為標誌；信心與作耶穌的門徒，兩者是不可相分的。[24]

耶穌第三次進入聖殿（十一 27 ），展開與宗教領袖們連串的對話，首先，宗教領袖們質疑祂權柄的來源（十一 27-33 ）；耶穌繼以「兇惡園戶的比喻」（十二 1-12 ）對他們作出嚴厲的責難，以致他們「想要捉拿他」(十二 12)；這幾件事似乎是在一、兩天內發生的。緊接這衝突的是耶穌在聖殿的最後一天，因應不同人士的詢問而引發的教導；他

23 有關耶穌在聖殿「清理行動」的意義，參 Bauckham, "Jesus' Demonstration in the Temple," in *Law and Religion*, pp.72-89, 171-176 精湛的分析。

24 有關馬可福音中信心這重要的課題，參 C.D. Marshall, *Faith as a Theme in Mark's Narrative* 。

的教訓是帶有權柄的，而所談論的課題，則涉及政治（論納稅，十二 13-17）、神學（論復活，十二 18-27）和釋經（論最大的誡命和有關彌賽亞的事，十二 28-34, 35-37）各方面。而末後記載的兩件事分別是警告眾人防備文士的虛偽（十二 38-40）和讚賞寡婦的捐獻（十二 41-44），後者更是耶穌在暗地裏觀察到的，兩件事顯然成了極大的對比，以窮寡婦默默全然的獻上，來突顯出文士自以為是的虛榮和真正的貧窮。

按馬可福音，耶穌在世上最後的詳細教導是關於末日的來臨（十三 1-37）。聖殿將要被毀，極大的災難將會來臨；雖有人聲稱自己是彌賽亞，但他們所宣傳的盼望，只是謊言。惟有經歷這一切災劫後，無花果樹要再度發嫩長葉，成為上帝國將臨的先兆（比較十一 12-14)。耶穌提醒信徒，在祂離去之後（十三 34），要謹慎警醒（十三 35-37），他們更要靠著聖靈，將福音傳到萬邦（十三 9-13）。[25]

B. 耶穌的受苦、死亡和復活（十四 1 －十六 20）[26]

- a. 由設計捉拿耶穌到客西馬尼園（十四 1-42）
  - i. 用詭計捉拿耶穌（十四 1-2）
  - ii. 耶穌在伯大尼被香膏膏抹（十四 3-9）
  - iii. 猶大賣主（十四 10-11）

---

25 有關馬可福音第十三章近期的研究，參 Geddert, *Watchwords: Mark 13 in Markan Eschatology* 。

26 有關馬可福音耶穌受苦的敘事所使用的資料，可參 Brown, *The Death of the Messiah*, vol.2: *From Gethsemane to the Grave*, pp.1502-1524 的綜合和分析。

iv. 最後晚餐（十四 12-25）

v. 預言彼得不認主（十四 26-31）

vi. 客西馬尼園（十四 32-42）

b. 由耶穌被捉拿到祂的受死和埋葬(十四 43 －十五 47）

i. 耶穌被捉拿（十四 43-52）

ii. 在公會前受審（十四 53-65）

iii. 彼得不認主（十四 66-72）

iv. 耶穌在本丟彼拉多前受審（十五 1-15）

v. 耶穌被戲弄（十五 16-20）

vi. 耶穌被釘十字架和死亡（十五 21-41）

vii. 耶穌被埋葬（十五 42-47）

c. 空墳墓和復活（十六 1-20）

i. 空墳墓（十六 1-8）

ii. 後期的增篇：耶穌從死裏復活、向門徒顯現、差遣門徒和被接到天上坐在上帝的右邊（十六 9-20）

在馬可福音十四章至十六章耶穌受苦的敘事中，整卷福音書中一些重要的主題，都再次出現，包括耶穌的身分、聖殿、門徒的軟弱和不了解等[27]。祭司長和文士在十一章 18 節所動的殺機，就在第十四章開始落實他們的謀算，當時離逾越節還有兩天：「祭司長和文士想法子怎麼用詭計捉拿耶

27 特別參 Kelber, "Conclusion: From Passion Narrative to Gospel," in *The Passion in Mark: Studies on Mark 14-16*, pp.156-157。按這書的研究，另外兩點的結論是：（1）第十四至十六章是不能與整卷馬可福音分開的一部分；（2）這段落在神學上既是馬可福音的一部分，這使我們質疑傳統形式鑑別學對馬可福音的理解，認為這段落早於馬可福音完成時已流傳。

穌，殺他。」（十四 1 ）然而，這詭計要藉著耶穌的門徒猶大的配合才能成事（十四 10-11 ）[28]；就在祭司長和文士的設計與猶大的合謀之間，馬可又加插了另一件發生在西門家裏的事件：一名女子把寶貴的香膏澆在耶穌的頭上；這事再次預表耶穌的受死。這女子對耶穌的忠誠以及她對耶穌要走上十架路的洞悉，至少在此刻，是所有耶穌的門徒所不及的；而與賣主的猶大映照下，就更成強烈的對比。接著記載的，先是逾越節晚餐的預備，繼而是所謂「最後晚餐」的進行，這也是教會歷史上首次的聖餐，由主耶穌親自設立的；耶穌在此間所說的話，強調了祂的捨命和最終的得勝。然後，大家往橄欖山去，在路上，耶穌預言門徒都要跌倒，不只是十二人之一的猶大；然而，彼得的誇口正代表著門徒仍未明白他們所面臨的考驗和危機。

最後大家到達了客西馬尼園。門徒也許以為是飯後散步，但耶穌卻希望他們能與祂共度這難過的一刻。熟悉聖經的人，就會知道在耶穌的禱告中，不少詞彙是出自詩篇中的輓歌（三十 8-10，四十 11-13，四十二 9-11，四十三 1-2, 5 ，五十五 4-8 ，六十一 1-3 ，一〇一 3-4 ）。耶穌要獨個兒面對死亡和這過程中的恐懼，但祂是那真正信任上帝的人，在掙扎中，祂將自己的生命放在上帝的手中；然而，門徒卻因肉體軟弱的緣故，呼呼入睡（十四 37-38 ），未能體貼主的憂傷。直至猶大帶同捉拿耶穌的人來，耶穌整夜的禱告就此結束；猶大繼以親嘴為暗號，將耶穌交出（十四 43-50 ）。至於那赤身逃跑的少年，可謂正是門徒的寫照，在危難和混

28 馬可一連三次的提及猶大是十二門徒之一（十四 10, 20, 43 ），可能是要強調，耶穌被害死是因為始有「內奸」。

亂之中，放棄了一切，不是跟隨耶穌，而是離耶穌而去（十四 52）[29]。

在猶太公會的審判中，耶穌的罪狀是祂要拆毀人手所造的聖殿，然後三天內建造一座非人手所造的聖殿（十四 58）。人手所造和非人手所造的對比，是馬可福音所獨有的。這指控雖是牽強的，然而也有其屬靈上的意義：耶穌的死和復活，正是證明那座非人手所造的聖殿得以建立和實現（參十二 10-11）[30]。當大祭司質問耶穌是否上帝的兒子基督時（十四 61），耶穌肯定地回答「我是」，更表明祂將會是那從天降臨、得勝榮耀的人子；就因這「僭妄」的話，耶穌被他們判定死罪。這審判的一幕以耶穌經受諸般嘲弄作結，反映出以賽亞書受苦僕人的遭遇（賽五十 6）。至於彼得三次不認主後懊悔而哭（十四 66-72），亦暗示這不是他最終的結局。

耶穌繼而被押至羅馬巡府彼拉多前受審，在這審判中，重點是：耶穌是否猶太人的王（十五 2），耶穌回答「你說的是」，意思是含糊的。在這審訊過程中，耶穌的沉默一再被強調（十五 3-5），這再次反映出以賽亞書受苦僕人的特徵（賽五十三 7）。當群眾選擇釋放作亂的巴拿巴，卻棄絕耶穌時，一取一棄，二者的對比就更表明耶穌並不是以武力的手段來建立天國，祂的路是十架的苦路，這路是當時的人

---

29 Senior, *The Passion of Jesus in the Gospel of Mark*, p.85。

30 馬可屢次使用諷刺性的文學手法，有關此點，見 Rhoads, Dewey & Michie, *Mark as Story*, pp.60-61; Camery-Hoggatt, *Irony in Mark's Gospel: Text and Subtext*; Smith, *A Lion with Wings: A Narrative-Critical Approach to Mark's Gospel*, pp.208-233。

所無法理解的。

耶穌受苦被釘的整個過程，都可以以詩篇作為註釋：十四章 18 節（詩四十一 9）；十四章 34 節（詩四十二 5, 11；四十三 5）；十五章 24, 29, 34 節（詩二十二 18, 7, 1）；十五章 23, 36 節（詩六十九 21），耶穌好像古代聖賢中的智者和義者般，受欺壓，但終會得到平反。耶穌在十架上斷氣時，「殿裏的幔子，從上到下裂為兩半」（十五 38），這可看為是耶穌的死使人得以直接進到上帝面前的象徵（參來十 19-20），但亦可看為是上帝要審判以聖殿為信仰中心的以色列民的徵兆。最後，耶穌的身分竟由一個非猶太裔百夫長的口中表明出來：「這人真是上帝的兒子！」（十五 39；參一 1）。在馬可福音中，他是惟一一個公開承認耶穌為上帝兒子的（外邦）人。由耶穌被捉拿到他死亡這還不到十二小時所發生的事，所有福音書都記述得相當仔細。

死亡不是耶穌生平的終局，而是新生命的開始。「七日的第一日」，婦女只見一個空墳墓，耶穌的屍體卻不見了，祂已經復活了（十六 6）。馬可福音原本很可能就是在這驚奇的氣氛中完結（十六 1-8），但後人卻加上補篇（十六 9-20），補充了耶穌從死裏復活、向門徒顯現、差遣門徒和被接到天上坐在上帝右邊等重要環節。

4.2. 語文特色和結構

許多學者認為馬可福音是一本最早成文的福音書，其希臘文行文並不優美，用字亦較為淺白。在句子結構中，經常更有前後不一致的情況，一般稱為破格文體語句（anacolutha），例如在動詞的主語方面，就經常出現上下句不銜接、卻又沒有明確標明主語的情況[31]。此外，書中亦經常使用歷史性現在時態（ historical present ）來描述一些過去的事件。

而最顯著的特色就是受閃語（泛指希伯來文和亞蘭文）的影響。一般希臘文從句常以連接詞帶出從句與從句之間的關係，常用的連接詞例如 γάρ, γε, δέ, μέν, οὖν 和 τε 等，這些字都不能置於從句的開首，而必須落在第二個字或以後的位置。然而，馬可福音作者則常在句首採用連接詞 καί，這大概是受到希伯來文的影響，因為希伯來文的連接詞 *waw* 只能置於句首位置；而且這種以短句並列結構（ parataxis ）來帶出從屬從句之間的關係，是典型的閃語特色[32]。此外，冗贅餘的表達方式亦可能是受閃語的影響，例如重覆的字眼[33] 和多餘的助語詞就可能正是沿自亞蘭文的

---

31 例如一 29-32 ： 29 節的兩個動詞 ἐξελθόντες ἦλθον 雖然是第三人稱複數，但其實應指耶穌（參 *NRSV* ）； 30 節的動詞 κατέκειτο 「躺臥」的主語明顯是西門的岳母，但緊接下一句的動詞 λέγουσιν「告訴」所隱含的主語卻不是指西門的岳母，而是「他們」，作者沒有交代清楚所指的是誰，大概指西門岳母家裏的人；同樣， 32 節的動詞 ἔφερον「帶著」的主語（第三人稱複數）並不清楚，可能是指「一些人」。類似的例子有：一 45 ，三 21, 32 ，六 43 等。

32 例如：四 27 （第一個 καί ）和十五 25 的 καί 均表達時間或處境性關係；而八 34 的 καί 則表達從句關係。

33 例如：一 28 πανταχοῦ εἰς ὅλην τὴν περίχωρον 「（耶穌的名聲傳遍）所有地方，到……的四方」、一 32 Ὀψίας γενομένης, ὅτε ἔδυ ὁ ἥλιος 「到了黃昏，開始日落的時候」（另參一 35 ）和六 25 εὐθὺς μετὰ σπουδῆς「立刻急忙」），還有四 39 ，五 15, 19, 39 ，十二 44 等。這類重覆的字眼在其他福音書也有出現，但數量較少。留意以上列出的有些例子，從中文的角度看來是可接受的（一 32, 35 ），但在希臘文中，卻是很不自然的表達方式。

表達格調，例如用來表達事件開始狀況的 ἄρχομαι「開始」[34]和「立即」（ εὐθύς）[35]，已廣被學者認為是馬可福音的寫作特色[36]。

雖然馬可福音的語文特色並不為人讚賞，但在內容的鋪排上，每本福音書都各具獨特的手法，馬可福音亦不例外，其中尤以在原段的經文中插入另一段經文，產生如 ABA 三明治式的敘事手法最為突出，亦最為學者所稱道。馬可每次鋪排這表達方式時，都毫無例外地以講述一個故事來開始，但在講述過程中突然停止，並且插入另一個故事，待這插入的故事完結後，再接續講述之前那個還未完結的故事。這種 ABA 的插入技巧（英文稱為 intercalation 或 interpolation）也可說是對偶性（ duality ）文體的一種呈現方式[37]；這種應用在馬可福音中的技巧首先是由多布舒茲提出，在四本福音書中，這種技巧後來更被宣稱為馬可福音所獨有的[38]。奈賴諾的研究指出，馬可福音中共有六段

---

34 在馬可福音中共出現了 27 次之多，而在這些經節的符類經文中，馬太和路加則只保留了少量的 ἄρχομαι 。值得留意的是，這字亦見於路加福音的其他經文中，這可能是受到《七十士譯本》的影響。

35 在馬可福音中共出現了 42 次，但路加福音只有 1 次；這除反映馬可對這字情有獨鍾外，亦可能同時反映路加和馬太不太喜歡這字，因而在使用馬可的資料時，盡量省略這字眼。

36 Kee, *Community of the New Age: Studies in Mark's Gospel*, pp.50-51; Taylor, *The Gospel According to St Mark*, p.45; Hawkins, *Horae Synopticae*, pp.106-108 。

37 Neirynck, *Duality in Mark: Contribution to the Study of the Markan Redaction*, p.36 。

38 van Oyen, "Intercalation and Irony in the Gospel of Mark," in *The Four Gospels 1992*: Festschrift Frans Neirynck, vol. 2, p.949.

經文是以這種方式寫成的：[39]

原段落		插入部分	
三 20-21 ……三 31-35	耶穌親屬的反對	三 22-30	靠別西卜趕鬼
五 21-24 ……五 35-43	醫治睚魯的女兒	五 25-34	醫治患血漏的女人
六 7-13 ……六 30-31	差派十二門徒	六 14-29	施洗約翰的死
十一 12-14 ……十一 20-26	無花果樹被咒詛	十一 15-19	潔淨聖殿
十四 1-2 ……十四 10-11	猶大出賣耶穌	十四 3-9	香膏澆耶穌的頭
十四 53 ……十四 55-65	大祭司審問耶穌	十四 54	彼得遠遠跟著耶穌
十四 54 ……十四 66-72	彼得三次不認主	十四 55-65	大祭司審問耶穌

而基以（ Kee ）則列舉下列八則例子：[40]

原段落		插入部分	
二 1-5 上……二 10 下至 12	醫治癱子	二 5 下至 10 上	赦罪的權柄
三 1-3 ……三 5 下至 6	醫治手枯乾的人	三 4-5 上	在安息日治病
三 20-21 ……三 31-35	耶穌親屬的反對	三 22-30	有關別西卜的爭辯
五 21-24 ……五 35-43	醫治管會堂的女兒	五 25-34	醫治患血漏的女人
六 7-13 ……六 30-31	差派十二門徒及匯報	六 14-29	施洗約翰的死
十一 12-14 ……十一 20-26	咒詛無花果樹	十一 15-19	潔淨聖殿
十四 54 ……十四 66-72	彼得三次不認主	十四 55-65	會堂的審問
十五6-15……十五21-32	耶穌被定罪及釘十架	十五 16-20	受兵丁譏諷和戲弄

雖然學者對此插敘出現之處略有出入[41]，但奈賴諾所列

---

39 Neirynck, *Duality in Mark*, p.133.

40 Kee, *The Community of the New Age*, p.54.

41 Telford 在討論這技巧時另包括了下列三段其他經文：四 1-9 ……四

出的六個例子卻是眾多學者所公認的。為何要用這敘事手法來鋪排經文呢？在這一點上學者們的意見就更見紛紜了[42]。基氏認為二章 1 節至 12 節和三章 1 節至 6 節這兩段經文均藉插敘的技巧將一件神蹟事件聚焦在所引發的衝突爭論上；第三段（三 20-35）則藉插敘的技巧淡化了因耶穌親屬反對耶穌而引起的尷尬場面，藉此將責任推到由耶路撒冷下來的文士身上（三 22）；第四段（五 21-43）則因加插了五章 25 節至 34 節的經文而使整個篇章的氣氛更為緊湊；第五段（六 7-31）則將施洗約翰之死與耶穌那愈來愈引起公眾關注的活動相連，就更令人聯想到二者使命的關連；而餘下三段（十一 15-19，十四 55-65，十五 16-20）的插入，都是針對舊約有關彌賽亞的預言，強調現在正應驗在耶穌的身上[43]。因此，根據基以的說法，這插敘的技巧產生了以下的效用：

1. 插敘技巧有時轉化傳統，賦予傳統另一重意義，使傳統對馬可福音的讀者社群更有直接的意義、更具認受性。
2. 增強戲劇性的效果。
3. 耶穌的受審和受死與舊約有關彌賽亞的預言相應[44]。

整體來說，馬可福音的插敘手法，迎合了闡明教義及實踐的需要。對閱讀馬可福音的讀者來說，馬可在哪些經文採

13-20，四 10-12；十四 17-21……十四 27-31，十四 22-26；十五 40-41……十五 47–十六 8，十五 42-46。參 W.R. Telford, *The Theology of the Gospel of Mark*, p.25.

42 van Oyen, "Intercalation and Irony," pp.954-965.

43 Kee, *Community of the New Age*, p.55.

44 Neirynck, *Duality*, p.133

用了這插敘的手法？他又要藉此帶出甚麼信息？這等問題確是教人費煞思量，這不單是文學技巧的問題，更牽涉神學與釋經的問題。在釋經的層面上，特爾福德認為這種 ABA 三明治式的經文組合，往往引導讀者將該兩段經文互作解釋，從而得出一個神學的信息，例如耶穌咒詛沒有果實的無花果樹（十一 12-14 ，十一 20-26 ），就要在當時宗教領袖盤踞聖殿、縱容買賣勾當的背景下（十一 15-19 ），才能帶出更具體尖銳的警戒意義[45]。

最近有學者的研究指出，馬可用這 ABA 三明治式的敘事手法，處處都顯示出馬可福音所強調的神學主題，諸如信心的意義、作門徒作見證的意義，偏離正道的危險等；不單如此，這研究更指出， ABA 結構中的 B 部分（即插敘部分）往往都為該段經文提示了一定的神學主題。[46]

4.3. 信息和神學

馬可福音的神學思想猶如一個同心圓，以人對耶穌職事和身分的了解和認信（基督論）為其核心，並從而延伸其他的神學主題。

---

45 Telford, *Barren Temple and the Withered Tree: A Redaction-Critical analysis of the Cursing of the Fig-tree Pericope in Mark's Gospel and Its Relation to the Cleansing of the Temple Tradition* 。

46 Edwards, "Markan sandwiches. The Significance of Interpolations in Markan Narratives," pp.193-216.

4.3.1. 基督論

馬可對耶穌身分的描述和認信是相當特別的。除了極少數的情況外，馬可福音並不明確表明耶穌的身分，這導致有些早期學者（如德國學者雷德）認為，在馬可福音中，歷史上的耶穌確實要隱瞞自己是彌賽亞這身分（參 4.5「彌賽亞的秘密」）。然而，在馬可福音一開首的引言部分（一 1-13），我們卻見到馬可開宗明義，清楚地指出耶穌的身分：「『上帝的兒子』[47]，耶穌基督福音的起頭。」（一 1）雖然這個奇特的名稱——「上帝的兒子」——在舊約中，也曾用作指大衛王（撒下七 11-14；詩二 7，八十九 3-4, 26-27；代上十七 13，二十二 9，二十八 6），而在昆蘭文庫的一些作品中，這稱謂亦帶有王者或屬於王室的意味[48]，但從緊接下來的第 2 節，透過一段舊約經文的引證，就更表明施洗者約翰所見證的耶穌正是所應許要來的彌賽亞（另參 4.6 的討論）。而在這段引言的末後，當耶穌受洗之際，亦透過從天上來的聲音，明確指出耶穌的身分：「『你是我的愛子』，

47 Telford, *The Theology of Mark*, pp.52-53 認為「上帝的兒子」這稱謂，應透過希臘傳統（即一種「神人」的觀念，參 4.5）去理解，並且認為「上帝的兒子」不等於「基督」。然而，綜觀馬可福音的基督論，作者所使用的其他主要稱謂，無論是「基督」、「大衛的子孫」、「猶太人（以色列）的王」，甚而「人子」，全都是源自猶太傳統的，因此單將「上帝的兒子」以希臘「神人」的觀念去理解，似乎缺乏理據。

48 例如 4Q246 (1.7b-2.1, 5-6) 記載有一王稱為「偉大上帝的兒子」、「上帝的兒子」和「至高者的兒子」，他將要將上帝的國度帶來，他會征服萬國，並以公義治理全地。參 Fitzmyer (*A Wandering Aramean*, pp.105-106) 等學者的研究；另參 Evans, "Jesus and the Dead Sea Scrolls from Qumran Cave 4," in *Eschatology, Messianism, and the Dead Sea Scrolls*, pp.92-94。

我喜悅你。」（可一 11，九 7，十二 1-12）[49] 由此可見，馬可福音整段引言（一 1-13）對耶穌身分的確認可謂是毋容置疑的[50]。

除這引言部分外，在其後的篇章中，馬可亦經常利用出人意表的場境和人物來披露耶穌的身分。在耶穌的職事展開之初，特別是在醫病趕鬼的事蹟中，往往是由鬼魔精靈道破耶穌的真正身分（一 24，三 11，五 7）；至於其他人，即使是耶穌的門徒，卻都不能明白耶穌就是上帝的兒子（一 27，二 7，四 41，六 3）。

在馬可福音第八章之後，耶穌才將自己的身分向門徒披露，馬可福音八章 27 節至 33 節就是耶穌和門徒就祂身分的一段對話。對有關耶穌身分的詰問，門徒表達了當時人一般的意見：「施洗的約翰」、「以利亞」（參瑪四 5-6）、「先知裏的一位」（參申十八 15），最後，由彼得代表門徒的立場，指出耶穌是「基督／彌賽亞」（一 11-15；參詩二 7；賽四十二 1，六十一 1；可八 29，十一 1-11；參亞九 9；可十四 61，十五 32）[51]。耶穌的回應一方面禁戒他們傳揚這個「秘密」，但另一方面又似是肯定彼得的認信，且進一步加深他們對自己身分的了解：「從此，祂教訓他們說：『人子必須受許多的苦，被長老、祭司長和文士棄絕，並且被殺，

---

49 上帝的兒子或類同的稱謂在馬可福音出現的地方有：一 1，三 11，五 7，十四 61，十五 39（另參十二 35）；「至高上帝的兒子」見於 5.7。

50 Kingsbury, *The Christology of Mark's Gospel*, pp.47-50。

51 「基督」一詞在馬可福音中共出現了六次：一 1，八 29，九 41，十二 35，十四 61，十五 32。

過三天復活。』」[52]。耶穌雖然接受了門徒宣認祂為上帝的兒子、為基督，但卻要作出澄清，說明祂是怎樣的一位基督。彼得的宣認雖是正確，但卻是不足的，因為他仍未明白基督的使命和命運。因此，在耶穌登山變像的一幕中（九 1-8），天上來的聲音囑咐門徒要聽祂。然而，他們始終要到基督受死和復活後，才能真正體會基督的身分和使命。

從八章 27 節至十一章 11 節耶穌進耶路撒冷為止，耶穌和門徒都是在往耶路撒冷的途中，所以「在路上」的短語一再出現（十 17, 32, 52），在這路上，耶穌一直是領路的（十 32；另參十四 38，十六 7），且正邁向那被人棄絕害死的不歸路，正如祂三次向門徒所預言的；而門徒在這路上一直跟隨祂，不斷體會其中的意義。早於福音書的開首，馬可已申明施洗約翰為耶穌預備道路（一 2-3），如今耶穌領著路，門徒亦隨著祂上路。[53]

---

52 在此之前兩次「人子」的出現，都涉及耶穌在地上所擁有的權柄（二 10, 28），之後則涉及祂的受苦、受死和復活（八 31，十 45，十四 21, 41）或人子將來在榮耀裏要從天而降（八 38，十三 26，十四 62）。導論性的討論，可參 Marshall, *The Origin of New Testament Christology*, pp.63-82。人子這三類的經文，可看為耶穌職事的三個階段：開始時堅持自己的權柄（第一類），後來這權柄被群眾排斥（第二類），但最後上帝會為耶穌所有的權柄平反過來（第三類）。在第二個階段，人子要完成耶和華受苦僕人（賽四十二章至六十一章）的角色（特別參 France, "The Servant of the Lord in the Teaching of Jesus," pp.32-52）；而在第三個階段，人子則要完成但以理書第七章（或相關的猶太傳統）所載的末世「有一個好像人子」的角色。耶穌使用人子這自稱，可能是刻意的，對那些不相信祂的人來說，並沒有甚麼特別，亞蘭文「人子」一詞，可指任何人，或是「這人」，或如同「我」的自稱之詞；但對那些相信的人來說，「人子」則有更深的含義。

53 有關「在路上」這主題，參 Malbon, *Narrative Space and Mythic Meaning*

當耶穌和門徒經過耶利哥時，瞎子巴底買多次大聲喊叫耶穌為「大衛的子孫」（十 47-48），然而，他可能和其他人一樣，不全然了解這稱謂的意思。後來，耶穌在殿裏亦就這稱謂詰問文士，基督既是大衛的子孫，在地位上理應比大衛卑微，但為何大衛還要稱祂為主？（十二 35-37）[54] 這表明「大衛的子孫」這稱謂不足以說明耶穌的身分，作者亦藉此要求讀者對這用在耶穌身上的稱謂作深切的反省：按肉體說，基督實在是大衛的子孫，然而，按聖善的靈說，祂是上帝的兒子（參羅一 3-4）。

留意在十三章 32 節，耶穌自稱為「子」，這用法是相對於「父」而言，因此，不當等同於「人子」。在這裏，耶穌理解自己與上帝的關係是形同父子的（參十四 36，耶穌稱上帝為「阿爸，父啊！」），這與上帝（從天上來的聲音）在耶穌受洗和登山變像時（一 11，九 7）所確立的父子關係是一致的[55]。

及至在公會前受審，當大祭司問耶穌是否那當稱頌者的

---

in Mark, pp.68-71。

54 根據舊約偽經《所羅門詩篇》第 17 章，大衛的子孫要起來統治以色列（17.21），並要憑他公義的智慧，審判萬民（17.29），他要作王，並且成為「主彌賽亞」（17.32）。在猶太的傳統中，從沒有將大衛與醫病拉上任何關係；後期的猶太傳統則視大衛的兒子所羅門為滿有法力的人（如《所羅門遺訓》），然而我們在這裏沒有任何證據顯示巴底買是受這些傳統影響。馬可記載耶穌進聖城，雖明顯有王者進城的意味（參撒上八 10-11, 17；亞九 9-10；王下九 13），然而耶穌並非以得勝的身分進城，好像要回復以色列在大衛統治下的光輝時期，反而成了一種諷刺；是跟隨耶穌的人以為祂要在耶路撒冷建立新的國度，因此雀躍歡騰，他們事實上是誤解了耶穌的使命，見 Kelber, *Mark's Story of Jesus*, p.58。

55 Kingsbury, *The Christology of Mark*, pp.138-139。

兒子基督時（十四 61），耶穌回答中的自稱（十四 62）亦與當初門徒「宣認」耶穌為基督後，耶穌回應時所用的自稱一樣（八 31），耶穌同樣以「人子」來作為上帝兒子（基督）自稱時所專用的稱謂。而最後，耶穌則以「猶太人的王」的罪狀，被釘在十字架上。

在馬可福音的末後部分，作者藉一位意想不到的外邦百夫長，以其旁觀的身分，就在耶穌斷氣的那刻，詫異地道出了耶穌的身分：「這人真是上帝的兒子！」（可十五 37-39），百夫長這才真的透過耶穌的受苦受死而認出祂真正的身分來。與第八章門徒對耶穌身分的「宣認」比較，百夫長此刻認出耶穌是上帝的兒子，顯然更具深度，這亦是作者希望傳達給讀者的角度。

馬可福音描述耶穌的手法，固然有所謂「彌賽亞秘密」的特色[56]，但從另一個角度看，這個有關身分的秘密之所以成為「秘密」，其實只反映馬可筆下的彌賽亞並不為周遭的人所了解，因此，馬可刻意營造的這個「秘密」，並不是真的要「嚴密保守、不能洩漏」，卻只為映射出當時大多數人對彌賽亞的錯誤觀點，只有少數虛心了解耶穌的人才能有如「洞悉天機」般逐漸認識這「秘密」。事實上，自施洗者約翰見證耶穌之始，這「秘密」已被揭開，但整卷福音書就是記載著這「秘密」如何才逐漸被人認識，認識的關鍵不再在於秘密揭開了沒有，而是只在乎人接受與否。無論是「彌賽亞」、「上帝的兒子」、「大衛的子孫」、「猶太人的王」、還是「人子」，耶穌的身分都與舊約的應許息息相關；而貫

---

56 較近期的討論，參 Tuckett, *The Messianic Secret*。

穿其中的主題則是耶穌受苦的形象，那就是說，作為上帝的兒子，耶穌的身分和職事是要透過受苦和患難來表明的。因此，讀者必須了解十字架的意義，才能真正接受馬可福音裏的耶穌就是基督，並解開這個在這福音書一開始就已揭盅的「彌賽亞秘密」。

4.3.2. 作耶穌的門徒

在馬可福音中，耶穌被稱為「教師」（ διδάσκαλος， 12 次）和「拉比」（Ῥαββί ， 4 次；另有「拉波尼」，十 51 ），出現次數不比馬太福音（分別為 6 次和 2 次）和路加福音（只有「教師」 11 次）少！而且多次描述耶穌教導和教訓人（ διδάσκειν ， 15 次； κηρύσσω ， 5 次），比其他兩卷符類福音書還要多[57]。耶穌既為「教師」、既為「拉比」，就必有所收納的門徒[58]，有關作耶穌的門徒，在馬可福音中可分為兩類的經文：（ 1 ）耶穌教導門徒和聽眾如何作祂的門徒；（ 2 ）以十二門徒作為榜樣或鑑戒，說明作門徒的意義。這兩類的經文既闡明作門徒的真義，自然亦會帶出門徒的主——耶穌——的真正身分[59]。

57 有關此點，詳細的分析，參 France, "Mark and the Teaching of Jesus," in *Gospel Perspectives*, vol.1: *Studies of History and Traiditon in the Four Gospels*, pp.101-136 。

58 門徒（ μαθηταί ）一字在馬可福音中出現 43 次。

59 Hurtado, "Following Jesus in the Gospel of Mark—and Beyond," in *Patterns of Discipleship in the New Testament*, ed. R.N. Longenecker, p.9 。

1. 耶穌教導門徒和聽眾如何作祂的門徒

耶穌主動地呼召門徒跟從祂（一 16-20；參二 14），叫他們成為得人的漁夫（參耶十六 16；摩四 2；哈一 14-17），好叫眾人在審判臨到之前，悔改信福音[60]。門徒與祂同在，明白耶穌所擁有的權柄（二 10，二 27），當祂教訓人或行事時，若與當時猶太傳統發生衝突，祂又如何應對那些傳統守護者的質問，教導門徒如何理解上帝對人的真正要求（二 1－三 6，七 1-23，十二 28-34）。耶穌將門徒視作自己的家人（三 31-35），往往私下向門徒解釋一些重要的道理（四 10-11），待他們不再如「外人」，要叫他們真正明白上帝國的奧秘。耶穌與他們一起傳道（六 30-36）[61]，先後帶他們到外邦人的地方和猶太人的地方宣教（一 21-22，七 24-30）、醫病（二 1-12）和趕鬼（七 24-30），也差他們去傳道（三 14-15，六 7-13），囑咐他們只需攜帶輕便的行李、隨時上路、並且信靠上帝會供應他們的需要（六 8-11）；他們也要學習去滿足群眾的現實需要（六 35-44，五千人吃飽；八 1-10，四千人吃飽）。

在八章 22 節至十章 52 節所記載上耶路撒冷的路途中，耶穌屢次告訴門徒祂將要受苦、受死和復活，這除要使門徒對主的離別作好心理準備外，同時亦教導他們效法祂。在第一次預言受難和復活後，耶穌教導門徒要全然委身，撇下所有，背起十字架來跟隨祂（八 34-38；參十 28-31）；第二次預言後（九 30-32），因著門徒爭論誰為大，耶穌就教導

---

60 Lane, *The Gospel of Mark*, pp.67-68。

61 在馬可福音中，「與耶穌同在」是門徒生活的重要部分，見三 14，五 18-40，十五 41。

他們為大為首的更要服侍人；而在第三次亦是最詳盡的一次預言後（十 32-34），耶穌又因著雅各、約翰求賜左右要位，而再次強調服侍人的重要，並教導門徒學效祂為人服侍而捨命的榜樣（十 42-45），因為至終，耶穌所喝的杯，門徒也要喝；祂所受的洗，門徒也要受（十 38）。除此之外，耶穌更教導門徒重要的價值觀念（十 1-31），包括正確的婚姻觀（十 1-12）、學效小孩般的卑微（十 13-16）、和如何看待地上的財產（十 17-27）等。凡跟隨耶穌而有所放棄的，上帝必在今世和來世加倍賜予，這包括在地上新的門徒群體成為親屬一樣（十 30）。耶穌又教導門徒末世來臨的事，強調他們要警醒謹守，並要在百般的困難和敵擋中，將福音傳開，忠心到底，並且提醒他們警惕假先知的來臨（第十三章）。在逾越節的晚餐中，耶穌向門徒透露祂將被出賣，並以餅和杯，作為立約的表記，讓門徒在往後的日子，藉此餐筵來提醒自己與主之間的約定（十四 22-26）。

如果耶穌身為上帝的兒子尚且要經歷患難苦痛，並且要透過面對這些苦痛來證明上帝的能力和得勝，那麼，耶穌的跟隨者亦不能免於這一切的考驗。事實上，對於披露耶穌身分的事件的先後次序（當中亦包括了門徒逐漸認識耶穌的過程），馬可作了刻意的編排，目的是要讓留心的聽眾或讀者體會耶穌的經歷正正就是門徒生命的寫照和榜樣。[62]

---

62 有學者提出馬可福音對門徒的負面描述，反映作者(背後的群體)對耶路撒冷的門徒的批判態度。參 Tyson, "The Blindness of the Disciples in Mark," pp.261-268; Etienne Trocmé, *The Formation of the Gospel according to Mark*; Kelber, *Mark's Story of Jesus*。但另一方面，也有學者認為馬可福音對門徒的描述，目的不在於批判，而是要建立。參 Best, *Following Jesus: Discipleship in the Gospel of Mark*; Tannehill, "The

2. 以十二門徒作為榜樣或鑑戒，說明作門徒的意義

馬可對十二門徒的描述，顯示他們既有可取的地方，然而，亦有不少是我們當引以為戒之處。正面的描繪主要集中在馬可福音的前部分（一 1 至六 44），包括他們蒙召時，即時放下一切跟隨耶穌（一 16-20）；又因為他們實行上帝的旨意，耶穌視他們為自己的家人（三 34-35）；他們更接受耶穌的差遣到各地宣教（六 7-13）。然而，在這部分，馬可亦把門徒的遲鈍表現出來，例如在耶穌講完撒種的比喻後，門徒問祂這比喻的意思，當時耶穌卻反問道:「你們不明白這比喻嗎？這樣怎能明白一切的比喻呢？」（四 13），從耶穌失望的語氣，不難看出祂對門徒理應能明白的期望（另參七 18-19，八 17-21）。在耶穌平靜風浪之後（首次出現船上場景），耶穌更責備門徒：「你們還沒有信心嗎？」（四 40），但門徒的反應只是「大大地懼怕」，並疑惑耶穌究竟是誰（四 41）。在耶穌的期望和責備之間，門徒的遲鈍是相當突顯的。

至於在「五餅二魚」這神蹟事件中（六 35-44），當耶穌挑戰門徒給群眾預備食物時，門徒即時的反應又反映出他們只按人的經驗來回應主的吩咐：「我們可以去買二十兩銀子的餅，給他們吃嗎？」（六 37）接著，在一次海上夜航中（六 45-52），耶穌履海到門徒的船上（船上場景再次出現），卻被受驚的門徒當作鬼怪（六 49），主連忙安慰：「你們放心，是我，不要怕！」但他們見了主，心裏仍然「十分驚奇」，作者在這裏特別解釋了一句：「這是因為他們不

Disciples in Mark: The Function of a Narrative Role," pp.386-405 。

明白那分餅的事，心裏還是愚頑。」（六 52 ）儘管門徒一而再經歷了神蹟奇事，但他們似乎仍未能認定眼前這位老師的真正身分。

及後，耶穌再以七個餅餵飽四千人（八 1-13 ），又再與門徒上船（船上場景第三次出現），耶穌囑咐門徒要防備法利賽人的酵和希律的酵（八 15 ），門徒卻誤會耶穌責備他們忘記帶餅（八 16 ），耶穌這次對他們的愚頑顯得有點生氣了，忍不住要將他們和那些聽不懂耶穌比喻的「外人」等同起來，全都是不省悟、不明白、心裏愚頑之輩，他們有眼睛卻看不見、有耳朵卻聽不見（八 17-18 ），雖然經過一番教誨開導，耶穌的結論仍然是：「你們還是不明白嗎？」（八 21 ）。在結束一章 1 節至八章 26 節此一大段時，作者特別以一個瞎子歷經兩個階段的醫治才得痊愈的事件作結（八 22-26 ），藉這比喻式的神蹟，表明當時的門徒猶如處於瞎子被醫治的第一個階段，他們對耶穌的身分和使命仍相當模糊，還未到後來「樣樣都看得清楚」的階段（八 25 ）。

當耶穌第一次向門徒揭示自己的身分（受苦的彌賽亞）時，彼得卻加以勸阻；耶穌責備彼得不體貼上帝的意思，只體貼人的意思，並且向眾人曉示跟從祂應有的心態和準備：「若有人要跟從我，就當捨己，背起他的十字架來跟從我。因為凡要救自己生命的，必喪掉生命；凡為我和福音喪掉生命的，必救了生命。」（可八 34-35 ）。跟從者必須認同耶穌和祂的信念：「凡在這淫亂罪惡的世代，把我和我的道當作可恥的，人子在他父的榮耀裏，同聖天使降臨的時候，也要把那人當作可恥的。」（八 38 ）。

耶穌第二次向門徒曉示受苦的職事和身分是在加利利

附近，緊接著的卻是耶穌因著門徒間爭論誰為大而來的教導。在耶穌預言自己將要被殺害之後，門徒在路上所談論的竟是誰為大，他們似乎很關心由誰繼承耶穌，作門徒領袖的問題，可見門徒所著眼的只是權力的操控，卻仍不留意主耶穌受苦的服事，這不正是對每一個跟從耶穌的人的譏諷和提醒嗎？耶穌對此的回應是：「若有人願意作首先的，他必作眾人末後的，作眾人的用人。」（可九 35-37 ）。

當耶穌進入耶城前，第三次向門徒披露自己將要遇到的苦難（可十 32-34 ）。與第八、九章相若，馬可福音把門徒對權勢和力量的戀棧，饒有意思地放在耶穌預言受難之後：「西庇太的兒子雅各、約翰進前來，對耶穌說：『夫子，我們無論求你甚麼，願你給我們做。』耶穌說：『要我給你們做甚麼？』他們說：『賜我們在你的榮耀裏，一個坐在你右邊，一個坐在你左邊。』……那十個門徒聽見，就惱怒雅各、約翰。」（可十 35-41 ）耶穌在這裏強調自己的職事和身分的同時，也糾正了門徒對權力的觀念和態度：「……你們中間，誰願為大，就必作你們的用人……因為人子來，並不是要受人的服事，乃是要服事人，並且要捨命作多人的贖價。」（可十 42-45 ）。門徒至此，似乎仍不明白作門徒就是要作眾人的僕人，甚而為人捨命的道理。事實上，認識耶穌的身分、使命和事奉的特質，與作為耶穌的門徒，是不可分割的，耶穌自己是門徒最終的榜樣，祂忠於父上帝的旨意，甘作受苦的僕人而釘身十架。

除了上述冥頑不靈的表現外，門徒對耶穌職事的退避，莫過於當耶穌被捉拿時，門徒落荒而逃那幕（十四 50 ），耶穌先前曾形容他們：「心靈固然願意，肉體卻軟弱了。」

（十四 38），現在，門徒果然如耶穌所預言的：「你們都要跌倒了」（十四 27, 30）。縱然彼得（和門徒）曾誇口地承諾：「我就是必須和你同死，也總不能不認你！」（十四 31）然而，當耶穌被捉拿時，門徒一下子都各散東西，慌忙丟下一切，撇棄耶穌（十四 50-52）！結果，猶大出賣了耶穌（十四 43-46），彼得三次不認耶穌（十四 66-72），門徒也驚懼而逃；反而是那以香膏膏耶穌的女子（十四 7-8）、替耶穌背十架的古利奈人西門（十五 21）、在十字架下的百夫長（十五 39）、遙望十字架的婦女們（十五 40-41）[63] 以及放膽求取耶穌屍體和負責安葬的亞利馬太的約瑟（十五 42-46）這眾多出其不意的人物，卻把握時機服事了耶穌，且對耶穌似乎有更準確的洞悉，做到了門徒所應做而未及做到的[64]。

然而，婦女們也因為懼怕，並未有即時將耶穌復活和與門徒相約的消息告訴門徒（十六 7-8）[65]。雖然馬可福音就此突然地告終，但耶穌在十四章 28 節的應許（但我復活以後，要在你們以先往加利利去）是不可能落空的，因此，讀者可預期當這應許實現時，門徒與耶穌的會面將帶來彼此間真正的契通，他們會全然明白耶穌受苦和受死的意義，並且

---

63 在馬可福音中，婦女的追隨者往往是好的榜樣（五 34，七 29，十四 3-9，十五 40-41）。

64 Tannehill, “Disciples of Mark,” pp.404-405。

65 另一可能的解釋則認為所謂「不告訴人」並非指門徒和彼得（十六 7），而是指所有人（參一 44），婦女們只按指示知會門徒，卻沒有將事情告訴所有人，因為將復活的信息公諸於世的，並不是這些婦女，而是那些後來與耶穌在加利利見面的門徒，參 Hurtado, “Following Jesus,” pp.24-25。

得著復興[66]。

綜觀而言，馬可福音對門徒的勾劃，往往圍繞著他們對耶穌的身分職事認同多少這主題上。上帝並不是以強者、威武凱旋的方式來彰顯祂的能力和權柄，乃是透過那位甘願謙和服役的人子來完成上帝的救贖計劃；無疑，上帝的兒子以這種卑微的樣式來開展祂的職事和啟示祂的身分，委實是匪夷所思的。「彌賽亞的秘密」儘管帶著作者多少主觀的目的，然而，在第一世紀的人看來，耶穌的職事和身分要是不算為「秘密」，也絕對是「愚拙的道理」，是叫人難以理解的「絆腳石」（林前一 18-25）。

4.3.3. 上帝的國

馬可福音中另一個重要的神學主題是「上帝的國」[67]。在耶穌傳道之初，「上帝的國將要降臨」已是耶穌宣講的主題：「約翰下監以後，耶穌來到加利利，宣傳上帝的福音，說：『日期滿了，上帝的國近了，你們當悔改，信福音！』」（一 14-15）。值得留意的是，在整卷福音書中，「上帝的國」這片語從未出自任何其他人物之口，全都是耶穌親口講的，而惟一一次出現於敘事之中，則是在耶穌死後，作者記述亞利馬太的約瑟仍等候上帝國度的來臨（十五 43）。因

66 Kingsbury, *Conflict in Mark*, pp.113-114, 117。

67 原文「國度」（βασιλεία）在馬可福音中出現 19 次，「王」（βασιλεύς）則出現 12 次（6 次指當時的王，其中 5 次指希律，另外 6 次指耶穌，都見於有關受苦的敘述之中）。馬可從不使用在馬太福音中常見的「天國」、「父的國」或「基督／耶穌的國」，亦從沒有使用任何代名詞或名詞來形容國度，而只用「上帝的國」這名稱。

此，整卷福音書所營造的情況是，有關「上帝的國」這主題，就只有耶穌宣講。

「日期滿了，上帝的國近了。」究竟上帝的國有多近？按馬可福音的敘述，它的來臨似乎繫於耶穌的職事和宣講。在與耶路撒冷下來的文士辯論時（三 22-27），耶穌被誣告為靠鬼王別西卜趕鬼，當時，耶穌就以兩國相鬥來暗喻祂的職事正要帶來撒但國度的瓦解：「沒有人能進壯士家裏，搶奪他的家具；必先捆住那壯士，才可以搶奪他的家。」（三 27）。上帝的國已經透過耶穌的職事而降臨，換言之，人因著對耶穌職事的認同而回轉上帝時，便在上帝的國裏有分：「凡遵行上帝旨意的人，就是我的弟兄姊妹和母親了。」（三 35）然而，上帝的國仍有待全面降臨的時候，在耶穌被賣的那一夜，耶穌就在逾越節晚餐時對門徒說：「我實在告訴你們：我不再喝這葡萄汁，直到我在上帝的國裏喝新的那日子。」（十四 25）上帝的國這種既臨（already）和未臨（not yet）的狀況顯然是充滿張力的。一如耶穌的身分和職事對四周的人是一個難以理解的「秘密」，馬可福音中所提及的「上帝的國」也是一個充滿吊詭的「奧秘」（四 11）。

除了那種既臨未臨的張力外，上帝的國的建立和顯露也是個不折不扣的奧秘。馬可福音第四章裏有關上帝的國生長的比喻（可四 2-9, 26-29, 30-32），正好說明上帝的國的擴展不是人所能計算和測度的，儘管當初看來微不足道，上帝的國的果效卻遠超乎人所能想像的。

上帝的國的外貌、擴展和果效固然是出乎人所能預料，就連進入其中所需的條件，也是當時的人難以理解的：「有人帶著小孩子來見耶穌，要耶穌摸他們，門徒便責備那些人。耶穌看見就惱怒，對門徒說：『讓小孩子到我這裏來，不要禁止他們，因為在上帝國的，正是這樣的人。我實在告訴你們，凡要承受上帝國的，若不像小孩子，斷不能進去。』於是抱著小孩子，給他們按手，為他們祝福。」（十 13-16）。對當時的人而言，要得著地上某一國家的國籍，必定要符合某些條件，愈是有價值和尊貴的子民身分，進入的條件就愈高；然而，耶穌所講論的「上帝的國」，進入的條件竟然近乎「沒有條件」——成為一個沒有任何條件和依仗的小孩子。

緊接著耶穌為小孩子祝福，馬可又刻意插入年輕財主向耶穌求問承受永生之道，從而論及進入上帝的國的條件。一個擁有許多產業、並且自小恪守誡命的人，似乎正正因為自己所擁有的「條件」而止步於天國門外。正當門徒詫異進入上帝的國難度之高，耶穌卻清楚指出，人得以進入上帝的國，主權乃在於上帝：「在人是不能，在上帝卻不然，因為上帝凡事都能。」（十 27 ）上帝若樂意讓人承受祂的國，順從的人自可領受。

一如耶穌的身分和職事不為四週的人所理解和接受，上帝的國亦是一個教人費解的奧秘。在這裏，我們可見馬可福音的神學主題是彼此連貫、緊緊相扣的：馬可福音提醒他的讀者和聽眾，除非體會十字架的意義，否則，他們不會認同耶穌的身分和職事，更談不上跟隨祂，作祂的門徒；而只有那些認同和接受耶穌受苦職事的跟從者才會實在經歷上帝的國的能力和明白當中的奧秘。

4.4. 作者、寫作地方和寫作日期

有關「福音書」的簡介，可參本書第一章。新約的四卷正典福音書均沒有指出個別書卷的作者，這可能是為了要把焦點集中在福音書的主人翁——耶穌基督——的身上，因為福音本身就是耶穌，而福音的來源亦是主耶穌自己。不過，隱沒作者名字可能也是「福音書」這種新興的基督教文獻體裁的特色，這一點與早期的次經福音書有著顯著的分別，因為那些次經福音書都清楚指出作者的名字（雖然往往是託名之作），例如《多馬福音》就註明是由「低土馬・猶大・多馬」所寫的，而《雅各原始福音》的作者則稱自己為「雅各」，一般認為這是耶穌的兄弟雅各。因此，新約聖經的四卷福音書沒有透露作者名字的做法，可算是正典福音書的特色。

今天教會或大多數學者均稱其中一本福音書為「馬可福音」，這是因為早自公元二世紀起，教會傳統已一致認為這本「馬可福音」的作者是彼得的門徒約翰・馬可。

4.4.1. 傳統立場：帕皮厄斯的見證

最早見證此傳統的，是坡旅甲的好友希拉波立的主教帕皮厄斯（公元 60-130 年）。帕皮厄斯有一部主要的著作，名為《主論評注》。該書共分五冊，內容解釋基督的教訓及討論祂的生平。原著現已散失，我們只能從愛任紐、優西比烏和其他較後期作者的著作中得見此書的部分內容。按優西比烏（《教會歷史》 3.39.15 ）的記述，帕皮厄斯在其《主論評注》的序言中，就清楚提及這位馬可與門徒彼得的關係。由於帕皮厄斯的立場成為日後教父和教會傳統的依據，帕皮厄斯的意見便顯得非常重要：

> 「馬可成為了彼得的翻譯者【或：解經人；ἑρμηνευτής】，把他對基督言行的記憶通通寫下來，雖然並不順著次序【τάξει】，卻是準確的。因為，儘管他未嘗聽過主講道，也未嘗跟從主，但正如我所說，他其後跟從了彼得。彼得一向按照他們【指聽道者】的需要【πρὸς τὰς χρείας】來教導[68]，卻無意把主的言論【τῶν κυριακῶν λογίων】整理成結構連貫的記錄；於是馬可把自己記得的一切寫下來，全無犯錯。因為他緊守一個原則：他聽到甚麼，都會毫不遺漏地記下來，也不記載任何不真確的事。」[69]

據優西比烏所記，帕皮厄斯的資料也是來自一個更古老的傳統，是一位被稱為「長老約翰」所說的；至於這位「長老約翰」是門徒約翰抑或是另一位約翰，則是另一個非常具爭論性的問題。雖然優西比烏清楚指明這資料是來自這位「長老約翰」，但他又表明，帕皮厄斯也相信這樣的說法。

這短短的描述確實提供了很多有關馬可福音的背景資料。然而，有一點值得留意：這段經文並非旨在介紹馬可福音的背景或馬可與彼得的關係，而是為馬可福音申辯（「雖然並不順著次序[70]，卻是準確的……」）。在帕皮厄斯的時代，其他福音書（如路加福音和馬太福音）相繼面世，對比

---

68 這句（ὃς πρὸς τὰς χρείας ἐποιεῖτο τὰς διδασκαλίας）的另一個翻譯是：他【指彼得】一向以記載軼事的方式來編寫他的教導。

69 引自黃錫木編著之《四福音與經外平行經文合參》，第二部分 § 1。

70 這句話可能暗示，作者並非按時間順序來編寫馬可福音；參 Hengel, *Studies in the Gospel of Mark*, p.48 。不過，也有認為這詞是指某種修辭的排列；參 Aune, *The New Testament in Its Literary Environment*, p.67 。

之下，一般教會或會認為馬可福音缺乏條理，因而對其評價不高。帕皮厄斯的解釋是：問題不在馬可的寫作能力，而是馬可的資料來源——即彼得的講章[71]。由於彼得在宣講時，經常會按不同聽眾的需要而修正自己的講章（參 4.4.2 之 2 的討論），所以，這以文字記錄下來的講章（即馬可福音）也未能很有條理。這暗示馬可福音可能只是彼得在其講道時所用的資料簿（ source book ）的記錄本，而不是直接的口述記錄本。這一點相當重要，大大影響我們怎樣評估馬可和彼得之間的關係以及帕皮厄斯的這番說話。

4.4.2. 傳統立場的評估

帕皮厄斯的見證大大影響了整個基督教會傳統對馬可福音作者問題的看法，教會也認為馬可福音的作者就是馬可，馬可的資料來源就是彼得。然而，仔細地研究帕皮厄斯的內文會使我們發現，不能盡信這簡略的見證。

1. 彼得與馬可的關係

帕皮厄斯最為人引用的一句是開首的話：「馬可成為了彼得的翻譯者【或：解經人； ἑρμηνευτής】」。彼得與馬可關係親密，彼得前書的作者用「我兒子」來稱呼馬可（五 13），大概已經可以清楚表明兩者的關係[72]。然而，帕皮厄斯特別稱馬可為彼得的 ἑρμηνευτής，究竟他所指的又是甚麼呢？

---

71 筆者發現，這一點的見解與 Dungan, *A History of the Synoptic Problem*, pp.21-23 非常相符。

72 儘管彼得前書不是彼得寫的，這句話也可反映公元一世紀末前初代教會的傳統。

在字義上，ἑρμηνευτής 和有關的字均可指「解釋」或「翻譯」，早期的文獻也作「解釋」之意（參約二十四 27 異文，以及安提阿的伊格那丟《致非拉鐵非人書》6.1；參 *BAGD* 有關的條目）。但倘若馬可只是扮演彼得的「解釋者」，那麼，路加也應是保羅的「解釋者」才對，但帕皮厄斯為何沒有用同樣的字眼來形容路加呢？

在新約聖經中，這字和有關的字（包括動詞 ἑρμηνεύω）的用法，主要是指「翻譯（者）」（參林前十二 10，十四 26；約九 7，一 42 異文；來七 2）之意。此外，帕皮厄斯也同樣用這字，指有人根據馬太以亞蘭文寫下來的記錄（或福音書），盡各人所能「翻譯」出來（參優西比烏《教會歷史》3.39.16）。特土良（《反駁馬吉安》4.5）亦用過類似的字眼（*interpres Petri*）；基於此，特土良甚至指出，這書亦可稱為《彼得福音》。按這理解，傳統認為馬可純粹是彼得的「翻譯者」；彼得大概是以亞蘭文傳講信息的，而鑑於他後期的傳道旅程主要是在巴勒斯坦以外（例如在意大利一帶），馬可便需要把內容翻成希臘文。然而，在新約時代，希臘化運動已經相當廣泛，即使在巴勒斯坦，希臘語也是非常通行的語言；因此，儘管我們把這字理解為「翻譯者」，也不表示彼得「不懂希臘文」，只是其語文能力或有不同而已[73]。

即使這本馬可福音確實是彼得的講道資料，但馬可福音

73　馬可福音中有不少亞蘭文字，並且作者提到時，每每都加以解釋。這一點可以證明該福音書的讀者並不懂亞蘭文，但更重要的是，作者明知讀者不懂這語言，但又刻意提及，可能暗示作者所用的資料，至少部分是亞蘭文的，又或者至少暗示作者是懂這語言的；參 Hengel, *Studies in the Gospel of Mark*, p.46。

也不可能僅止是搜集彼得的資料，然後翻譯成希臘文；反之，這書所反映出的精密結構和神學上特定的寫作動機（參四 1-2），已可證明這書不是一本純翻譯的作品。很有可能的是，當時的人企圖藉著彼得的名字（或彼得與馬可的關係）來建立這福音書的權威；整體來說，從內文上，馬可福音並沒有任何具體跡象，可以顯示彼得便為該福音書資料的來源。

2. 馬可的來源

帕皮厄斯在為馬可福音的可靠性和準確性申辯時，他特意強調，馬可根據彼得所提供的資料，記錄了有關主的言行。

首先，帕皮厄斯提到，馬可是根據「記憶」整理這本福音書的內容。這並非表示，書中的一切都是馬可憑記憶憶述出來的，而是說他沒有使用其他文字記錄，只是以其他口述資料為主。

另一點很重要但卻備受爭議的是，對文中「彼得一向按照他們【指聽道者】的需要來教導」一語的理解。原文這一句（ ὃς πρὸς τὰς χρείας ἐποιεῖτο τὰς διδασκαλίας）也可理解為：「彼得一向以記載軼事的方式來編寫他的教導材料」。這裏最大的關鍵點是對 πρὸς τὰς χρείας 這介詞短語的理解：究竟這短語應該作一般性用法（助語式用法）解，意即「需要」；抑或作為一專門術語解，指按需要而寫下來的「記錄」（例如「格言」或「軼事記錄」）[74]？後者為一

74 留意 Liddell-Scott, *Greek-English Lexicon*, *s.v.* 把這意思列於第五類，但 Sophocles, *Greek Lexicon of the Roman and Byzantine Periods* 卻把這

般英文譯本的理解，但也有學者[75] 選擇前者的解釋。這一點可謂相當重要，令我們對馬可福音的來源需作重新考慮：究竟馬可的資料純是來自彼得的講論（或口述），還是彼得選段式或主題式的筆記？

古烈茲[76] 認為：無論這福音書的作者是否只單憑記憶，然後把彼得的講論寫下來，抑或把彼得的筆記整輯，然後加以編寫，有兩點是清楚的：1. 作者的編修工作幅度相當大，以致福音書明顯有結構性的風格。 2. 基於這福音書的文筆和用語，與符類福音書中那些並非來自馬可福音的資料（例如 Q 的經文，參 2.3.2 ）有很多相似之處，而且書中又不時反映出不同的福音書傳統，因此可以肯定，在我們眼前的馬可福音並非屬一人的創作[77]。

意思歸納為「需要」之下；筆者認為後者的分類更具説服力。

75 參 Guelich, *Mark 1-8:26*, pp.xxvi-xxvii 。

76 參 Guelich, *Mark 1-8:26*, p.xxvii 。

77 有關馬可福音來源方面的討論，參 Brown, *An Introduction to the New Testament*, pp.149-152 。值得一提的，是於 1958 年由新約學者史密夫（ Morton Smith ）在耶路撒冷附近的瑪．沙巴修道院發現的《馬可的神秘福音》。引用這福音書的文獻指出，這是一本「較屬靈」、較長的馬可福音版本。有些學者（包括史密夫）認為這福音書是最早的福音書（較現存的馬可福音還早），並且可能是馬可福音的來源之一（參 M. Smith, *Clement of Alexandria and a Secret Gospel of Mark*; *The Secret Gospel: The Discovery and Interpretation of the Secret Gospel According to Mark* ，以及 Koester in *Colloquy on New Testament Studies*, pp.35-37 ）。但鑑於現存有關這文獻的內容只有兩小段斷片（參即將由基督教文藝出版社出版的「基督教典外文獻系列」之《次經福音書一》第二十三章），這種結論確實言之過早。

4.4.3. 總結

總結古代文獻，馬可福音的作者明顯是馬可；俄利根（公元 185-254 年）更具體地指出：「……是馬可根據彼得的教導寫成的[78]；彼得在他的大公書信中甚至宣稱馬可是他的兒子：『巴比倫的教會，與你一同被高舉，向你問安；我兒馬可也是這樣。』」（《馬太福音註釋》1）。然而，由於大多數早期教父都深受帕皮厄斯這番話的影響，因此，他們（包括俄利根）的見證也只是重覆帕皮厄斯（或那位「長老」）的傳統而已。

雖然學者們未能盡信帕皮厄斯所提供的資料，我們亦未能確定文中某些地方的意思，但一般學者依然深信，馬可福音的作者是馬可。至於那些對這傳統的作者觀有所保留的人[79]，有的認為作者是一位叫馬可的，但卻不是那位約翰．馬可[80]，有的則未有定論（認為是不知名的人）[81]。本章的幾位作者認同傳統的立場，認為馬可福音的作者就

---

78 在這句之前，俄利根指出「第二本寫成的是馬可福音」；不少早期教父都認為，第一本面世的福音書是馬太福音，參 2.3.1。

79 有一點是反對馬可為這福音書作者的人經常提出的，就是福音書中有不少地理上的錯誤資料。例如：可五章 1 節所提及的「格拉森」理應是離開加利利海約四十多公里的地方，但經文卻把這地方描寫成一個靠近岸邊（參五 13）的市鎮（大概是這原因，有些抄寫員把 Γερασηνῶν 改成 Γαδαρηνῶν「加大拉」（參太八 28）。此外，馬可福音七章 31 節記載「耶穌又離了泰爾的境界，經過西頓，就從低加坡里境內來到加利利海」；但看看地圖，泰爾是在加利利海的西北面，西頓是位於泰爾的北面，耶穌行走這條路線的可能性似乎不大。馬可福音在記述巴勒斯坦的地理情況時並不準確似乎是事實。不過，生活在耶路撒冷的人也不一定對當地瞭如指掌。

80 參 Guelich, *Mark 1-8:26*, xxviii。

81 參 Kümmel, *Introduction to the New Testament*, p.97。

是那位又稱為「約翰」的馬可（徒十二 12, 25）；然而，對於馬可與彼得之間的關係，是否有如帕皮厄斯所見證的那樣，則仍有保留。

這位馬可又名「約翰」。雖然「約翰」明顯是他的亞蘭文名字，這亦是一個一般猶太人常用的名字，但新約聖經卻常常以「馬可」這非常普遍的拉丁文名字（*Marcus*）來稱呼這位在巴勒斯坦長大的猶太人，這可算是相當特別的。某些早期的典籍記載：「馬可是利未人，但因為身體有輕微殘缺，未能承繼祭司的職分[82]。」

他和母親馬利亞在早期教會中非常活躍。他們住在耶路撒冷一所頗大的房子裏；耶穌必定與他們非常熟識。祂亦在這房子裏與門徒共進最後晚餐。而在耶穌死後，這地方可能成為初代耶路撒冷教會的總部。馬可是保羅早期同伴巴拿巴的表弟（西四 10）；在保羅和巴拿巴的第一次傳道旅程中，馬可也曾一度與他倆同行。與保羅和巴拿巴相比，馬可在傳福音給外邦人的事上，立場會較為保守。亦可能是基於這因素，他在第一次傳道旅程的早期決定退出（徒十三 13）[83]。保

---

82 參黃錫木編著，《四福音與經外平行經文合參》，§ 74《武加大譯本》的「馬可福音序言」和 § 29 公元二（或四）世紀的「福音書最早的序言」中的「馬可福音」。按後者的記錄，由於馬可的手指異於常人，他又被稱為「手指畸型的那位」（拉：*colobodactylus*）。

83 一般人認為馬可離開他們的主要原因是思鄉，但事情未必那麼簡單。他可能是一個「宗教上的雅皮士」（religious yuppie）；就如有很多年青的基督徒，總喜愛在一些「新穎」和「前線」的基督教事工中服事（例如短期宣教或植堂計劃），卻沒有經過審慎的考慮，只求屬靈的刺激。保羅和巴拿巴為第一次宣教旅程所定的計劃當然是既新鮮又刺激的，馬可即在沒有認真考慮之下便加入了這事奉的行列。他們的第一站是塞浦路斯，在那裏，馬可很熱心地協助他們（留意路加在徒十三 5 特別提到馬可的幫忙）。但在這以後，當他

羅後期坐牢時，卻提及馬可與他同在，並差他到小亞細亞去（西四 10；門 24）。保羅在提摩太後書中，更叮囑在以弗所的提摩太要帶馬可到他那裏，因為馬可「在傳道的事上於我有益處」（提後四 11）。在彼得前書中，作者提及馬可在「巴比倫」，意即「羅馬」。我們推測，馬可後期的事奉工作都是穿梭於在保羅和彼得中間，而大概花較多時間於彼得身旁，協助他的宣講工作。按《武加大譯本》的傳統，馬可後來成為亞歷山太的監督[84]。

馬可是否為耶穌生平的見證人？約於公元二世紀左右寫成的《穆拉多利經目》[85]，本來是順序介紹四卷福音書的；但不幸，開首的一部分卻破損了。開首的斷片上有這樣的一句：「……但有某些場合他本人也是在現場的，他就如此編排。……」（拉：*quibus tamen interfuit et ita posuit*）[86]；倘若文中的「他」是指「馬可」的話，那麼，馬可也是耶穌在世時某些事蹟的見證者。至於十四章 51 節至 52 節「有一個少年人，赤身披著一塊麻布，跟隨耶穌，眾人就捉拿他。他卻丟了麻布，赤身逃走了。」雖然曾有學者認為這段經文是一種自我介紹的方式，但這觀點並未能得到很多現代學者的

們面對法術師和方伯士求．保羅的時候，卻遭逢很大的危險，結果馬可便退縮而回。

84 參黃錫木編著，《四福音與經外平行經文合參》§ 74「馬可福音序言」。

85 全文可見黃錫木編著，《四福音與經外平行經文合參》§ 44 之《穆拉多利經目》；詳細討論這經目對新約正典的影響，參黃錫木著《基督教典外文獻概論》，5.2.3.4.「穆拉多利經目」。

86 楊牧谷博士於《當代神學辭典》的「穆拉多利綱目」一條目中把首句翻成：「他有的就是這些，因此就把它寫下」（拉：*quibus tamen interfuit et ita posuit*），顯然有點莫名其妙。

認同；參本章註 29 。

4.4.4. 寫作地點和日期

馬可福音的對象有別於馬太福音，它似乎專為非猶太讀者而寫；正因這緣故，作者並沒有引用舊約的經文，又經常解釋猶太人的習俗（例如：二 26 ，七 2-4 ，十四 12 ，十五 42 ）。此外，在引用一些亞蘭文的字詞時，作者更一一翻譯出來，幫助讀者（非猶太人）明白其意（例如：五 41 ，七 11, 34 ，十四 36 【 Αββα ὁ πατήρ ，兩字分別為亞蘭文或希臘文字，意思相同，即「爸爸」】，十五 22, 34 ）。

這點值得留意。正如前文提及的，馬可早期對傳福音給外邦人，立場頗為保守，雖不至於反對向非猶太人傳福音，但這肯定不是他的負擔。然而，如今竟專為非猶太人撰寫了這本福音書，可見其事奉方向的改變。不過，也有些學者認為猶太色彩的淡化，並不足以印證馬可福音的寫作對象就只是非猶太人，不可忽略的是，那些多年來散居於巴勒斯坦以外地區（如羅馬），且已日漸與傳統猶太文化脫節的猶太人，亦很可能是馬可福音的寫作對象。

究竟這書寫於何處？在源自公元二（或四）世紀的「福音書最早的序言」[87] 中，在馬可福音的部分，序言的作者就指出這福音書是寫於「意大利」；同樣，路加福音的序言部

---

87 這些非常早期的序言有時會稱為福音書的「反馬吉安」序言，曾見於大約 38 個拉丁文抄本中，這些抄本乃於公元四至十世紀期間寫成；目前仍然存留的僅有馬可福音、路加福音和約翰福音的序言，其中路加福音的序言更兼備希臘文和拉丁文兩個版本。有關這些序言的介紹和文本，參黃錫木編著，《四福音與經外平行經文合參》§ 29-31 。

分亦見證這點。此外，公元二世紀亞歷山太的革利免在《大綱》（載於優西比烏《教會歷史》 6.14.5-7 ）中指出，這福音書是寫於羅馬[88]。書中亦有些資料可以支持這點，最為明顯的證據是，作者採用了不少拉丁文詞彙，例如十二章 42 節的 κοδράντης（拉： *quadrans* ）[89]；此外，十五章 21 節所提及的魯孚，即為耶穌背十架的古利奈人西門的兒子，按羅馬書十六章 13 節的記載，是居住在羅馬的（當然，這是假設二者是同一人）。故大多數現代學者都贊同這書是寫於羅馬，但另有些學者（包括不少德國學者）則認為是別處，例如加利利、低加坡里、敘利亞等地[90]。

有關馬可福音的寫作日期，有幾個相關的課題會有很大的影響。首先是符類福音的問題（參第二章）：倘若我們接受「馬可為先」的說法，而這福音書亦成為馬太福音和路加福音的基本材料，那麼馬可福音便是在它們成書之前寫成的。第二個問題來自兩位教父所提供的有分岐的資料。亞歷山太的革利免（公元 155-220 年）在其《大綱》中指出（載於優西比烏《教會歷史》 2.15.1-2; 6.14.5-7 ），當馬可完成

---

88 參黃錫木編著，《四福音與經外平行經文合參》 § 46 。內文主要是描述彼得和馬可之間的關係，特別是在福音書寫成後，彼得有機會閱讀並允許教會傳閱。既然彼得在羅馬殉道是早期教會一項非常重要的傳統，革利免遂認為，說馬可福音寫於羅馬，可能只是建基於這傳統而引伸出來的結論而已。

89 其他的例子有:五章 9 節、15 節的 Λεγιών(拉： *legio*「羅馬兵團」)、六章 37 節，十二章 15 節，十四章 5 節的 δηνάριον （拉： *denarius*「十個錢」）和 κεντυρίων（拉： *centurio*「千夫長」）等。

90 參 Guelich, *Mark: 1-8.26*, p.xxix ， Kümmel, *Introduction to the New Testament*, pp.97-98; Brown, *An Introduction to the New Testament*, pp.161-163 。

其福音書後，彼得還在世，並且閱讀過這書，又肯定這書的準確性[91]；那麼馬可福音就會是寫於公元 68/69 年之前的(因為彼得是於這年間殉道)。但另一方面，愛任紐(活躍於公元 175-195 年)卻清楚指出，馬可是在彼得去世之後才寫下這福音書的(《反駁異端》3.1.2-3)：

> 「2……彼得和保羅則在羅馬傳道，建立教會。3他們離去後，馬可身為彼得的門徒和解經人，就親自把彼得所宣講的內容筆錄下來，傳給我們……。」[92]

第三是馬可福音十三章 14 節「那行毀壞可憎的，站在不當站的地方」與「第一次猶太人叛亂」的事件(公元 66-73/74)的關係：按一般的共識，這番話是指耶路撒冷聖殿被毀一事，那麼，究竟這番話是馬可借用耶穌的預言來預言一件未發生的事(按此，馬可福音便應寫於公元 70 年之前)，抑或是馬可借用耶穌的預言，然後以倒序的方式作為對猶太人領袖的指斥(按此，馬可福音的寫作日期便可以是公元 70 年之後)？

一般學者認為第三個問題(即對可十三 14 的解釋)很難有定論，而革利免和愛任紐二者所提供的資料亦很難持平，然而基於在符類福音問題上的共識，較多學者認為馬可福音是寫於公元 60 年代末期(或公元 70 年初)。

---

91 作者又較帕皮厄斯更具體地指出，馬可主要是應當時信眾的要求寫其福音書的。

92 優西比烏(《教會歷史》5.8.1-5)亦提及類此資料；此外，既然帕皮厄斯指出這本福音書是馬可以「記憶」憶述出來的，這可能暗示馬可福音的資料來源(即彼得)已經離世。

4.5. 專題討論一：彌賽亞的秘密

在十九世紀末期，一般人都能夠接受福音書學者霍爾茨曼（參 2.3.2 ）的研究結果，即在符類福音中，馬太福音和路加福音的主要來源是馬可福音和「Q來源」。據此，馬可福音和「 Q 來源」理應屬較早期的作品。就歷史的記述而言，這兩個來源也應比較可靠；相對之下，後期的福音書（如馬太、路加和約翰福音）便傾向把自己的神學和教會的教義混進耶穌的生平事蹟裏，故亦較為不可靠。「 Q來源」只是在解釋符類福音問題上一個假設性的來源，根本沒有其他文獻可以證明這文獻存在與否；但馬可福音已具體地存在，是早期基督教會中最早的福音書文獻之一。如此，既然確認馬可福音是較早期和可靠的根據，我們就可以從中認識那位歷史上的耶穌。

就在這時候，一名德國學者雷德（ 1859-1906 年），指出馬可福音的作者並非旨在記載耶穌的生平，而是要反映作者的神學傾向（德文： *Tendenz* ），即解釋在耶穌的生平中，祂為何要隱瞞自己是彌賽亞這身分。在馬可福音裏，確實有一些經文明明指出耶穌刻意不願意人家知道自己就是彌賽亞，例如：在趕鬼之後（一 23-25, 34 ，三 11-12 ）以及在醫治病人之後（一 44 ，五 43 ，七 36 ）。與這些經文有關的是另一組經文，亦反映耶穌經常要隱瞞一些資料，例如：在耶穌談及用比喻的目的（四 10-13, 33-34 ）時，他指出，只有門徒能直接聽到有關彌賽亞和上帝的國的教訓，其他人只能聽到比喻。特別是：這些隱瞞只是暫時性的，適當的時候便會顯露，例如：對於耶穌與以利亞和摩西在山上改變形象一事，耶穌也吩咐門徒要隱瞞，直至他「從死裏復活」（九

9）。面對這些經文，雷德問：倘若耶穌確曾承認這身分，為何又要隱瞞呢？而較馬可福音後期的教會傳統（例如其他福音書）為何卻又似乎沒有任何「隱瞞」的跡象呢？雷德認為，倘若耶穌確有這樣的宣稱，祂沒有理由要隱瞞。因此，他的結論是：耶穌根本就不曾宣稱過自己是彌賽亞，而馬可福音的作者之所以帶出這「隱瞞」的主題（concealment motif），其實是要解釋早期教會所面對的一個難題：教會有宣稱耶穌是「彌賽亞」或「基督」的傳統[93]，但卻缺乏證據。

雷德的歷史重構假設是：真正的耶穌從未承認自己是彌賽亞，只是馬可本人，為了要維護當時的教會傳統而作出一些故弄玄虛的描述。簡單來說：雖然耶穌從未宣稱自己是彌賽亞，但門徒在確認耶穌復活之後，便確認了耶穌是基督；然而，這只是一廂情願的看法，缺乏證據。於是馬可嘗試提出一些證據，指出在耶穌的生平中，其實有承認自己是「彌賽亞」或「基督」，不過，承認的方式非常隱晦，因為時候還未到，故此不想讓其他人知道，只讓某些信徒知道。因此，出現在馬可福音中有關「彌賽亞的秘密」，一方面可以維護作者當時的教會認信，另一方面又可以提供證據，指出為何沒有很多清晰的證據說明這一切。因此，這「秘密的彌賽亞」其實是早期教會自創的傳統，而馬可福音恰恰印證這樣的傳統。整個理論和重構，均可見於雷德的著作 *The Messianic Secret*[94]。

雷德以歷史鑑別或批判的姿態研究福音書，目的不是要

---

93 前者是希伯來文，後者是希臘文意譯字；意思相同，即「受膏者」。

94 *Das Messiasgeheimnis in den Evangelien* (1901)，英文譯本於 1971 年由 Cambridge University Press 出版。

拆毀福音書的歷史性，而是要指出當時人們（包括霍爾茨曼）的天真，以為聖經中的早期歷史文獻就可以等同於純歷史的記載（參 3.3.3 ）。雷德整套理論確實再次打破傳統對聖經歷史文獻的歷史性的理解，亦首次提出「馬可為神學家」（ Mark as theologian ）這可能性。這對當時的新約研究界的確有震撼性的影響。雖然雷德認為，福音書既帶有神學動機，其歷史性便不可信，但今天的學者大概不會認同這種極端的立場，只會認為：在聖經中，歷史與神學是不可分割的；而馬可，就好像其他較他後期的福音書作者一樣，在編寫其福音書時，確實運用了一些歷史的事蹟片段，來帶出其神學論點[95]。

今天，聖經學者大概未能對於這些所謂「隱瞞經文」，提供一個全面的解釋理論，而很可能，每一段經文的「隱瞞」目的也不同。但一般學者的共識是：雷德對馬可福音的觀察只是一廂情願的看法而已。雷德對經文提出的觀察和解釋只是很單方面的。倘若耶穌真的不想人家知道自己為彌賽亞這身分，祂根本就不應該在眾目睽睽之下施行種種神蹟奇事；而在事情發生後，只用一句話叫當事人不要把事情傳開，根本是於事無補的，因為這些異能怪事必定會很快便傳開的。[96]

後來不少有關「彌賽亞秘密」的討論，重點在找出為何馬可福音中的耶穌要禁止眾人將祂行神蹟醫病趕鬼的事蹟傳開。有的認為馬可福音的作者是要針對一種「神人」

95 針對雷德對馬可「彌賽亞秘密」的理解，詳參 Telford, *The Theology of Mark*, pp.47-49 。

96 參 Luz, "The Secrecy Motif and the Marcan Christology," pp.9-30 ，轉載自 Tuckett, ed., *The Messianic Secret*, pp.75-96 。

（Divine Man, θεῖος ἀνήρ）基督論，這異端強調耶穌好像希臘神話中的神人一樣，不只有非凡的智慧，且有無邊的法力，能翻雲覆雨，且自稱為神的兒子[97]。這卷福音書就是針對持這異端教訓的耶穌門徒而寫。馬可指出，這些耶穌的門徒及當時在教會中的一些看法是錯誤的，耶穌並非他們所認為的神子（神人），祂是那受苦的人子。然而當時是否存在一種神人的固定觀念，卻被學者質疑。[98]

近年對這些經文或整個課題的研究結果，可謂剛好與雷德的理論相反：較原始的傳統確是宣稱或把耶穌描繪為彌賽亞／基督，但較後的期教會為了不想過分宣傳這點——在某程度上，是為強調耶穌的普世性而貶低耶穌的猶太性，又或是要避免惹羅馬政府注意，——而指出耶穌故意把這身分隱瞞起來[99]。

---

97 這假說是最先由 Weeden (*Mark: Traditions in Conflict*) 提出的。支持這看法的，有如 Betz, "Jesus as Divine Man," in *Jesus and the Historian: Written in Honor of ernest Cadman Colwell*, pp.114-133; Perrin, *A Modern Pilgrimage in New Testament Christology* 。

98 參 Betz, "The Concept of the So-Called 'Divine Man' in Mark's Christology," in *Studies in New Testament and Early Christian Literature: Essays in Honor of Allen Wikgren*, pp.229-240 ; Holladay, *Theios Aner in Hellenistic-Judaism: A Critique of the Use of This Category in New Testament Christology* ; Kingsbury, "The 'Divine Man' as the Key to Mark's Christology—The End of an Era?" pp.243-257 。

99 參 Aune, "The Problem of the Messianic Secret," pp.1-31; Dunn, "The Messianic Secret in Mark," pp.92-117; Moule, "On Defining the Messianic Secret in Mark," pp.239-252 。早於 40 年代， Ebeling 已經對雷德的彌賽亞秘密提出強烈反對；他指出，耶穌之所以這麼作，並非旨在隱瞞自己的身分，反而是要把這身分啟示出來（例如：耶穌禁止被醫治好的人把這些事情傳開，正是反映耶穌知道根本禁止不住）。這種（可以說是「以退為進」）的表達方式，是要肯定讀者能掌握耶無論如何，在雷德所提出的「彌賽亞秘密」中，有一點是可取的，就是指出「耶穌為彌賽亞」與祂的「受難和復活」的關係，因為真正的彌賽亞，只有透過被釘在十字架和戰勝死亡等事件才能被顯露出來——這才是彌賽亞的真正使命。這個關係正好帶出受苦的彌賽亞和耶穌為上帝兒子的關係（這主題是由百夫長帶出的，參十五 39 ）。這是兩個共存於馬可福音中，而又非常重要的主題。大概可能因為這關係，馬可經常把受難之前的耶穌，描繪成一個「隱瞞的彌賽亞」，目的是要向當時的群體帶出一個信息：耶穌設法避免讓猶太人擁立為王或把祂理解為他們理想中的彌賽亞。因此，祂隱瞞這身分，直至祂受難和復活之後，這真正的身分才顯露出來。我們也可以說，門徒在那時才把耶穌真正的身分弄清楚。這一點也正好與馬可福音的另一主題扯上關係：在馬可福音書中，門徒經常被描繪成一群一竅不通、學習上遲鈍的學生（參四 13, 40-41 ，六 50-52 ，七 17-18 ，八 16-21 ，九 6, 10 ）。因此鄧肯認為，與其說存在「彌賽亞的秘密」，倒不如說是「彌賽亞的誤解」[100]。作者透過使用「隱瞞題旨」，以使讀者對耶穌作為「神的兒子」有正確的理解，然而我們不肯定，作者這樣作是否刻意在針對某些異端基督論。

穌的真正身分，同時指出耶穌的真正（彌賽亞）身分只有在十字架和耶穌受苦的大前提之下才能正確地得到理解。

100 Dunn, “Messianic Secret”。

4.6. 專題討論二：「福音的起頭」

四卷福音書開首的引言部分各有特色，亦各有在解釋上的困難。在某程度上，馬可福音的引言是最難解釋的，就連最基本的問題——這引言在哪裏結束，也未有定論，不同譯本在這方面有不同看法。其他的問題則包括：這段經文是馬可福音中惟一一段舊約的直接引文，究竟這段引文在這福音書中的意義為何？作為首本面世的福音書，這書以「福音」（ εὐαγγέλιον ）一字作為該書的標題，這字應當何解？而「起頭」又是指甚麼樣的開始？本節將對這些問題逐一進行討論。

由於第一節「【上帝的兒子】耶穌基督的福音的起頭」所呈現的問題複雜繁多，亦與很多相關的問題掛鉤，因此我們先從最簡單的問題開始，討論第 2 至 3 節的舊約引文。

4.6.1. 舊約引文（第 2-3 節）

一般釋經書[101] 都對這兩節經文有詳細的解釋，本節主要就三點加以討論。

1. 異文：「以賽亞書上所記」

UBSGNT-4th 和 *NA-27th* 兩個希臘文版本在此的正文是 τῷ Ἠσαΐᾳ τῷ προφήτῃ「正如先知以賽亞所寫〔或：以賽亞書所記〕」，但有些較後期的抄本（主要是《拜占庭經文類型》一類）則把原來的語句改為 τοῖς προφήταις「一些先

101 特別是 Guelich, *Mark 1-8:26*, pp.5-14，和 Gundry, *Mark: A Commmentary on His Apology for the Cross*, pp.29-36 。

知」，主要是因為在隨後的兩節引文中，只有第 3 節是真正出自《七十士譯本》以賽亞書四十章 3 節，而第 2 節可能合併自先知瑪拉基書三章 1 節和出埃及記二十三章 20 節。抄寫員之所以作出修改，主要是希望消除其中的衝突。

然而，支持正文語句的抄本來自不同的經文類型（有《西方經文類型》和《亞歷山太經文類型》），而且數據相當多。留意 *UBSGNT-4th* 把正文的語句標為「 A 」級，表示編委會基本上肯定正文語句的可靠性。

2. 約翰為預備者

雖然所引用的這兩節經文是綜合瑪拉基書、出埃及記和以賽亞書三段經文組合而成的，但作者卻以「以賽亞」的名字作為代表；這大概是因為以賽亞書的引文部分較為詳盡，加上以賽亞書於猶太教群體或初代教會中，是最常被引用的書卷。

馬可在這裏引用的經文，除了人稱代詞外，基本上反映了原來的《七十士譯本》和希伯來文聖經的文本[102]。首先，馬可曾改寫原來用希伯來文寫成的瑪拉基書中的代稱：把「預備『我的』道路」中的「我的」（指耶和華）改成「你的」（指耶穌），又把《七十士譯本》以賽亞書四十章 3 節「修直『我們的』道路」中的「我們的」（指以色列人）改成「他」（指耶穌）。這樣的更改明顯是為要配合新的處境，

102 參 Poon（潘仕楷），"'The Beginning of the Gospel': The Introductory Statement of Mark's Gospel (1:1-3)," pp.111-112，正確地指出，以賽亞書四十章 3 節和出埃及記二十三章 20 節兩段經文均反映《七十士譯本》的文本，但瑪拉基書 3 章 1 節則反映希伯來語聖經（或馬所拉經文）的文本。

並且要把耶穌的神性身分等同舊約的耶和華；但有一點很重要：這兩節引文的主角並非耶穌基督，而是施洗約翰。在短短兩節裏，作者將約翰的使命精簡地描述出來：

「我要差遣我的使者」：約翰是上主的使者；

「在你面前，預備道路」：是先鋒，是為日後要來的作準備的僕人；

「有人聲」：他的宣講職務較他的生平重要，人們不認識他，但卻要因他的吶喊聲音而認出他；

「在曠野……喊著」：他是寂寞的傳道者，他不進入人群當中，但那些心靈預備好的人要到他那裏[103]；

「預備主的道[104]，修直他的路」：他的使命是要世人作好準備，迎接耶穌的來臨（參 4-8 節）。

馬可引用這節經文，當然不只是要介紹施洗約翰，而是要指出約翰與耶穌的關係，可能是為了澄清（正如約翰福音

---

103 留意這裏隱含「出埃及」的意象：就如在舊約出埃及的歷史中，上帝呼召以色列人進入曠野跟隨祂，同樣，施洗約翰亦要求真正的以色列人離開繁鬧、邪惡的城市進入曠野跟隨上帝。

104 留意第 2 節的「預備」（κατασκευάζω）與第 3 節的「預備」（ἑτοιμάζω）乃兩個不同的字。*LN*（條目 77.7）認為，κατασκευάζω 與隨後的 τὴν ὁδόν 組合成為一個語意單位（另參太十一 10）。更為重要的是，第 2 節的「預備」是用未來時態直說語氣，指出上帝的意向，但第 3 節的「預備」則是以過去不定時時態的假設語氣，指出約翰當時的宣講內容（注意過去不定時時態假設語氣並非指過去的時段）。鑑於一般假設語氣都以過去不定時時態出現，「修直他的路」（εὐθείας ποιεῖτε）所用的現在時態，與前句相比，就顯得較為重要。

的作者要為施洗者澄清一樣，參約一 6-8, 19-27），也可能是要以約翰為舊約先知宣講的代表，指出耶穌與舊約的連貫性。更有可能的是，基於耶穌的歷史生平，耶穌的傳道工作始於祂從施洗約翰領受洗禮之際，從那時開始，上帝首次公開地確認耶穌的神性身分，而耶穌的傳道工作亦正式展開。

3. 正如……

在結束第 2 、 3 節的討論前，我們還須處理這兩節與其身處的內文的關係，而其中最重要的關鍵是如何解釋「正如」（καθώς）一詞，以及這兩節與第 1 節和第 4 節及隨後經節的關係。

我們先從較簡單的問題開始，即這兩節與隨後經文的關係。這也有兩個可能性：

1. 倘若第 3 節末有一個主要停頓，第 2 和 3 節就應理解為：耶穌基督的福音的開首是如舊約聖經上所說，《公認經文》的記述似乎反映這立場。
2. 倘若第 3 節末有一個小停頓，第 2 和 3 節就應理解為一插入句，而主句則是第 4 節。

雖然兩個希臘文新約聖經版本明顯選取第二個立場，即在第 3 節末加上逗號，而 *New Revised Standard Version* 亦跟隨這標點方式[105]，但仍有別的因素需要考慮。著名新約學者岡德里則提出相反的見解[106]，認為第 4 節是一個新段（即第

105 要留意，不少譯本（如 *New Jerusalem Bible* 和 *Today's English Version*）雖然在第 3 節末加上句號，但仍然選取第二個可能性的解釋。

106 Gundry, *Mark: A Commmentary on His Apology for the Cross*, pp.30-31 ；

一個立場）。這位學者提出很多可信服的證據，其中特別值得我們注意的是：無論是馬可福音、新約聖經還是其他文獻，καθώς 一般都與「前」句相連[107]。此外，若與第 1 節相連，第 2 、 3 節的「你」較容易（無論按語法或文意）被理解為「耶穌」。按岡德里的解釋，第 4 節與第 9 節平行，二者均是以 (καὶ) ἐγένετο 這非常普遍的用語來介紹新段落[108]。這並非說，第 4 至 8 節與前一段沒有關係，而是要指出約翰如何應驗了馬可所引用的舊約經文（留意《和合本》在這裏加了「照這話」幾個字來表達這應驗的關係）。

至於第 2-3 節與第 1 節的關係，亦有兩個可能性：

1. 第 1 節末有一個主要停頓。 *UBSGNT-4th* 和 *NA-27th* 都在第 1 節尾以句號把第 1 節與第 2 、 3 節明顯分開。這種標點方式視第 1 節為整本馬可福音的標題，亦是第一個段落（這段落可以是 2-8 節， 2-11 節， 2-13 節，或 2-15 節不等）的標題，第 1 節末有明顯的停頓。《和合本》和《新譯本》（另參 *New Revised Standard Version* 和 *New International Version* ）的譯文未清楚顯示譯者的取向，但按文理，譯者似乎是以這解釋為基礎，並把第 1 節視為 2 至 8 節這個段落的標題。
2. 把第 1 節與隨後的經文（ 2-3 節）相連：按此理解，作者

作者共列出六點論據作為支持。

107 參 Kuthirakkattel, *The Beginning of Jesus' Ministry According to Mark's Gospel (1,14-3,6): A Redaction Critical Study*, p.9 ；引自 Poon, "The Beginning of the Gospel," p.109 ，註 18 。

108 當然，這裏出現的問題是：第 4 節是 ἐγένετο，而第 9 節是 καὶ ἐγένετο 。Gundry 解釋，這個 καί 字不一定要出現，特別當這是一連串敘述事件的第一件時；然而，作者未引用具體數據來作支持。

則以第 2 至 3 節的舊約經文來作為耶穌基督的福音（或「好消息」）的起始。《現代中文譯本》（「……福音是這樣開始的。」）似乎反映這理解：而《呂振中》和《思高聖經》的表達則更清楚，兩者各以冒號和逗號把第 1 和第 2 節連在一起。不少英文譯本，如 *New Jerusalem Bible* 和 *Today's English Version* ，也顯示為這種理解。

按我們對第 2-3 節經文的分析，特別是岡德里對 καθώς 的剖析，第二個可能性較可取。要留意，在理解和翻譯上，「正如」一詞所帶出的意思是重要的，因為作者不是要說：「福音的起頭『是』上帝在以賽亞書中所說的」，而是「福音的起頭『配合了』上帝在以賽亞書中所說的」。按此，《現代中文譯本》和《呂振中》的翻譯確實有點欠缺，而文意最清楚的依然是《和合本》（另可參《思高聖經》）。

總括來說，第 2-3 節的舊約引文是要帶出施洗約翰與耶穌的關係。這關係成為早期教會一個非常重要的階段，因為耶穌從施洗約翰那裏所領受的水禮，標誌著耶穌傳道的開始。也許是這個緣故，慶祝主降生的節日，要到公元四世紀才有較清楚的記載[109]。在馬可的理解中，約翰的出現就是「耶穌福音的起頭」。

4.6.2. 「【上帝的兒子】耶穌基督的福音的起頭」

要解釋這節經文，以及這一節與隨後經文的關係，我們

---

109 參 Cullmann, *The Early Church: five essays*, pp.17-36 。 Cullmann 進一步指出，早期在諾斯底派信徒的圈子中，信徒乃以「耶穌受洗」一事來紀念祂曾到世上來。

有必要先處理幾個有關的問題。

1. 異文：【上帝的兒子】耶穌基督

UBSGNT-4th 和 *NA-27th* 兩個希臘文版本均把 υἱοῦ θεοῦ「上帝的兒子」放在方括號內，表示編者不能肯定原稿是否應該有這語句。

從外證（即抄本、教父文獻和早期譯本的證據）[110] 來看，支持 υἱοῦ θεοῦ（或 υἱοῦ τοῦ θεοῦ）「上帝的兒子」這較長語句的抄本（$\aleph^1$, B, D），和支持較短語句（即只有 Χριστοῦ）的抄本（$\aleph^*$ 和俄利根的引文）[111]，可說是不相伯仲。

從「內證」（即從聖經作者的用語及信息的角度來評論）[112] 來看，Χριστοῦ υἱοῦ θεοῦ 這短語在馬可福音多次出現（參一 11；三 11；五 7；九 7；十四 61；十五 39），可算是馬可的典型用語，正因如此，抄寫員可能在原來單一個字的 Χριστοῦ 處，加上 υἱοῦ θεοῦ；這種把原來的語句加以澄清和闡釋的情況在書名和聖名（*nomina sacra*，指神名的

---

110 外證研究就是集中對所載經文的文獻（包括手抄本、譯本和教父著作的引用等）作一詳細的審訂。一般相信，文獻的年期及其特性是最關鍵的，而愈早的文本愈接近原稿。因為在經文流傳的歷史中，傳抄是產生誤差的最主要來源，傳抄的次數愈多，偏差的幅度就愈大。所以按理推想，晚近的抄本應不及古遠的版本接近原貌。

111 一般來說，ℵ的原來語句（以$\aleph^*$ 表示）較後來的修改（以$\aleph^1$ 表示）為可靠。

112 內證研究就是集中對一個異文的不同語句作出詳細審訂，根據作者的寫作風格及抄寫員的抄錄習慣，衡量出「最可能的語句」（most probable reading）。如此，在這衡量的過程中，我們只能推斷出較大可能性的文本，這是相對性的。

名稱）上是相當普遍的。不過，即使原稿有 υἱοῦ θεοῦ 這語句，後期的抄寫員（例如א*）亦可能基於「形近字母」的緣故而把它遺漏了[113]。雖然按一般經文鑑別的原則，較短的語句為可取的，但用在這裏似乎不能平衡各方面的證據。

UBSGNT-4th 對這個異文所標示的「確定程度」只有「C級」，表示編委會未能有清晰的決定；然而，所有中文聖經都以這較長的語句來作翻譯。儘管這異文的可靠性未能決定，但這異文對這引言的解釋並未帶來很大的影響。有關「【上帝的兒子】耶穌基督」這名稱的神學意義，參 4.3.1 的討論。

2.「耶穌基督」與「福音」

有關「福音」（εὐαγγέλιον）一詞的意思和用法，參第一章 1.1 的討論[114]。簡單而言，在新約前時期，無論在非猶太文獻抑或猶太文獻（如《七十士譯本》）中，這字主要表達非宗教性的意思，即「好消息」。按我們現存的文獻來看，是保羅首先使用這字來代表新約福音的，指主耶穌基督的死、復活和升天等事蹟（例如羅一 2-4 ；林前十五 3-5 ；帖前一 9-10 等）。在保羅的著作中，這用法約有六十次。這種因特殊群體的意識形態而導致該字在語意（特別是字義）上

113 參黃錫木，《新約經文鑑別學》，頁 58 。在抄本中，抄寫員都喜愛把一些常用的用語化成簡寫，因此，Ἰησοῦ Χριστοῦ υἱοῦ θεοῦ「耶穌基督，上帝的兒子」這句話的簡寫可能是 Ι̅Υ̅Χ̅Υ̅Υ̅Υ̅Θ̅Υ̅ （留意，早期的抄寫員在抄寫時都不會分隔個別字，這明顯更易構成混亂）。抄寫員可能在抄錄 Χ̅Υ̅「基督」時，誤以為是在抄寫 Θ̅Υ̅「上帝」，而把 Υ̅Υ̅ 遺漏；參 Guelich, *Mark 1—8.26*, p.6 。

114 對這字的來源和新約前時期的用法，參 Friedrich, εὐαγγελίζειν, *TDNT*, 2.710-727 。

的具體化，是最自然不過的事，亦不足為怪。究竟保羅是否為在新約教會中首位確立這種新用法的作者；或馬可在這裏的用法，只是反映保羅的用法；抑或是因為《七十士譯本》中以賽亞書五十二章 7 節曾經兩次出現 εὐαγγελίζομαι 「傳遞好消息」這字，以致馬可（留意他在第 2 節引用以賽亞書四十章 3 節）也借用這字來表達耶穌基督帶來的好消息，這些都不是很重要的問題，較重要的問題反而是馬可如何理解「福音」一詞。

原來「耶穌基督的福音」（τοῦ εὐαγγελίου Ἰησοῦ Χριστοῦ）這短語中的兩個名詞（「耶穌基督」和「福音」）之間的語法關係可有以下幾個可能性：

1. 「耶穌基督」可作為「福音」的修飾詞，補充「福音」的來源，作其語意上的主語，意即「耶穌基督所傳的福音」[115]；
2. 「耶穌基督」可作為「福音」的內容，意即「福音是有關耶穌基督」的[116]；
3. 「耶穌基督」與「福音」可以是同位關係，互相指認對方，意即「這福音就是耶穌基督」。

第一個可能性最不可取，因為在 2-15 節中耶穌均未宣講過任何福音。第二和第三個可能性雖然在語法分析上有分別，但兩者在意義上卻是相同的。所謂「這福音就是耶穌基督」，其實只是反映一種絕對性的評註式用語，意在指出這

---

115 參 Cranfield, *The Gospel According to Saint Mark*, pp.35-36 。

116 參 Lane, *The Gospel According to Mark*, pp.44-45; Taylor, *The Gospel According to St. Mark*, p.6 。

福音不是別的，而是有關耶穌基督的；換言之，馬可所寫的福音，是一個以耶穌的生命為核心的福音。

按上述的解釋，「福音」一字便只停留在「信息」的層面，而非指「文獻」；這一點與保羅的用法頗為一致。以 εὐαγγέλιον 來指記述有關耶穌基督言行的文獻（如「福音書」），最早可見於公元二世紀的文獻，例如《十二使徒遺訓》(8.2, 11.3, 15.3-4)和殉道士游斯丁《護教書一》 1.66；某些二世紀抄本為福音書所提供的標題，更清楚的是用這字來指新約聖經的福音「書」[117]。在早期教會裏， εὐαγγέλιον 這字的語意發展過程與 κανών 「正典」幾乎相同[118]，均由「以主耶穌基督為核心的信息」轉移到「記述這信息的文獻」上。今天（或自四世紀後），「正典」一詞主要指具體的「書卷綱目」，但於較早期間，這字只是用來指某種「共識的規

117 英文的 *Gospel* 與 εὐαγγέλιον 在這方面很相近，二者皆可指「信息」或「文獻」。

118 在古希臘文獻中， κανών 是指一些概念性的標準，例如道德或德行的標準，而這字四次出現在新約聖經（加六 16；林後十 13, 15, 16）中，亦反映這用法；在早期的教父文獻中，這用法仍然是主導的用法，例如亞歷山太的革利免就經常用 κανὼν τῆς ἀληθείας「真理的規範」或 κανὼν τῆς πίστεως「信仰的規範」（拉丁文： *regula fidei* ）等短語來指基於信仰或真理而來的生活守則。公元四世紀之前，這字從未指代任何文學上的書卷綱目；而最接近的用法可能是「優西比烏表列」，這表列列出了福音書的平行經文。清楚以這字來指一個書卷綱目乃始於四世紀中期，而指「正典綱目」的 κανών 又繼而衍生出相關的動詞 κανονίζω「確認…為正典書卷」和形容詞 κανονικός「正典的」，例如亞他拿修就於公元 367 年，在其「節期書信第三十九封」中清楚地使用「確認某些書卷為正典書卷」（ βιβλία κανονιζόμενα ）這表達方式，並將其他書卷歸入「次經」一類。參黃錫木《基督教典外文獻概論》， 5.3.4 。

範」[119]。按一般聖經學者和早期教會史家的理解，這規範的中心就是我們的主耶穌基督自己；整個信仰都是以「耶穌」為尺度的信仰。保羅於哥林多後書三章 14 節至 16 節就見證，真切瞭解舊約（當時猶太教和初代基督教會的共識規範）的鑰匙是主耶穌基督，而祂的權威又超乎現有規範。主耶穌升天之後，門徒不單代表著耶穌傳道職分的承繼者，也是這「規範」的傳承者。這規範的內容起初是以口傳的方式流傳，及後被筆錄下來，並以書卷的方式流傳下去[120]。

由此可見，「福音」和「正典」的字義發展過程非常相近，原來均指「耶穌基督」，但後來演變為指以筆錄方式來記錄祂的文獻。事實上，從新約的基本神學觀來說，「福音」與「正典」基本上是二而一的：二者同指「主耶穌基督」，不同的是，前者是從讀者的角度來看這信息，後者則從新的意識形態的角度著眼，認為這拿撒勒人耶穌所宣講的，是確立新的「規範」，與已有的規範（即舊約聖經）同等。

「福音」在意思上的改變，確實會影響早期信徒對「耶穌基督的福音」這番話的詮釋。儘管「福音就是耶穌基督」

---

119 按社會學家和社會心理學家的定義，規範是一個社群的成員把他們就對與錯、適當與不適當等事情所共同持有的價值觀或意念轉化成的特定指引。這些特定的指引既適用於、也可應用到特殊的處境中，卻尚未發展成為明確的律例（laws）或法令（decree）。在社會化的過程中，社群中個別的成員取得、甚至內在化這些指引或規範。這些規範於是成為整個社群或個別成員用以檢視或評斷實際行為表現的標準。

120 要留意的是，這以書卷方式流傳的「規範」，卻並不等同於「正典書卷綱目」，換言之，有關主耶穌基督的書卷並不都是「正典書卷」，而「正典書卷」所承載的內容也並不等於這「規範」的全部內容，「正典書卷」只是見證和保存這「規範」的最有效和全備的組合。

大概是「作者的原意」，亦是初代（或新約時期）信徒「領受的意思」；然而，進入二世紀後，基於信徒身處的環境有所改變，尤其是當有多本福音書卷（無論是正典的或是次經的）陸續面世時，信徒很有可能把 εὐαγγέλιον 理解為「福音書」，全句的意思便會是：「關於耶穌基督的福音書」了[121]。

3.「起頭」所指的對象

在希臘文新約聖經中，「起頭」這字（ ἀρχή ）是整節的第一個字[122]，亦是全節，甚至是第 1 至 3 節在結構上最關鍵的字。在眾多的解釋中，該字若指時間上的「起頭」[123] 是沒有問題的，問題是：這「起頭」是指哪一個時段？另外，這「起頭」是否可指福音書中的某些事蹟呢？對此，答案就不是那麼清楚了。

在語法上，由於第 1 節中沒有動詞，既不是主謂語結構，不可算是完整的句子，這節就理當被理解為一個標題，而文中的「起頭」則可指 2 至 8 節，或 2 至 11 節， 2 至 13 節，2 至 15 節等所記述的事件。然而，按我們在前面 4.6.1 的分析， καθώς 所帶出的舊約引文是與第 1 節相連的，而非連於第 4 節，第 1 至 3 節似乎組成一個「標題式」的句子或段落，

---

121 基於教會的新處境而令「福音」這字意產生的改變，確實對馬可福音一章 1 節這句話的意思有很大影響；但這課題似乎尚未有學者討論過。此外值得留意的是，從 Lampe （ *A Patristic Greek Lexicon* ）對 εὐαγγέλιον 的引述中，似乎也未見以這字來指「耶穌基督」。

122 這字在這裏的出現，確實與約翰福音一章 1 節和創世記一章 1 節(《七十士譯本》）有相似之處，三處均沒有定冠詞。這可能只是巧合，而馬可福音的引言亦未展示任何與創世有關的字眼或意象。

123 參 *BAGD*, ἀρχή 所列出的意思。

而4至8節這個段落則進一步闡述在馬可所經歷的歷史中，這段經文如何應驗出來。因此，第1節的「起頭」所指的對象應指第2至8節[124]。

總括來說，「耶穌基督的福音的起頭」是指施洗約翰的傳道職事，即馬可福音一章2節至8節。約翰的出現是要應驗舊約眾先知的預言，而在舊約聖經中亦表明了，他的職分就是耶穌的先鋒和使者。馬可以一個典型和平凡的歷史角度來介紹耶穌[125]。三世紀的釋經學家俄利根在《約翰福音註釋》1.14有這樣的闡述：「在馬可的闡釋中，福音有『起頭』，有一個延伸性的『中間階段』，亦有一個『結束』。馬可福音的起頭表明，整本舊約聖經是以施洗約翰來預表一個總結；又或——因為施洗約翰站在新約和舊約的交接點上——馬可福音是舊約的最後階段。」[126]

---

124 參 Gundry, *Mark: A Commmentary on His Apology for the Cross*, pp.31-32, 40詳細的討論，特別是作者指出 ἀρχή 和有關字詞如 ἄρχομαι 的用法，在一般希臘文學作為引介的用法。他亦指出《七十士譯本》何西亞書一章2節上一句與這裏有非常近似的結構：ἀρχὴ λόγου κυρίου πρὸς ῾Ωσῆε「上主向何西亞的話的開始」。

125 潘仕楷認為開首兩節引用舊約，展示馬可非常重視舊約先知的宣講，而耶穌在其教訓中間接引用舊約，亦要以應驗舊約作的目的為出發點；這明顯是以「『兩節』蓋全」的做法。在沒有詳細證明（特別在沒有很清楚的數據的支持下）而作出這種斷言的結論，確實有點可惜。

126 俄利根和奧古斯丁均引用馬可福音的引言來抗衡馬吉安的「二神」論說，因為馬可清楚地引用舊約先知的經文作為開始（參 Oden and Hall, *Mark*, pp.1-2）。

4.7. 專題討論三：馬可福音結尾的問題[127]

在新約聖經中，馬可福音結尾的異文可謂是最重要的異文之一。其重要性，除了是這異文所涉及的篇幅是所有異文之冠（共 12 節，按原文計算，為 171 個字）外，學者對這異文的共識明顯與教會對這段經文的傳統理解有出入。簡單來說，既然從「外證」（即抄本證據的評論）[128] 和「內證」（即從聖經作者的用語及信息的角度來評論）[129] 兩方面的證據來看，我們都相信，見於《和合本》（或多數聖經）的結尾（即十六 9-20）經文不屬原稿，那我們該如何處理這段經文的存在!?

本節先從經文鑑別的角度，探討馬可福音幾個結尾的可能性，然後從馬可福音的信息和神學兩方面嘗試解釋這段經文的貢獻，最後，整合聖經研究和教會生活這兩個角度，處理馬可福音結尾的問題。

---

127 本節是節錄自〈馬可福音結尾秘密（可十六章九至二十節）：文本〉，頁 40-53。有關評核異文語句的步驟，參筆者的《新約經文鑑別學》。

128 外證研究就是集中對所載的文獻（包括手抄本、譯本和教父著作的引用等）作一詳細的審訂。一般相信，文獻的年期及其特性是最關鍵的，而愈早的文本是愈接近原稿。因為在經文流傳的歷史中，傳抄是產生誤差的最主要來源，傳抄的次數愈多，偏差的幅度亦愈大。所以按理推想，晚近的抄本應不及古遠的版本般接近原貌。

129 內證研究就是集中對一個異文的不同語句作出詳細審訂，根據作者的寫作風格及抄寫員的抄錄習慣，衡量出「最可能的語句」（most probable reading）。如此，在這衡量的過程中，我們只能推斷出較大可能性的文本，這是相對性的。

4.7.1. 四個語句及其外證支持

從有載錄馬可福音結尾部分的抄本中，可見有四種不同的結尾。

第一個結尾是指十六章 9 節至 20 節，亦可見於一般譯本（如《和合本》），稱為「較長結尾」（ Longer Ending ），或「馬可福音的正典結尾」（ canonical ending of Mark ），因為這是馬可福音的傳統結尾。論數量，載錄這個語句的抄本最多，但大多數是較後期（公元九世紀後）的希臘文抄本。雖然當中有兩份五世紀的抄本（《翻頁書亞歷山太抄本》和《翻頁書以法默抄本》，編號分別為 A 和 C ），但一般學者均認為，在福音書部分，這兩份抄本的抄寫員在抄寫過程，可能摻雜、甚至合併了兩份或以上的抄本的語句，因此，其質素並非很純正（一般稱為混合文本）；學者認為其他九世紀後的抄本，來源都是屬於這一類質素的抄本。至於其他證據，古代譯本的證據並不強[130]，早期的教父對這段經文的認識，也不見得他們有很清楚的引用[131]。要留意的是：有一份五世紀的抄本（編號 W ，一般稱為《費爾抄本》[132]）在 15

130 包括古拉丁文譯本（四世紀）、古敘利亞文譯本（五世紀）和科普替文譯本（三世紀）；屬古拉丁文譯本的抄本都是較後期，故作用不大；至於其他兩類的，雖然這些譯本算是不錯的支持，但學者在衡量一個異文時，只會視這些古代譯本為一種輔助式的證據。

131 見於愛任紐的拉丁文著作和他提安的《四福音協調本》（約公元 172 年）的後期抄本裏。此外，由於著名二世紀教父殉道士游斯丁的引用未能確定（《護教書一》 1.45；參 Metzger, *A Textual Commentary on the Greek New Testament*, pp.103-104），故很難決定他是否認識或引用這尾結。

132 由於這抄本是由費爾先生於 1907 年，從埃及開羅買回來（現時藏於美國華盛頓的「費爾博物館」），故得此名。

節裏有一段很長的插段，一般稱為「費爾語錄」[133]。由於支持這插段的抄本證據只有一份，一般學者都認為，這段經文是屬於後期抄寫員加插的，為要把原來第 14 節嚴厲的語氣變得緩和[134]。

---

133 筆者的翻譯如下：「（……因為他們不信那些在祂復活以後看見祂的人。）他們為自己辯護，說：『這個不法和不信的世代是在撒但的權勢之下的，他絕不容許上帝的真理和能力勝過屬（邪）靈不潔的東西（或譯「他絕不容許那屬（邪）靈不潔的東西明白上帝的真理和能力）；因此，請你現在就把你的義（或譯「拯救的計劃」，δικαιοσύνην）顯明出來罷。』他們是如此向基督說的，而基督回答他們說：「屬撒但權能的年限已經到了（或譯「滿足」），但其他可怕的事情快要來了；而那些犯罪的人，我會將他們交給死亡，為要使他們能回轉真理而不會繼續犯罪，亦為要使他們承受那屬靈的、不朽的、因義（或譯「拯救」，δικαιοσύνην）而來、屬乎天上的榮光。然而，（你們往普天下去…）」。希臘原文是：ἐπίστευσαν, κἀκεῖνοι ἀπελογοῦντο λέγοντες ὅτι ὁ αἰὼν οὗτος τῆς ἀνομίας καὶ τῆς ἀπιστίας ὑπὸ τὸν Σατανᾶν ἐστιν, ὁ μὴ ἐῶν τὰ ὑπὸ τῶν πνευμάτων ἀκάθαρτα τὴν ἀλήθειαν τοῦ θεοῦ καταλαβέσθαι δύναμιν: διὰ τοῦτο ἀποκάλυψον σοῦ τὴν δικαιοσύνην ἤδη. ἐκεῖνοι ἔλεγον τῷ Χριστῷ, καὶ ὁ Χριστὸς ἐκείνοις προσέλεγεν ὅτι πεπλήρωται ὁ ὅρος τῶν ἐτῶν τῆς ἐξουσίας τοῦ Σατανᾶ, ἀλλὰ ἐγγίζει ἄλλα δεινὰ καὶ ὑπὲρ ὧν ἐγὼ ἁμαρτησάντων παρεδόθην εἰς θάνατον ἵνα ὑποστρέψωσιν εἰς τὴν ἀλήθειαν καὶ μηκέτι ἁμαρτήσωσιν: ἵνα τὴν ἐν τῷ οὐρανῷ πνευματικὴν καὶ ἄφθαρτον τῆς δικαιοσύνης δόξαν κληρονομήσωσιν. ἀλλά (Πορευθέτες εἰς ...)。留意在耶柔米的 *Pelagius* 2.15 也有提及這插段，但在開首裏，「撒但」一詞原來的拉丁文是 *substantia*「物質」。雖然這「費爾語錄」明顯是後加的，但語錄中那種帶猶太色彩的天啟性字眼（Jewish-apocalyptic terminology）明顯是很早期的觀念;此外，作者以 δικαιοσύνη「義」來形容末後基督的顯現，正好回應舊約中上帝的義和上帝的得勝之間的關係（參賽五 16；太六 33；約十六 8 和提前三 16）。

134 有關十六章 9 節至 20 節這段經文的來源，F.W. Conybeare（*Expository Times*, Dec. 1895, pp.401-421）指出，在不少亞美尼亞文的文獻中已反映了有這段經文的存在。然而在一份載有這段經文的亞美尼亞文譯本的抄本中（約為十世紀），他發現有一短語插入在第二個結尾可見於《現代中文譯本》、《新譯本》和《呂振中》的註腳，稱為「較短結尾」（ Shorter Ending ）；筆者的翻譯如下：

> 「她們【指那些婦女】立即【 συντόμως】將所被吩咐的一切都告訴了彼得周圍的人【或「彼得一干人」 τοῖς περὶ τὸν Πέτρον 】。這些事以後，藉著他們，耶穌從東到西，親自傳佈那神聖、不朽、使人獲得永恆救恩的信息。阿們！[135]」

支持這結尾的抄本只有一份，是古拉丁文譯本的抄本（四世紀），編號為 it^k。

第三個結尾則是結合第二個和第一個結尾，有時稱為

第 8 和 9 節中間，᾽Αριστῶνος πρεσβυτέρου「源自亞里士多長老」。因此，這位學者的結論是：這較長結尾一直都存留在亞美尼亞文譯本中，但其後被刪去，因為教會領袖知道是由這位「亞里士多長老」所插入的。這位亞里士多可能是優西比亞在《教會歷史》 4.6.3 中提及那位住在比拉城的亞里士多，亦是早期教會的領袖。詳細討論，參 Moffatt, *An Introduction to the Literature of the New Testament*, pp.238-242; Zahn, *Introduction to the New Testament*, English translation from 3rd ed. of *Einleitung in das NT*, 1909, p.483, 485 ；另參 pp.447-475 有關反對 Conybeare 的理據。

135 Πάντα δὲ τα παρηγγελμένα τοῖς περὶ τὸν Πέτρον συντόμως ἐξήγγειλαν. Μετὰ δὲ ταῦτα καὶ αὐτὸς ὁ ᾽Ιησοῦς 【有些抄本是：᾽Ιησοῦς ἐφάνη「耶穌向〔他們〕顯現」】 ἀπὸ ἀνατολῆς καὶ ἄχρι δύσεως ἐξαπέστειλεν δι᾽ αὐτῶν τὸ ἱερὸν καὶ ἄφθαρτον κήρυγμα τῆς αἰωνίου σωτηρίας【有些抄本把 σωτηρίας 改為 ζωῆς「救恩」】, ἀμήν. 有兩點值得留意：原文 συντόμως 的意思不清楚（《現》和《新》均沒有翻出來），可指「撮要地」（參《呂振中》）或「在很短時間之內」。在這裏，後者的意思似乎較配合文意。此外，雖然所有中文譯本均把 τοῖς περὶ τὸν Πέτρον 翻成「彼得和他的朋友／同伴」，但嚴格來説，這並非其原意。

「最長的結尾」（Longest Ending）。支持這結尾的抄本不多，十世紀前的希臘文抄本只有四份（分別為 L、Ψ、083 和 099），教父證據也不多，而早期的譯本亦很有限[136]。

第四個結尾是以十六章 8 節為終結。支持這類抄本的不算最多，但理據卻是最強，其中包括兩份最古老、最整全的希臘文抄本（《西乃抄本》和《梵蒂岡抄本》，編號分別為 ℵ [01] 和 B [03]），古代譯本的證據亦不少，如一些敘利亞文譯本和約一百份《亞美尼亞文譯本》的抄本（當然，古拉丁文譯本的 it^k 抄本亦缺少 9-20 節），早期重要的教父都見證這語句的真確性：包括二世紀的亞歷山太教父革利免和三世紀的俄利根，還有凱撒利亞的優西比烏和耶柔米。最後兩位尤其重要，二人聲稱：在他們所認識的希臘文抄本中，馬可的結尾都是以十六章 8 節為結尾[137]。除了這些抄本外證，早期那些以正典福音書為藍本而編寫成的新約偽經也可成為這方面的證據；例如，一般學者認為，寫於約公元 150 年的《彼得福音》便隨處可見馬可福音的痕跡，它同樣也是以那些婦女，因聽見主耶穌復活而驚慌的情景作為該書的結尾[138]。

4.7.2. 四個語句的內證

一般來說，評鑑內證最重要的原則是：在衡量某異文的

---

136 《新譯本》在馬可福音結尾的註中，指出有一個語句是把「較短結尾」置在「較長結尾」之後，但筆者未能在校勘欄中找到這組合。

137 當然，這句話的含意是：在其他非希臘文的抄本中，如譯本的抄本或教父所引用的抄本，會有其他結尾存在的可能性。

138 參 Zahn, *Introduction to the New Testament*, p.483。

眾多語句時，最能解釋其他語句的存在者，便是最可能的語句。從這原則伸延出來的兩個工作指引是：一、「（對抄寫員來說）較難懂的語句為可取」，因為一般抄寫員都傾向將他覺得難懂的語句變得易明，但他們的修改往往流於膚淺，使被修改的經文表面意義更合理，但實質卻不然；二、「較短的語句較為可取」，因為抄寫員一般都傾向解釋原初（較難）的文本，故後來的文本往往較長。單從這原則的精神，第一、二和三語句已經可以被否定，因為原來以第 8 節為終結的結尾（即第四個結尾）既是最短，亦確實帶來一個未完整的感覺（故是最難）；因此，我們很難相信，倘若原來有一個較為完滿的結尾，抄寫員會刻意把它刪去。在進深瞭解文筆用字方面，我們更能印證這結論的準確性。

有些學者為維護教會的傳統（因為所有現代譯本均有這較長結尾），堅持認為「較長結尾」才是原來的結尾，並指出一般經文鑑別學者認為最好的兩份抄本（即《翻頁書西乃抄本》和《翻頁書梵蒂岡抄本》）是不可靠和受摻雜的抄本，今天屬這派的學者已經很少（不過，教會人士卻頗多），而大多數支持者都是引用其經典人物博根的兩份出版物[139]。但這兩篇文章的論點過分偏激，也欠缺說服力。因此，儘管有些學者贊同這較長結尾的言論，但卻是從歷史重構方面解釋，認為是作者馬可在福音書出版之後二十年（在其他福音書面世後）才附加上去的[140]。表面上，這結尾似乎帶來了很

---

139 Burgon, *Last Twelve Verses of the Gospel according to St. Mark* (1871) 和 *The Traditional Text of the Holy Gospels* (1896)。

140 參 Moffatt, *An Introduction to the Literature of the New Testament*, p.240 註腳。

圓滿的結束，但卻暴露了不少問題。我們可從幾個角度來指出一些文筆和銜接方面的問題：

a. 這段經文的文筆有別於馬可福音其餘的部分，例如，除幾個涉及這段經文的主題的字眼外[141]（如 14 節的 ἕνδεκα「十一」、18 節的 ὄφις「蛇」等），以下較特別的字眼未有見於馬可福音其餘的經文：ἀπιστέω「不信」（11 和 16 節；一般用 οὐκ ἐπίστευσαν）、βλάπτω「損害」（18 節）、βεβαιόω「證實」（20 節）、ἐπακολουθέω「跟隨」（20 節；一般用 ἀκολουθέω）、θεάομαι「看見」（11 和 14 節；這是約翰福音裏典型的字眼，馬可一般用 ὁράω）、μετὰ ταῦτα「這事以後」（12 節；是典型路加福音的字眼）、πορεύομαι「去」（10、12 和 15 節；雖然這是極普遍常用的字，但卻不曾在馬可福音裏出現，馬可一般用 ἔρχομαι）、συνεργέω「同工」（20 節）、ὕστερον「後來」（14 節；一般用 ἔσχατον）。此外，有些表達方式更是有別於整本新約聖經的用法，例如：θανάσιμον「毒物」（18 節[142]）和 τοῖς μετ᾽ αὐτοῦ γενομένοις「那跟隨他的人」（10 節；一般用 τοῖς μαθηταῖς）；

b. 本段經文明顯是綜合了幾本福音書的結尾的結果：十六章 12 節至 13 節有著路加福音二十四章 13 節至 35 節「以馬忤斯路上」的影子，十六章 14 節至 18 節綜合幾段有關「大

---

141 另參黃根春〈馬可福音結尾秘密（可十六章九至二十節）：用字及其他經文比較〉，《讀經、研經、釋經》，頁 58-61。

142 在早期文獻有不少傳說，指很多使徒（其中包括使徒約翰）和信徒（其中包括猶士都．巴撒巴，參徒一 23-24）曾飲毒葯但不受害（參優西比烏《教會歷史》 3.39；另參 Hasting, *Dictionary of the Bible*, vol.2, p.682a）。

使命」的經文，如馬太福音二十八章 16 節至 20 節、路加福音二十四章 36 節至 49 節、約翰福音二十章 19 節至 23 節和使徒行傳一章 6 節至 8 節，而十六章 19 節至 20 節又綜合了路加福音二十四章 50 節至 53 節和使徒行傳一章 9 節至 11 節，有關「耶穌升天」的經文[143]。

c. 這段經文與前文有著不吻合的地方。首先是語法上，第 9 節原文的起首部分很不自然：雖然它承接了第 8 節（動詞的主語是婦女們），但這句的動詞「復活」和「顯現」均應是指「耶穌」的行動，但原文卻沒有清楚寫出來（然而，一般翻譯都會補上）。另外，在內文的結構來看十六章 1 節至 11 節，任何人都會認為十六章 9 節只是十六章 1 節至 8 節的撮要。倘若十六章 9 節的前文與本段有一個很大的中斷或停歇，而非記載馬利亞的遭遇，這節經文便應明顯真有承上接下的效用；若只是撮要便顯得很奇怪，甚至是多餘的。再者，這裏只提及「抹大拉的馬利亞」，而上文還提及其他婦女；最特別的是在這裏提及「馬利亞」時，仿似「作者」之前從來未提及過她，故再次以介紹陌生人的方式來介紹她（但參十五 47 和十六 1），「抹大拉的馬利亞」，並註明是「耶穌從她身上曾趕出七個鬼」的那一位。

支持「最短結尾」的外證固然非常弱（只有一份），而內證亦不見得很充分，因為當中有一些字眼與馬可福音作者一貫的用語風格有別，例如，作者在這裏用了一個非常罕見的字（在新約聖經，只見於這裏）συντόμως，表達出「在很短時間之內」或「馬上」的意思，但在其他經文，作者一般

143 參黃根春〈馬可福音結尾秘密（可十六章九至二十節）：用字及其他經文比較〉，頁 58-59 的表列。

都慣用 εὐθύς；此外， τοῖς περὶ τὸν Πέτρον「彼得周圍的人」這種寫法亦是不曾在馬可福音裏出現。

由於「最長結尾」是一種「合併式」的抄寫方法，故明顯是屬後期的語句。

雖然我們還未可以肯定地解釋以上幾個結尾（主要是「較長結尾」和「較短結尾」）的存在，但鑑於「較長結尾」已隱約地見於二世紀的作品，一般推測這結尾應始於二世紀左右。有些教會領袖為了要把原來的結尾（即停於十六 8 ）表達得較為通順，便從另一份文獻中抽出這段經文（又或可能編寫），作為馬可福音的結尾。以第 8 節為結尾最大的問題是，這結尾異常不自然。原文裏，結尾的從屬句只有兩個字： ἐφοβοῦντο γάρ「因為她們害怕」。以一個連接詞 γάρ 為一句子或書卷的結尾，確實是奇怪的。話雖如此，有學者已經證明這種寫法亦不違反語法規則，但這種看來粗糙的表現手法是馬可一貫的寫作風格[144]。

此外，「門徒（包括婦女）害怕」這點也經常見於馬可福音，例如：耶穌平靜風和浪時，門徒大大害怕（可四 41 ἐφοβήθησαν φόβον μέγαν ；比較太八 27 ἐθαύμασαν ，作者用了一個較弱的字，而路加福音【八 25 】則合併二者 φοβηθέντες ἐθαύμασαν ），患血漏的女人發現自己的病已得醫治時，她很害怕（可五 33 φοβηθεῖσα καὶ τρέμουσα ；比較路八 47 用 τρέμουσα ，描述她顫抖，並沒有記載她害怕）[145]；但「害怕」的主題並非只與神蹟連上關係。它更是用作

144 參 Richardson, "St. Mark 16.8," pp.201-202; Meye, "Mk 16.8 --- The Ending of Mk's Gospel," pp.33-34 。

145 還有耶穌驅走格拉森地的鬼群後，當地的居民害怕（可五 15 ；比較

形容人面對耶穌神性身分時的反應：不論是親身經驗過耶穌身為人類救贖者（如彌賽亞）的大能，或是只在旁邊見證那身分的彰顯。如耶穌在步向耶路撒冷時，馬可特別記載那些跟隨者都害怕起來（可十 32 οἱ δὲ ἀκολουθοῦντες ἐφοβοῦντο ，但這句話未有見於其他福音書裏），就連大祭司也害怕。在可十一 18 中，記述大祭司等人要謀害耶穌時，作者解釋「因為他們害怕他（指耶穌）」。因此，在馬可福音十六章 8 節，馬可指出婦女「甚是害怕」，這可能是當時的情況；但作者主要想指出，婦女已經見證耶穌神性身分的彰顯，因為祂復活了。

4.7.3. 另一個可能性：遺失的結尾！

雖然我們可以肯定指出，以第 8 節為終結的結尾是最可能的結尾，但這不等於原稿就必定是以第 8 節為終結。還有一個可能性是不容忽略的：原來的結尾是在原稿的最後一頁，而它在很早期的傳遞過程中已失去了[146]；以下嘗試提出一些論點。由於福音書的傳統均強調耶穌復活後，都會與門徒在加利利相聚（參可十四 28 ，十六 7 ；太二十八 1-10 ，十六 16-20 ）。有學者認為結尾內容若要重構，至少要包括

太八 34 卻沒有此字）。參黃根春「馬可福音結尾秘密（可十六章九至二十節）：用字及其他經文比較」，頁 63-64 討論這裏所提出的例子與雷德的「彌賽亞秘密」這神學主題的關係。

146 還有一個可能性是，作者（馬可）之所以完結於第 8 節，是由於一些「意外」所引致，最有可能的是馬可的來源彼得突然離世，而作者未能再搜集足夠資料之先，很多信徒已經把這「未完結的版本」大量抄寫。

耶穌(在加利利)向彼得顯現，但更具體的重構便不太可能[147]，我們因此亦不會深入探討。

從早期抄本的抄寫格式來看，一般會把每頁紙張分成三欄來抄寫。為節省空間，書卷緊接書卷，沒有分段（參《新約經文學概論》， 29 頁，圖中可見希伯來書〔第二欄〕與帖撒羅尼迦後書〔第一欄〕是緊緊相接的）；但在檢視《翻頁書梵蒂岡抄本》馬可的結尾（即第 8 節），卻發現第 8 節是置於該欄的尾部。按一般的情況，路加福音便會在緊接的一欄出現，但這一欄（亦是在整卷抄本中唯一一欄）竟然是完全騰空的。一般的結論是：連《翻頁書梵蒂岡抄本》的底本也沒有這結尾；因此，當《翻頁書梵蒂岡抄本》的抄寫員抄寫至此處時，他便留下足夠的空間，以便日後再補上[148]。與這現象相似的是另一份抄本《翻頁書西乃抄本》；雖然這份是非常早期的抄本，但卻十分完整。按學者的分析，其中有六頁是後來補上的；而這六頁中有一頁正包括馬可福音結

---

147 最詳盡的重構是屬 Goodspeed （參其 *An Introduction to the New Testament*, p.156 ）:“And Jesus met them and said, ‘Good morning!’. And they went up to him and clasped his feet and bowed to the ground before him. Jesus said to them, ‘You need not be afraid. Go and tell my brothers to go to Galilee and they will see me there.’ And they went with great joy and ran to tell his disciples. And the eleven disciples went to Galilee, to the mountain to which Jesus had directed them. There they saw him and bowed down before him. And Jesus came up to them and said, ‘Go and preach the good news to all the heathen. I will always be with you, to the end.’”

148 這抄本的現象不容忽視，很可惜，在近代處理馬可福音結尾的討論中，很少學者提及此點。雖然 Burgon 引用這點觀察來證明其立場，即十六章 9 節至 20 節應該是原來的結尾，但按筆者的意見，這點同樣可以證明，原來的結尾在很早期已經遺失了。

尾部分的經文。這兩點未必能夠證明原稿沒有包括這較長的結尾，但卻可以指出，倘若有一結尾出現於十六章 8 節之後，這便會是很早期便被刪去的結尾。

有些學者相信，原來的結尾並非因意外而遺失，而是因為和後來面世的福音書相比，它原來的結尾不夠完整，所以被人「故意」壓抑。與路加和馬太兩卷福音相比，馬可福音並非很受歡迎是可理解的，因為馬可福音篇幅短，記載的事蹟和言論亦少，而有關復活的記述中，作者側重耶穌在加利利向彼得顯現的一幕，這種加利利的色彩可能不受亞細亞一帶的教會所看重，故在流傳的過程中，結尾便被刪去。

4.7.4. 結論

馬可福音之結尾異文的複雜性，並不在於外證和內證方面的討論，因為無論從哪一方面來說，那所謂「正典馬可福音的結尾」都不會是原來的結尾。最大的問題是：儘管學者一致能認為十六章 8 節是一個較好的語句，亦可以從內證方面為這異於一般的結尾辯護，但很多學者（包括本人）仍然有不少保留，認為原來馬可福音可能不是就此結束。

當然，除非我們發現馬可福音的原稿，否則我們相信無法證明這可能性。但這可能性所帶來的衝擊，卻能夠修正我們向來對所謂「正典聖經」的觀念。一般人會認為「正典聖經」就是指「原稿聖經」，但既然聖經的正典身分是一項教會歷史的現象，這樣，我們就不能忽略在正典的形成過程中，不同世代和地區的信徒所擁有的聖經，只是不同階段的「正典傳統」。以馬可福音的結尾為例，雖然原稿的結尾已經失去（或根本就沒有結尾），但這樣的馬可福音（即以十六 8 為結尾）就是不少初期教會信徒的聖經中的馬可福音。如此看來，他們所奉為正典的馬可福音，也就只是這完結於十六章 8 節的馬可福音，而不是擁有原來的結尾的那卷馬可福音。按這樣推論，信徒在不同的處境（時代或地區）的經歷與體驗都有不同，而有些更是以十六章 9 節至 20 節為「他們的」正典的馬可福音的一部分[149]。

像馬可福音結尾這一類的異文，在新約聖經也有不少，如約翰福音七章 53 節至八章 11 節或馬太福音六章 9 節至 13 節。在處理這些異文時，我認為信徒的態度需要開放，一方面要坦然承認學者們的結論，另一方面亦要欣賞在教會歷史中，不同時代的信徒對真理的領受和定義——就如今天的你我一樣，都會因為受著很多限制（諸如知識、處境或教會政治）而有所不同。

---

149 有關這個異文所引伸出來的正典問題，可參褚永華〈馬可福音結尾秘密（可十六章九至二十節）：釋經〉，《讀經、研經、釋經》，頁 69-75。

參考書目

簡稱

BAGD Bauer, W., W.F. Arndt, F.W. Gingrich, and F.W. Danker, eds. *A Greek-English Lexicon of the New Testament and Other Early Christian Literature.* Chicago, IL: University of Chicago, 1979. 2d revised and augmented edition from W. Bauer's *Griechisch-Deutsches Wörterbuch zu den Schriften des Neuen Testaments und die übrigen urchristliche Literatur* (5th ed 1958), by F. W. Gingrich and F. W. Danker.

BDF Blass, F., and A. Debrunner, eds. *A Greek Grammar of the New Testament and Other Early Christian Literature.* Chicago, IL: University of Chicago, 1961. A translation and revision of 9th-10th German ed. *Grammatik des neutestamentlichen Griechisch*, incorporating supplementary notes of A. Debrunner by Robert Funk.

BHS *Biblia Hebraica Stuttgartensia.* Edited by K. Elliger and W. Rudolph. Stuttgart: Deutsche Bibelgesellschaft, 1967/1977.

LN Louw, J.P. and E.A. Nida, eds. *Greek-English Lexicon of the New Testament: based on Semantic Domain.* 2 volumes. New York, NY: United Bible Societies, 1988.

LSJ Liddell, H.G. and Scott, R., eds. *Greek-English Lexicon.* Revised and augmented by Sir Henry Stuart Jones, with the assistance of Roderick McKenzie, and with the cooperation of many scholars. Oxford & New York, NY: Clarendon Press & Oxford University Press, 1996.

LXX *Septuaginta.* Edited by A. Rahlfs. Stuttgart: Deutsche Bibelgesellschaft, 1979.

NA *Graece Novum Testamentum.* 27th ed., edited by Barbara Aland, Kurt Aland, Johannes Karavidopoulos,

Carlo M. Martini, and Bruce M. Metzger, in cooperation with the Institute for New Testament Textual Research at Münster/Westphalia. Deutsche Bibelgesellschaft, 1993.

TDNT Friedrich, G., ed. *Theological Dictionary of the New Testament.* 10 volumes. Edited by G. Kittel and G. Friedrich. Translated by G. Bromiley. Grand Rapids, MI: Eerdmans, 1976.

UBSGNT *United Bible Societies' Greek New Testament.* Fourth revised edition, edited by Barbara Aland, Kurt Aland, Johannes Karavidopoulos, Carlo M. Martini, and Bruce M. Metzger, in cooperation with the Institute for New Testament Textual Research at Münster/Westphalia. Deutsche Bibelgesellschaft/ United Bible Societies, 1993.

Vulgate *Biblia Sacra Iuxta Vulgatam Versionem.* Edited by B. Fischer OSB, I. Gribomont OSB, H.F.D. Sparks, W. Thiele, and R. Weber OSB (critical apparatus). Stuttgart: Deutsche Bibelgesellschaft, 1969.

《呂》 《聖經》，呂振中譯。香港聖經公會， 1992 。

《和》 《新標點和合本》。聯合聖經公會， 1988 。

《思》 《思高聖經》。香港思高聖經學會， 1967 。

《現》 《現代中文譯本修訂版》。聯合聖經公會， 1995 。

《新》 《聖經新譯本》。香港：天道書樓， 1992 。

福音書總論

專論

Aland, K. *Synopsis Quattor Evangeliorum.* 15th ed. Stuttgart: Deutsche Bibelgesellschaft, 1996.

Baigent, Michael, and Richard Leigh. *The Dead Sea Scrolls Deception.* New York, NY: Summit Books, 1991.

Barr, A. *A Diagram of Synoptic Relationships in Four Colours.* Edinburgh: T. & T. Clark, 1938.

Barth, K. *Epistle to the Romans*. Translated by E.C. Hoskyns from *Der Romerbrief*. 6th. ed.. Oxford, 1933.

Bartsch, Hans Werner, *Kerygma and Myth: a theological debate*. Translated by R.H. Fuller from the revised edition of *Kerygma und Mythos*. New York: Harper & Row, 1961.

Bellinzoni, Arthur J. Jr., J.B. Tyson, and W.O. Walker, eds. *The Two-Source Hypothesis: A Critical Appraisal*. Macon, GA: Mercer University, 1985.

Betz, Otto, and Rainer Riesner. *Jesus, Qumran and the Vatican: Clarifications*. New York, NY: Crossroad, 1994.

Borg, M.J. *Conflict, Holiness and Politics in the Teaching of Jesus*. New York, NY: E. Mellen, 1984.

Bousset, W. *A history of the belief in Christ from the beginnings of Christianity to Irenaeus*. Translated by John E. Steely from *Kyrios Christos*. Nashville, TN: Abingdon, 1970.

Brown, R. *An Introduction to the New Testament*. Garden City, NY: Doubleday, 1997.

Brown, C. *Jesus in European Protestant Thought*. Grand Rapids, MI: Zondervan, 1985.

Bruce, F.F. *The Spreading Frame*. Grand Rapids, MI: Eerdmans, 1958.

Bultmann, Rudolf. *Jesus and the Word*. Translated by L.P. Smith and E.H. Lantero from *Jesu und das Wort*. New York, NY: Charles Scribner, 1934.

______. *Theology of the New Testament*. Translated by K. Grobel from *Theologie des Neuen Testaments*. New York, NY: Scribner, 1970.

______. *The History of the Synoptic Tradition*. Translated by J. Marsh from *Geschichte der synoptischen Tradition*. 2d ed. New York, NY: Harper & Row, 1963.

______. *The Gospel of John*. Translated by G.R. Beasley-Murray, R.W.N. Hoare and K.K. Riches from *Das Evangelium des Johannes*. Oxford: Basil Blackwell, 1971.

Butler, B.C. *The Originality of St. Matthew; a critique of the two-document hypothesis* Cambridge: Cambridge

University Press, 1951.

Catchpole, David R. *The Quest for Q.* Edinburgh: T. & T. Clark, 1993.

Charles, R.H. ed. *The Apocrypha and Pseudepigrapha of the Old Testament in English.* 2 vols. Oxford: The Clarendon Press, 1913.

Charlesworth, R.H. ed. *The Old Testament Pseudepigrapha & the New Testament.* 2d ed. Harrisburg, PA: Trinity Press International, 1998.

______. *Jesus within Judaism: New Light from Exciting Archaeological Discoveries.* Garden City, NY: Doubleday, 1988.

Chilton, Bruce & Craig A. Evans, ed. *Studying the Historical Jesus: Evaluation of the State of Current Research.* Leiden: E.J. Brill, 1999.

Collins, J.J. *The Apocalyptic Imagination: an introduction to Jewish apocalyptic literature.* 2d ed. Grand Rapids, MI: Eerdmans, 1998.

Combrink, H.J.B., J.L. de Villieers, I.J. Du Plessis, A.B. du Toit, and W.S. Vorster. *The Synoptic Gospels and Acts: Introduction and Theology.* Translated by Briggs, D.R. Pretoria. South Africa: NG Kerkboekhandel Transvaal, 1983.

Crossan, J.D. *The Historical Jesus: The Life of a Mediterranean Jewish Peasant.* San Francisco, CA: HarperSanFrancisco, 1991.

______. *Jesus: A Revolutionary Biography.* San Francisco, CA: HarperSanFrancisco, 1994.

Dalman, G.H. *The Words of Jesus: considered in the light of post-Biblical Jewish writings and the Aramaic language.* Translated by D.M. Kay from *Jesus-Jeshua, Studies in the Gospels.* New York: Macmillan, 1929.

Dibelius, M. *From Tradition to Gospel.* Translated by B.L. Woolf from *Die Formgeschichte des Evangeliums.* London: Ivor Nicholson and Watson, 1934.

Downing, F. Gerald. *The Christ and the Cynics: Jesus and Other RadicalPpreachers in First-century Tradition.* Sheffield: JSOT, 1988.

______. *Cynics and Christian Origins.* Edinburgh: T. & T. Clark, 1992.

Douglas, J.D., N. Hillyer, D.R.W. Wood, I.H. Marshall, eds. *New Bible Dictionary.* 3d ed. Downers Grove, IL: InterVarsity, 1996.

Dungan, David L. *A History of the Synoptic Problem: the Canon, the Text, the Composition, and the Interpretation of the Gospels.* New York: Doubleday, 1999.

Ebeling, G. *Word and Faith.* Translated by James W. Leitch. Philadelphia, PA: Fortress, 1963.

Edwards, Richard A. *A Theology of Q: Eschatology, Prophecy, and Wisdom.* Philadelphia, PA: Fortress, 1976.

Eisenman, R., and Michael Wise eds. *The Dead Sea Scrolls Uncovered: the First Complete Translation and Interpretation of 50 Key Documents Withheld for Over 35 years.* Rockport, MA: Element, 1992.

Farmer, W.R. *The Synoptic Problem: A Critical Analysis.* New York, NY: Macmillan, 1964.

______ ed. *Synopticon. The Verbal Agreement between the Greek Texts of Matthew, Mark and Luke contextually exhibited.* Cambridge: Cambridge University Press, 1969.

______ ed. *New Synoptic Studies: The Cambridge Gospel Conference and Beyond.* Macon, GA: Mercer University Press, 1983.

Fiorenza, E.S. *In Memory of Her: A Feminist Theological Reconstruction of Christian Origins.* New York, NY: Crossroad, 1983.

Fitzmyer, Joseph A. *The Gospel According to Luke I-IX.* Anchor Bible Commentary vol.28. Garden City, NY: Doubleday, 1981.

______. *To Advance the Gospel: New Testament studies.* New York, NY: Crossroad, 1981.

Freedman, D.N. (ed.-in-chief), Gary A. Herion, David F. Graf, John David Pleins ass. ed., Astrid B. Beck (managing ed.). *The Anchor Bible Dictionary.* 6 volumes. Garden City, NY: Doubleday, 1992.

Funk, R.W. and R.W. Hoover eds. *The Five Gospels: The Search for the Authentic Words of Jesus.* New York, NY: Macmillan, 1993.

______, and The Jesus Seminar. *The Acts of Jesus: The Search for the Authentic Deeds of Jesus.* San Francisco, CA: HarperSanFrancisco, 1998.

______. *Honest to Jesus. Jesus for a New Millennium.* San Francisco, CA: HarperSanFrancisco, 1996.

Hawkins, J.C. *Horae Synopticae: Contributions to the Study of the Synoptic Problem.* Oxford: Clarendon, 1909.

Hengel, M. *Studies in the Gospel of Mark.* Translated by J. Bowden. Philadelphia, PA: Fortress, 1985.

Jeremias, J. *New Testament Theology: The Proclamation of Jesus.* Translated by J. Bowden from *Neutestamentliche Theologie. Erster Teil. Die Verkündigung Jesu.* London: S.C.M. Press, 1971.

Johnson, Luke T. *The Real Jesus: The Misguided Quest for the Historical Jesus and the Truth of the Traditional Gospels.* San Francisco, CA: HarperSanFrancisco, 1997.

Kähler, Martin. *The So-Called Historical Jesus and the Historic, Biblical Christ.* Translated, edited, and with an introduction by C. E. Braaten from *Der sogenannte historische Jesus und der geschichtliche, biblische Christus.* Philadelphia, PA: Fortress, 1964.

Kloppenborg, John S. *Q Parallels: Synopsis, Critical notes & Concordance.* Sonoma, CA: Polebridge, 1988.

______. *The Formation of Q: Trajectories in Ancient Wisdom Collections.* Philadelphia, PA: Fortress, 1987.

Koester, Helmut. *Ancient Christian Gospels: Their History and Development.* Philadelphia, PA: Trinity Press International, 1990.

Kümmel, Werner G. *Introduction to the New Testament.* Translated by Howard C. Kee from *Einleitung in das neue Testament* (German 17th ed. Quelle & Meyer, 1973). Nashville, TN: Abingdon, 1975.

______. *The New Testament: The History of the Investigation of Its Problems.* Translated by Howard C. Kee and S.

McClean Gilmour from *Neue Testament: Geschichte der Erforschung seiner Probleme*. Revised & enlarged ed. Nashville, TN: Abingdon, 1975.

Longstaff, Thomas R.W., and Page A. Thomas ed. *The Synoptic Problem: A Bibliography, 1716-1988.* Macon, GA: Mercer University Press, 1988.

Lull, D. ed. *Society of Biblical Literature Annual Meeting Seminar Papers.* Atlanta, GA: Society of Biblical Literature, 1994.

Marshall, I.H. *I believe in the Historical Jesus.* Grand Rapids, MI: Eerdmans, 1977.

Meier, J.P. *A Marginal Jew: Rethinking the Historical Jesus*. Garden City, NY: Doubleday, 1991-1994.

Metzger, Bruce M. *The Early Versions of the New Testament: Their origin, transmission, and Limitations.* Oxford: Clarendon, 1977.

Meyers, E., and J.F. Strange, *Archaeology, the Rabbis and Early Christianity.* London and Nashville: SCM and Abingdon, 1981.

Milik, J.T. *Ten Years of Discovery in the Wilderness of Judaea.* London: SCM, 1959.

Miller, Robert J. ed. *The Complete Gospels: Annotated Scholars Version.* Sonoma, CA: Polebridge, 1994.

Morgenthaler, Robert. *Statische Synopse*. Zürich-Stuttgart, 1971.

Neill, Stephen, and Tom Wright. *The Interpretation of the New Testament, 1861-1986*. 2d ed. Oxford: Oxford University Press, 1988.

Neirynck, F. *The Minor Agreements of Matthew and Luke Against Mark, With a Cumulative List.* Bibliotheca Ephemeridum Theologicarum Lovaniensium 37. Louvain: Louvain University Press, 1974.

Neirynck, F., Verheyden Josef and R. Corstjens, eds. *The Gospel of Matthew and the Gospel Source Q: A Cumulative Bibliography 1950-1995.* Bibliotheca Ephemeridum Theologicarum Lovaniensium 140. Louvain: Louvain University Press, 1998.

Orchard, B., and T.R.W. Longstaff, eds. *J. J. Griesbach, Synoptic and Text-Critical Studies, 1777-1976.* Cambridge: Cambridge University Press, 1978.

Piper, A. Ronald ed. *The Gospel Behind the Gospels: Current Studies on Q.* Leiden: E.J. Brill, 1995.

Rahlfs, A. *Septuaginta.* Stuttgart: Deutsche Bibelgesellschaft, 1979.

Reicke, Bo. *The Roots of the Synoptic Gospels.* Philadelphia, PA: Fortress, 1986.

Rist, J.M. *On the Independence of Matthew and Mark.* SNTSMS 32. Cambridge: Cambridge University Press, 1978.

Reitzenstein, R. *Hellenistic mystery-religions: Their Basic Ideas and Significance.* Translated by John E. Steely from *Die hellenistischen Mysterienreligionen.* Pittsburgh, PA: Pickwick, 1978.

Robinson, J.M. *A New Quest of the Historical Jesus.* 2d ed. Missoula, MO: Scholars, 1979.

Robinson, J.M., P. Hoffmann, J.S. Kloppenborg, eds. *The critical edition of Q: a synopsis including the Gospels of Matthew and Luke and Thomas with English, German, and French translations of Q and Thomas.* Managing editor, Milton C. Moreland. Minneapolis, MN : Fortress Press, 2000.

Sanders, E.P. *The Tendencies of the Synoptic Tradition.* London: Cambridge University Press, 1969.

______, and Margaret Davies. *Studying the Synoptic Gospels.* Philadelphia, PA: Trinity Press International, 1989.

______. *Jesus and Judaism.* Philadelphia, PA: Fortress, 1985.

Schweitzer, A. *The Quest of the Historical Jesus: A Critical Study of its Progress from Reimarus to Wrede.* Translated by W. Montgomery from the first German edition *Von Reimarus zu Wrede*. New York: Macmillan, 1961.

Stegemann, Hartmut. *The Library of Qumran: On the Essenes, Qumran, John the Baptist, and Jesus.* Grand Rapids, MI. & Leiden: Eerdmans & E. J. Brill, 1998.

Stein, Robert H. *The Synoptic Problem: An Introduction.* Grand Rapids, MI: Baker, 1987.

Stoldt, Hans-Herbert. *History and Criticism of the Marcan Hypothesis.* Translated and edited by Donald L. Niewyk. Introd. by William R. Farmer. Macon, GA: Mercer University Press, 1980.

Streeter, B.H. *The Four Gospels: A Study of Origins treating of the manuscript tradition, Sources, Authorship, & Dates.* London: Macmillan, 1924.

Taylor, Vincent. *Behind the Third Gospel: A study of the Proto-Luke hypothesis.* Oxford: Clarendon, 1926.

______. *The Gospel According to St. Mark.* London: Macmillan, 1959.

______. *The Formation of the Gospel Tradition.* London: Macmillan, 1935.

Theissen, Gerd. *Sociology of Early Palestinian Christianity.* Philadelphia, PA: Fortress, 1978.

______. *The Shadow of the Galilean: The Quest of the Historical Jesus in Narrative Form.* Philadelphia, PA: Fortress, 1987.

Thiering, Barbara. *Jesus and the Riddle of the Dead Sea Scrolls: Unlocking the Secrets of His Life Story.* San Francisco, CA.: HarperSanFrancisco, 1992.

Throckmorton, B.H. Jr. *Gospel Parallels.* New York, NY: 1949.

Trevor, John C. *The Untold Story of Qumran.* Westwood, NJ: Fleming H. Revell Co., 1965.

Tuckett, C.M. *The Revival of the Griesbach Hypothesis: an analysis and appraisal.* Cambridge: Cambridge University Press, 1983.

______. *Studies on Q: Aspects of the History of Early Christianity as Reflected in the Sayings Source Q.* Edinburgh: T. & T. Clark, 1995.

Tyson, Joseph B., and Thomas R.W. Longstaff *Synoptic Abstract.* The Computer Bible 15. Wooster, Ohio: College of Wooster, 1978.

Votaw, C.W. ed. *The Gospels and Contemporary Biographies in the Graeco-Roman World.* Philadelphia, PA: Fortress, 1970.

Weiss, J. *Jesus' Proclamation of the Kingdom of God.* Translated by R.H. Hiers, and D.L. Holland. Philadelphia, PA: Fortress, 1971. Reprinted in Chico, CA: Scholars, 1985.

Wilson, A.N. *Paul: The Mind of the Apostle.* New York, NY: W.W. Norton & Co., 1997.

Witherington, B. III. *The Jesus Quest: the Third Search for the Jew of Nazareth.* Downers Grove, IL: InterVarsity Press, 1995.

Wright, N.T. *What Saint Paul Really Said: Was Paul of Tarsus the Real Founder of Christianity?* Grand Rapids, MI: Eerdmans, 1997.

Wright, N.T., and S. Neill. *The Interpretation of the New Testament. 1861-1986.* Oxford & New York, NY: Oxford University Press, 1988.

Zahn, T. *Introduction to the New Testament.* Edinburgh: T. & T. Clark, 1909. Translated by J.M. Trout, W.A. Mather, L. Hodous, E.S. Worcester, W.H. Worrell, and R.B. Dodge. Under the direction and supervision of Melancthon Williams Jacobus. Assisted by Charles Snow Thayer from 3d German ed. of *Einleitung in das NT.* Minnesota, MN: Klock & Klock, 1909.

大衛・弗里德里希・施特勞斯（David F. Strauss）著。吳永泉譯。《耶穌傳》一、二卷。譯自德文 *Das Leben Jesu* ／英文 *The Life of Jesus Critically Examined*。北京：商務印書館，1999。

史懷識等著。《耶穌，你是誰？》。香港：卓越書樓，1997。

周天和著。《新約研究指南》。第三增訂本。香港：崇基學院神學組，1998。

馬素爾（I.H. Marshall）著。黄浩儀譯。《我相信歷史上的耶穌》。譯自 *I believe in the Historical Jesus*。香港：天道出版社，1988。

黃錫木編。《四福音合參》。香港：基道出版社，1995。

黃錫木編著。《福音書背景與經外平行經文選輯》。香港：國際聖經協會，2000。

________。《典外福音書之一》。「聖經典外文獻系列」，黃根春主編。香港：基督教文藝出版社，即將出版。

黃錫木著。《新約經文鑑別學概論》。香港：基道出版社，1997。

________。《新約研究透視》。香港：基道出版社，1999。

________。《基督教典外文獻概論》。香港：國際聖經協會，2000。

羅瑜著。《義僕與君王》。兩冊。香港：中國神學研究院，1996-97。

文章

Bailey, Kenneth E. "Informal Controlled Oral Tradition." *Asia Journal of Theology* 5 (1991): 34-54.

Bartlett, John R. "The Archaeology of Qumran." Pages 67-94 in *Archaeology & Biblical Interpretation*. London: Routledge, 1997.

Blomberg, Craig L. "The Seventy-Four 'Scholars': Who Does the Jesus Seminar Really Speak For?" *Christian Research Journal* (Fall 1994): 32-35.

Borg, Marcus J. "Reflections on Discipline: A North American Perspective." Pages 9-31 in Chilton, Bruce & Craig A. Evans, ed. *Studying the Historical Jesus: Evaluation of the State of Current Research*. Leiden: E.J. Brill, 1999.

Bultmann, Rudolf. "The Primitive Christian Kerygma and the Historical Jesus." Pages 20-35 in *The Historical Jesus and the Kerygmatic Christ: Essays on the New Quest of the Historical Jesus*. Edited by C. Braaten. Nashville, TN: Abingdon Press, 1964.

Carlston, C.G., and Norlin, D. "Once more statistics & Q." *Harvard Theological Review* 64 (1971): 39-78.

Catchpole, David R. "Tradition History." Pages 165-180 in *New Testament Interpretation: Essays on Principles and Methods*. Edited by I.H. Marshall. Grand Rapids, MI: Eerdmans, 1977.

Charlesworth, R.H. "The Historical Jesus in Light of Writings Contemporaneous with Him." Pages 451-476 in vol.25/1 of

Aufstieg und Niedergang der römischen Welt II. Edited by H. Temporini and W. Haase. Mouton: Walter de Gruyter, 1982.

______. "Research on the Historical Jesus Today: Jesus and the Pseudepigrapha, the Dead Sea Scrolls, the Nag Hammadi Codices, Josephus, and Archaeology." *The Princeton Seminary Bulletin* N.S. 6 (1985): 98-115.

Dungan, David L. "Mark --- The Abridgement of Matthew and Luke." Pages 51-97 in *Jesus and Man's Hope*. Edited by D. G. Buttrick. Pittsburgh, PA: Pittsburgh Theological Seminary, 1970.

Evans, Craig A., "Appendix: The Recently Published Dead Sea Scrolls and the Historical Jesus." Pages 547-565 in *Studying the Historical Jesus: Evaluation of the State of Current Research*. Leiden: E.J. Brill, 1999.

Farmer, W.R. "Modern Development of Griesbach's Hypothesis." *New Testament Studies* 23 (1977): 275-295.

______. "The Lachmann Fallacy." *New Testament Studies* 14 (1968): 441-443.

Farrer, A.M. "On Dispensing with Q." Pages 55-88 in *Studies in the Gospels: Essays in Memory of R.H. Lightfoot*. Edited by D.E. Nineham. Oxford: Blackwell, 1955.

Fee, Gordon. "The Genre of New Testament Literature and Biblical Hermeneutics." Pages 105-127 in *Interpreting the Word of God: festschrift in honor of Steven Barabas*. Edited by S.J. Schultz and M.A. Inch. Chicago, IL: Moody, 1976.

Fitzmyer, J.A. "The Priority of Mark and the 'Q' Source in Luke." Pages 130-170 in *Jesus and Man's Hope*. Edited by D.G. Buttrick. Pittsburgh, PA: Pittsburgh Theological Seminary, 1970.

Freyne, Sean V. "Archaeology and the Historical Jesus." Pages 117-144 in *Archaeology & Biblical Interpretation*. Edited by John R. Bartlett. London: Routledge, 1996.

Goulder, M.D. "On putting Q to the Test." *New Testament Studies* 24/2 (1978): 218-234.

______. "Is Q a Juggernaut?" *Journal of Biblical Literature* 115 (1996): 667-681.

Hays, Richard B. "The Corrected Jesus." *First Things* 43

(May 1994): 43-48.

Horsley, Richard. "Logoi Propheton: Reflections on the Genre of Q." Pages 195-209 in *The Future of Early Christianity: essays in honor of Helmut Koester.* Edited by Birger A. Pearson, A. Thomas Kraabel, George W.E. Nickelsburg, Norman R. Petersen. Philadelphia, PA: Fortress, 1991.

Keylock, Leslie R. "Bultmann's Law of Increasing Distinctness." Pages 193-210 in *Current Issues in Biblical and Patristic Interpretation: Studies in Honor of Merrill C. Tenney presented by his former students.* Edited by Gerald F. Hawthorne. Grand Rapids: Eerdmans, 1975.

Kloppenborg, John S. "Tradition and Redaction in the Synoptic Sayings Source." *Catholic Biblical Quarterly* 46 (1984): 34-62.

______. "The Sayings Gospel Q and the Quest of the Historical Jesus." *Harvard Theological Review* 89 (1996): 307-344.

Lachmann, Karl F.W. "On the Order of the Narrative in the Synoptic Gospels." Pages 119-131 in *The Two-Source Hypothesis: A Critical Appraisal.* Edited by Arthur J. Bellinzoni, Jr., J.B. Tyson, and W.O. Walker. Macon, GA: Mercer University, 1985.

Léon-Dufour, X. "The Synoptic Gospels." Pages 252-286 in *Introduction to the New Testament*. Edited by A. Robert and A. Feuillet. New York, NY: Desclée, 1965.

Neirynck, F. "Synoptic Problem." Pages 587-595 in *The New Jerome Bible Commentary.* Edited by R.E. Brown, J.A. Fitzmyer, and R.E. Murphy, 2d ed. Englewood Cliffs, NJ: Prentice Hall, 1990.

______. "Q: From Source to Gospel." *Ephemerides Theologicae Lovanienses* 71/4 (1995):421-430.

Palmer, N.H. "Lachmann's Argument." *New Testament Studies* 13 (1967): 368-378.

Pearson, B.A. "The Gospel According to the Jesus Seminar." In No. 35, Occasional Papers series of the Institute for Antiquity and Christianity. The Claremont Graduate School of Theology, 1996.

Petrie, S. "Q is only what you make it." *Novum Testamentum* 3 (1959): 28-33.

Riches, J. "Words of Jesus." Pages 802-804 in vol.3 of *Anchor Bible Dictionary*. D.N. Freedman, *et al*. New York, NY: Doublday, 1992.

Riesner, Rainer. "Jesus as Preacher and Teacher." Pages 185-216 in *Jesus and the Oral Gospel Tradition*. Edited by Henry Wansbrough. Sheffield: JSOT, 1991.

Riesner, Rainer. "LOGOI SOPHON: On the Gattung of Q." Pages 84-130 in *Trajectories through Early Christianity*. Edited by J.M. Robinson & H. Koester. Philadelphia, 1971.

Robinson, James M. "On Bridging the Gulf from Q To the Gospel of Thomas (or Vice-Versa)." Pages 127-176 in *Nag Hammadi: Gnosticism and Early Christianity*. Edited by C.W. Hedrick and R. Hodgson. Peabody, MA: Hendrickson, 1986.

Robinson, James M. "The Q Trajectory: Between John and Matthew via Jesus." Pages 173-194 in *The Future of Early Christianity: Essays in Honor of Helmut Koester*. Edited by B.A. Pearson. Philadelphia, PA: Fortress, 1991.

Robinson, James M. "A Critical Text of the Sayings Gospel Q." *Revue d' Histoire et de Philosophie Réligieuses* 72 (1992): 15-22.

______. "The Incipit of the Sayings Gospel Q." *Revue d' Histoire et de Philosophie Réligieuses* 75 (1995): 9-33.

Robinson, James M. and Milton C. Moreland. "The International Q Project: Work Sessions (1995-1996)." *Journal of Biblical Literature* 116 (1997): 521-525.

Schmitt, John J. "In Search of the Origin of the Siglum Q." *Journal of Biblical Literature* 100 (1981): 609-611.

Scholer, David M. "Q Bibliography: 1981-1989." Society of Biblical Literature 1989 *Seminar Papers* (1989): 23-27.

______. "Bibliographia Gnostica: Supplementum." *Novum Testamentum* 34 (1992): 48-89.

Taylor, Vincent. "The Original Order of Q." Page 249 in *New Testament Essays: Studies in memory of Thomas Walter Manson.* Edited by A.J.B. Higgins. Manchester: Manchester

University, 1959.

Tuckett, C.M. "The Argument from Order and the Synoptic Problem." *Theologische Zeitschrift* 36 (1980): 340-341.

Webster, J.B. "Rudolf Bultmann." Pages 115-117 in *New Dictionary of Theology*. Edited by S.B. Ferguson and D.F. Wright. Downers Grove, IL: InterVarsity Press, 1988.

Wenham, D. "The Story of Jesus known to Paul." Pages 297-311 in *Jesus of Nazareth Lord and Christ: Essays on the Historical Jesus and New Testament Christology*. Edited by J.B. Green, and M. Turner. Grand Rapids, MI & Carlisle: Eerdmans & Paternoster, 1994.

Wilson, B.E. "Two Notebook Hypothesis." *Expository Times* 108 (1997) 9: 265-268.

Wright, N.T. "Jesus and the Victory of God." Pages 13-124 in vol.2 of *Christian Origins and the Question of God*. Edited by N.T. Wright. Philadelphia, PA: Fortress, 1996.

______. "Quest for the Historical Jesus." Pages 796-802 in vol.3 of *Anchor Bible Dictionary*. D.N. Freedman, *et al*. Garden City, NY: Doubleday, 1992.

史懷識著。〈耶穌——被釘、復活的基督」。《耶穌，你是誰？》〉，頁 61-78。香港：卓越書樓， 1997。

孫寶玲著。〈從『無問』到『三問』——歷史耶穌之研究及其意義〉。《耶穌，你是誰？》，頁 100-111。香港：卓越書樓， 1997。

盧龍光著。〈耶穌基督——歷史、保羅、我們〉。《耶穌，你是誰？》，頁 137-149。香港：卓越書樓， 1997。

吳羅瑜著。〈耶穌研討會與《五卷福音》〉。《中神學刊》 27 期（ 1994 年 7 月）：頁 105-112。

黃錫木著。〈《多馬福音》：簡介和漢譯本〉。《建道學刊》 12 期（ 1999 年 6 月）：頁 241-273。

______。〈歷史文法釋經法之再思〉。《中神學刊》 27 期（ 1999 年 7 月）：頁 81-107。

參考網頁

Burer, "A Survey of Historical Jesus Studies: From Reimarus to

Wright," in http://www.bible.org/docs/theology/christ/jesus.htm (no month, 2000)

Carlson, S. Online: http://www.mindspring.com/~scarlson/synopt/index.html (October 8, 2000)

Davies, S. 編《多馬福音》的官方網頁： http://home.epix.net/~miser17/Thomas.html (no date)

Goodacre, M. Online: http://www.bham.ac.uk/theology/q/ (July 2000)

Smith, M.H. Online: http://religion.rutgers.edu/nt/primer (April 16, 2000)

Wilson, B.E. Online: http://www.twonh.demon.co.uk/ (September 26, 2000)

"The Synoptic Sayings Source Q: A Debate.": Online: http://home.epix.net/~miser17/Thomas.html (no date)

有關死海古卷的資料參考網頁（美國國會圖書館）： http://sunsite.unc.edu/expo/deadsea.scrolls.exhibit/intro.html (September 19, 1995) 和 http://lcweb.loc.gov/exhibits/scrolls/toc.html (March 20, 1996)

「耶穌研討會」的官方網頁： http://religion.rutgers.edu/jseminar (February 21, 2000)

Sytze van der Laan Online: http://huizen.dds.nl/~skirl/gthomas/index.html (April 28, 2000)

馬可福音導論

專論

Aune, D.E. *The New Testament in Its Literary Environment.* Philadelphia, PA: Westminster, 1987.

Best, Ernest. *Following Jesus: Discipleship in the Gospel of Mark.* Journal for the Study of the New Testament: Supplement Series 4. Sheffield: University of Sheffield, 1981.

Brown, R.E. *An Introduction to the New Testament.* New York: Doubleday, 1997.

_______. *The Death of the Messiah - from Gethsemane to the grave : A Commentary on the Passion Narratives in the Four Gospels.* 2 vols. New York, NY: Doubleday, 1994.

Burgon, J.W. *Last Twelve Verses of the Gospel according to St. Mark.* London: J. Parker, 1871.

_______. *The Traditional Text of the Holy Gospels.* 1896. London: G. Bell, 1896.

Camery-Hoggatt, J. *Irony in Mark's Gospel: Text and Subtext.* Cambridge & New York, NY: Cambridge University Press, 1992.

Cranfield, C.E.B. *The Gospel According to Saint Mark.* Cambridge: Cambridge University, 1959.

Cullmann, Oscar. *The early Church: five essays.* Edited by A.J.B. Higgins. Translated from the French and German by Stanley Godman and A.J.B. Higgins. London: SCM, 1966.

Dungan, David L. *A History of the Synoptic Problem: the Canon, the Text, the Composition, and the Interpretation of the Gospels.* New York: Doubleday, 1999.

Dewey, J. *Markan Public Debate: Literary Technique, Concentric Structure, and Theology in Mark 2:1-3:6.* Chico, CA: Scholars Press, 1980.

Dwyer, Timothy. *The Motif of Wonder in the Gospel of Mark.* Journal for the Study of the New Testament: Supplement Series 128. Sheffield: Sheffield Academic Press, 1996.

Fitzmyer, J.A. *A Wandering Aramean: Collected Aramaic*

Essays. Society of Biblical Literature Monograph Series 25. Missoula, MT: Scholars Press, 1979.

Geddert, T.J. *Watchwords: Mark 13 in Markan Eschatology.* Journal for the Study of the New Testament: Supplement Series 26. Sheffield: JSOT, 1989.

Goodspeed, E.J. *An Introduction to the New Testament.* Chicago, IL: The University of Chicago Press, 1937.

Greig, J.C.G. *The Messianic Secret.* Cambridge: J. Clarke, 1971. Translated from William Wrede, *Messiasgeheimnis in den Evangelien*. Göttingen: Vandenhoeck & Ruprecht, 1901.

Guelich, R.A. *Mark 1-8:26.* Word Biblical Commentary 34A. Dallas, TX: Word Books, 1989.

Gundry, R.H. *Mark: A Commmentary on His Apology for the Cross.* Grand Rapids, MI: Eerdmans, 1993.

Hasting, James. *Dictionary of the Bible.* Revised and edited by Frederick C. Grant and H.H. Rowley. New York, NY: Scribner, 1963.

Hawkins, J.C. *Horae Synopticae: Contributions to the Study of the Synoptic Problem.* Oxford: Clarendon, 1909.

Heil, J.P. *Jesus Walking on the Sea: Meaning and Gospel Functions of Matt 14:22-23, Mark 6:45-52 and John 6:15b-21.* Analecta biblica 7. Rome: Biblical Institute, 1981.

Hengel, M. *Studies in the Gospel of Mark.* Translated by J. Bowden. Philadelphia, PA: Fortress, 1985.

Holladay, H. *Theios Aner in Hellenistic-Judaism: A Critique of the Use of This Category in New Testament Christology.* Society of Biblical Literature Dissertation Series 40. Missoula: Scholars Press, 1977.

Heil, J.P. *The Gospel of Mark as a Model for Action: A Reader-Response Commentary.* New York, NY: Paulist Press, 1992.

Kee, Howard Clark. *Community of the New Age: Studies in Mark's Gospel.* Philadelphia, PA: Westminster Press, 1977.

Kelber, Werner H. *Mark's Story of Jesus.* Philadelphia, PA: Fortress Press, 1979.

Kingsbury, J.D. *Conflict in Mark: Jesus, Authorities, Disciples.* Minneapolis, MN: Fortress, 1989.

_______. *The Christology of Mark's Gospel.* Philadelphia, PA: Fortress Press, 1983.

Koester H. *Colloquy on New Testament Studies.* Edited by B. Corley. Macon, GA: Mercer, 1983.

Kuthirakkattel, S. *The Beginning of Jesus' Ministry According to Mark's Gospel (1,14-3,6): A Redaction Critical Study.* Rome: Editrice Pontifico Instituto Biblico, 1990.

Kümmel, Werner G. *Introduction to the New Testament.* Translated by Howard C. Kee from *Einleitung in das neue Testament* (German 17th ed. Quelle & Meyer, 1973). Nashville, TN: Abingdon, 1975.

Lampe, G.W.H. *A Patristic Greek Lexicon.* Oxford & New York, NY: University Press & Clarendon, 1961.

Lane, W.L. *The Gospel According to Mark.* New International Commentary of New Testament. Grand Rapids, MI: Eerdmans, 1974.

Malbon, E.S. *Narrative Space and Mythic Meaning in Mark.* San Francisco, CA: Harper & Row, 1986.

Marshall, C.D. *Faith as a Theme in Mark's Narrative.* Society for the New Testament Studies Monograph Series 64. Cambridge & New York, NY: Cambridge University Press, 1989.

Marshall, I.H. *The Origin of New Testament Christology.* Leicester: IVP, 1976.

Metzger, B.M. *A Textual Commentary on the Greek New Testament.* A companion volume to the United Bible Societies' Greek New Testament (Fourth Revised Edition). 2d ed. Deutsche Bibelgesellschaft/United Bible Societies, 1994.

Moffatt, James. *An Introduction to the Literature of the New Testament.* Edinburgh: T. & T. Clark, 1918.

Neirynck, F. *Duality in Mark: Contribution to the Study of the Markan Redaction.* Bibliotheca Ephemeridum Theologicarum Lovaniensium 31. Louvain: Louvain University Press, 1972.

Oden, Thomas C. and Christopher A. Hall. *Mark.* Ancient Christian Commentary on Scripture II. Downers Grove, IL: InterVarsity Press, 1998.

Perrin, Norman. *A Modern Pilgrimage in New Testament Christology.* Philadelphia, PA: Fortress, 1974.

Rhoads, D., J. Dewey and Donald Michie. *Mark as Story: An Introduction to the Narrative of a Gospel.* 2d ed. Minneapolis, MN: Fortress, 1999.

Senior, D. *The Passion of Jesus in the Gospel of Mark.* Wilmington: Michael Glazier, 1984.

Smith, M. *Clement of Alexandria and a Secret Gospel of Mark.* Cambridge, MA: Harvard University, 1973.

_______. *The Secret Gospel: The Discovery and Interpretation of the Secret Gospel According to Mark.* New York, NY: Harper and Row, 1973.

Smith, Stephen H. *A Lion with Wings: A Narrative-Critical Approach to Mark's Gospel.* Sheffield: Sheffield Academic Press, 1996.

Sophocles, E.A. *Greek Lexicon of the Roman and Byzantine Periods.* Cambridge, MA: Harvard University, 1914.

Taylor, V. *The Gospel According to St. Mark.* Grand Rapids, MI: Baker, 1981.

Telford, W.R. *Barren Temple and the Withered Tree: A Redaction-Critical analysis of the Cursing of the Fig-tree Pericope in Mark's Gospel and Its Relation to the Cleansing of the Temple Tradition.* Shefield: Shefield University Press, 1988.

_______. *The Theology of the Gospel of Mark.* Cambridge & New York, NY: Cambridge University Press, 1999.

Trocmé, Etienne *The Formation of the Gospel according to Mark.* Philadelphia, PA: Westminster, 1975.

Tuckett, C., ed. *The Messianic Secret.* Philadelphia, PA & London: Fortress Press & SPCK, 1983.

Weeden, Theodore. *Mark: Traditions in Conflict.* Philadelphia, PA: Fortress, 1971.

Zahn, T. *Introduction to the New Testament.* Minnesota, MN:

Klock & Klock, 1977. English translation from 3d ed. of *Einleitung in das NT*. 1909.

楊牧谷博士主編。《當代神學辭典》上、下冊。台灣：校園書房出版社，1997。

黃錫木著。《新約經文鑑別學》。香港：基道出版社，1997。

________。《基督教典外文獻概論》。香港：國際聖經協會，2000。

黃錫木編著。《四福音與經外平行經文合參》。香港：國際聖經協會，2000。

文章

Aune, D.E. "The Problem of the Messianic Secret." *Novum Testamentum* 11 (1969): 1-31.

Bauckham, Richard. "Jesus' Demonstration in the Temple." Pages 72-176 in *Law and Religion: Essays on the Place of the law in Israel and early Christianity / by members of the Ehrhardt Seminar of Manchester University*. Edited by B. Lindars. Cambridge: James Clark & Co., 1988.

Betz, H.D. "Jesus as Divine Man." Pages 114-133 in *Jesus and the Historian: Written in Honor of Ernest Cadman Colwell*. Edited by F. Thomas Trotter. Philadelphia, PA: Westminster, 1968.

Dunn, J.D.G. "The Messianic Secret in Mark." *Tyndale Bulletin* 21 (1970): 92-117.

Edwards, J.R. "Markan sandwiches. The Significance of Interpolations in Markan Narratives." *Novum Testamentum* 31 (1989): 193-216.

Evans, C.A. "Jesus and the Dead Sea Scrolls from Qumran Cave 4." Pages 92-94 in *Eschatology, Messianism, and the Dead Sea Scrolls*. Edited by C.A. Evans and P.W. Flint. Grand Rapids, MI: Eerdmans, 1997.

France, R.T. "Mark and the Teaching of Jesus." Pages 101-136 in *Gospel Perspectives*. vol.1: *Studies of History and Tradition in the Four Gospels*. Edited by R.T. France and D. Wenham. Sheffield: JSOT, 1980.

_________."The Servant of the Lord in the Teaching of Jesus." *Tyndale Bulletin* 19 (1968): 32-52.

Hurtado, L.W. "Following Jesus in the Gospel of Mark—and Beyond." Pages 9-30 in *Patterns of Discipleship in the New Testament*. Edited by R. N. Longenecker. Grand Rapids, MI: Eerdmans, 1996.

Kelber, W. "Conclusion: From Passion Narrative to Gospel." Pages 156-157 in *The Passion in Mark: Studies on Mark 14-16*. Edited by W. Kelber. Philadelphia, PA: Fortress, 1976.

Kingsbury, Jack D. "The 'Divine Man' as the Key to Mark's Christology—The End of an Era?" *Interpretation* 35 (1981): 243-257.

Luz, Ulrich. "The Secrecy Motif and the Marcan Christology." *Zeitschrift für die neutestamentliche Wissenschaft und die Kunde der älteren Kirche* 56 (1965): 9-30.

Meye, R.P. "Mk 16.8 --- The Ending of Mk's Gospel." *Biblical Research* 14 (1969): 33-34.

Moule, C.F.D. "On Defining the Messianic Secret in Mark." Pages 239-252 in *Jesus und Paulus: Festschrift f. Werner Georg Kümmel z. 70. Geburstag.* Edited by E.E. Ellis and E. Grässser. Göttingen: Vandenhoeck und Ruprecht, 1975.

Otto Betz, "The Concept of the So-Called 'Divine Man' in Mark's Christology." Pages 229-240 in *Studies in New Testament and Early Christian Literature: Essays in Honor of Allen Wikgren*. Edited by D.E. Aune. Leiden: Brill, 1972.

Oyen, Geert Van. "Intercalation and Irony in the Gospel of Mark." Pages 949-974 in *The Four Gospels 1992: Festschrift Frans Neirynck.* 3 volumes. Edited by F. Van Segbroack *et al.* Leuven: Leuven University Press, 1992.

Poon, Ronnie S. "'The Beginning of the Gospel': The Introductory Statement of Mark's Gospel (1:1-3)." *Alliance Bible Seminary Centenary Issue* 13 (1999, Dec.): 103-117.

Richardson, L.J.D. "St. Mark 16.8." *Journal of Theological Studies* 49 (1948): 201-202.

Tannehill, Robert C. "The Disciples in Mark: The Function of a Narrative Role." *Journal of Religions* 57 (1977): 386-405.

Tyson, Joseph B. "The Blindness of the Disciples in Mark." *Journal of Biblical Literature* 80 (1961): 261-268.

黃錫木著。〈馬可福音結尾秘密（可十六章九至二十節）：文本〉。《讀經、研經、釋經》，盧龍光博士編，頁 40-53 。傳經講座系列之二。中文大學崇基學院神學組， 2000 。

黃根春著。〈馬可福音結尾秘密（可十六章九至二十節）：用字及其他經文比較〉。《讀經、研經、釋經》，盧龍光博士編，頁 57-66 。傳經講座系列之二。香港：中文大學崇基學院神學組， 2000 。

褚永華著。〈馬可福音結尾秘密（可十六章九至二十節）：釋經」〉。《讀經、研經、釋經》，盧龍光博士編，頁 69-75 。傳經講座系列之二。香港：中文大學崇基學院神學組， 2000 。

經文索引

路

主題及詞彙索引

七劃

八劃

九劃

十劃

十一劃

十二劃

十六劃

十七劃

十八劃

十九至二十一劃